JN452434

버려진 것들과 혐오의 미학

숙명여자대학교 인문학연구소
HK+사업단 학술연구총서 14

버려진 것들과 혐오의 미학

이재준 · 한의정 기획

이재준 · 한의정 · 정은영 · 이지형 ·
이지선 · 김보라 · 유수정 지음

The Discarded and the Aesthetics of Disgust

한울
아카데미

차례

2부

서문

2024년 여름 경기도 여주는 하루 기온이 40℃를 넘긴 일이 있었다. 이건 기상관측 이래 최고였다는 후문이다. 기상청의 한 보고서는 당시를 이렇게 기록했다. "여름철 전국 평균 기온은 25.6℃로 평년(23.7℃)보다 1.9℃ 높았다(1973년 이래 1위). … (폭염·열대야) 올 여름철 전국 평균 폭염일수는 24.0일로 역대 3위를 기록했으며 평년(10.6일)보다 2.3배 많았다. 열대야 일수는 20.2일로 역대 1위였으며, 평년(6.5일) 대비 3.1배에 달했다"[「2024년 여름철(6~8월) 기후 분석 결과」]. 여기에 조금 덧붙이면, 폭염은 체감온도가 이틀 이상 33도 넘게 유지될 때를 말하고, 열대야는 오후 6시부터 다음 날 오전 9시까지 기온이 평균 25도 이상으로 유지되는 상태를 말한다. 하지만 이런 냉정한 수치들은 도대체 우리가 얼마나 죽을 것 같은 여름을 살고 있는지 알려주지 못한다. 사실 우리에게 기온은 더위이고, 우리는 '더위를 먹는다'. 그것은 정동적이다. 몸은 열을 느끼고, 마음은 화상을 입는다. 이 느낌과 상처는 너무 빠르게 휘발하는 듯하다. 땀이 주르륵 흐르는 살갗의 감각세포들은 지구가 너무 뜨겁다는 것을 알지만, 서늘한 바람이 불고 땀이 식어가는 날이 오면, 지난여름 도대체 무슨 일이 있었는지 기억하질 못한다. "올해가 가장 시원한 해였어"라며 쓴웃음을 짓던 작년보다 올해가 더 시원할 거라 장담할 수 있을까? 미래의 위협은 느낌의 강렬함을 망각하는 데 있는 듯하다.

이런 현실을 '위기'라고 경고하는 것이 '인류세(anthropocene)'다. 과학적으로 이 지질학적인 시간 개념이 유의미한지 아닌지는 우리에게 닥칠 위기의 무게를 달아보면 어렵지 않게 알 수 있다. '대가속(Great Acceleration)'의 효과. 지난 200년간 가파르게 솟구친 자본주의의 성장 가속도가 이런 위협과 위기를 만들었고, 지금도 그 추세는 줄어들지 않고 있다.

오래전 과학자들은 지구에 관해 알기 위해 '시추'라는 방법을 발명했다. 그들은 땅의 바깥에서 안으로 구멍을 뚫고 들어가 껍데기 중 일부를 꺼내 관찰했고, 지구가 언제 어떻게 만들어졌고 또 어떤 물질들로 이루어져 있는지 알아냈다. 오늘날 시추는 땅속에 묻힌 화석 물질을 대량으로 꺼내 자원으로 사고파는 일에 더 많이 쓰인다. 인류세의 과학자들도 시추를 즐겨 사용한다. 하지만 이들이 하려는 것은 누적된 인간 흔적의 시간을 확인하는 일이다. 수십, 수백 미터 땅을 뚫고 들어간 시추 봉에는 닭 뼈, 라면 봉지, 페트병, 알루미늄 캔, 철근콘크리트, 변기 뚜껑…… 온갖 인간적 흔적이 압축되었다. 모든 인공물은 자연의 위협을 극복한 인간 역사에서 소비자본주의 문명의 기념비로 여겨진다. 인간은 인류세에 이르러 자신이 지구의 주인이 되었음을 증명한 것이다. 그렇지만 인류세를 사는 인간들은 이것이 치명적인 역설임을 경험하고 있다. 온갖 인공물이란 결국 버려진 채로 땅에 묻힌 그리고 묻힐 쓰레기이다. 인간은 쓰레기 덕분에 비로소 지구의 제대로 된 주인이 되었음을 증명하고 있다.

지구의 시간은 생성과 소멸을 거듭하고 다시 새로워지는 거대한 순환 운동의 궤적이다. 인간의 언어로는 그것이 정확히 무엇인지 기술할 수 없지만, 적어도 경험은 그것이 인간 이전에도, 지금도, 앞으로도 계속되리라고 말한다. 디페시 차크라바르티(Dipesh Chakrabarty)가 말했듯이, 인간은 자연을 온갖 인공물로 재생산하듯 지구를 인간적인 것으로 치환하면서 발명한 시간을 다시 지구로 투사한다. 그 때문에 인간은 지구의 시간이 마치 자신의 시간과 동일한 것인 양 착각에 빠진다. 그러나 사실 인간의 시간과 지구의 시간 사이에는 깊고 넓은 간격이 있다. 인류세가 보내는 또 다른 경고음은 이런 균열의 직접적인 신호다.

인류세의 상황은 어쩌면 다음과 같이 거창하게 기술될지 모른다. '대가속의 속도를 만끽하는 인간들의 행위는 지구의 거대한 순환 운동에 포섭되지 않고 자꾸 바깥으로 빠져나가고, 다시 그 운동을 저지하는 교란 운동으로 되돌아온다. 순환에 편입될 수 없는 자잘한 운동들이 오염으로 나타난다. 교란은 여기저기 끊기고 격리되어 점차 높이를 더해가는 파도가 되거나 불가해한 와류들이 된다. 어느새 쓰나미처럼 걷잡을 수 없는 흔들림이 인간의 도시를 집어삼킨다. 소비 물신에 온 힘을 쏟는 인공물들의 폭발적인 강렬함 덕분에, 예전엔 몰라봤던 쓰레기가 이제 직접적으로 느껴진다. 급기야 쓰레기와 나란히 있었던 혹은 그저 저 멀리 있었던 비인간(nonhuman)들마저 알려진다. 거대한 거미줄로 이어진 온갖 것들 사이에서 긴장한 채로 날카로워진 우리의 모습이 보인다. 하지만 이것은 거대한 순환의 지극히 소소한 일면일 뿐이다. 그 순환이 언젠가는 우리의 모든 현실을 집어삼킬 것이다.'

* * *

자원을 채굴하고, 인공물을 생산하고, 소비하고, 폐기하는 일련의 과정이 보여줄 미래란 쓰레기로 넘쳐날 지구다. 이것은 지구의 온갖 존재들을 자원과 재료, 수단, 그리고 자본으로만 여겨온 사회의 모습이다. 이런 선형적인 연쇄를 끊어보자는 게 쓰레기 재활용이다. 쓰레기를 다시 무언가로 되돌리려는 것인데, 여기서 그 무언가란 다시 '자원'이다. 인공물의 존재론적 과정을 반복한다. 그리고 지구는 원래 그랬던 것처럼 '버려진' 자원의 문제일 뿐이다.

우리는 '쓰레기'라는 말에서 비인간, 즉 인간 바깥의 존재들에 대한 일정한 인간적 태도를 이해할 수 있다. 국립국어원의 우리말 사전에 따르면, '쓰레기'는 15세기 옛말 '쓸어기' 혹은 '쓰러기'에서 왔다. 두 단어 모두 "티끌을 비로 쓸어냄"을 뜻한다. 어렵지 않게 '쓰레기'가 '쓸다'라는 동사에서 온 명사임을 알 수 있다. 대개 행위는 특정한 동작과 그 동작이 겨냥하는 대상을 포함한다. 그리고 그 대상의 속성도 거기에서 드러난다.

수백 년 넘게 일상생활에서 사용된 '쓰레기'라는 말은 '쓸어냄'이라는 동작, 그리고 '티끌'이라는 대상과 그 대상의 속성인 '하찮음'을 포함한다. '쓸기' 행위의 대상인 티끌은 먼지처럼 작은 부스러기이자, 하찮은 것이다. 하찮음은 온전한 몸통에서 떨어져 나온 작은 알갱이들에 덧붙여지고, 대수롭지 않거나 무가치한 것, 심지어 더러운 것들을 가리키는 말로 쓰인다. 이때 어떤 존재의 지위가 중요한데, 쓰레기는 원래 제값을 가진 것이었다가 대수롭지 않거나 무가치한 지위로 옮겨진 사물이다. 밀어냄/밀림의 힘 관계에서 주변 자리로 배치된 사물이 쓰레기이다. 제값을 빼앗긴 사물, 쓰레기의 운동은 관계 존재론적 정치이다.

쓰레기의 생산은 '지나치게 많이 사라져야 할 것들'의 소비다. 상품이야말로 소비자본주의 대도시 삶에서 가장 은혜로운 존재이고, 거주민들이 열광하는 욕망의 현실태이다. 화가 뱅크시(Banksy)는 〈추락하는 구매자(Falling Shopper)〉(2011)에서 그런 욕망을 폭로했다. 런던 메이페어에 있는 건물 외벽에 그려진 이 작품은 대부분 그렇듯 남몰래 그려진 그라피티 작품이다. 콘크리트 외벽 한가운데 쇼핑 카트를 잡은 채 아래로 추락하고 있는 소녀가 있다. 지상 7층이라는 높이 탓에 추락은 더없이 위태롭고 아찔하게 느껴진다. 소비 욕망이란 결국 건물 아래로 떨어져 죽음을 맞아야만 비로소 끝장날 수 있는 무시무시한 것이다. 하지만 더 끔찍한 사실은 작품에서 바로 이 소비 욕망이 종결되지 않으리라는 것 또한 보여주고 있다는 점이다. 작품에서 소녀는 계속 아래로 떨어지고만 있을 뿐, 결코 땅바닥에 도달하지 않는다. 그의 통찰과 표현은 뛰어나다. 하지만 뱅크시도 못 본 게 있다. 그건 그 욕망이 향하는 곳이 상품만이 아니라 쓰레기이기도 하다는 사실이다. 소비자본주의에서 소비란 현실적인 수요와 일치하지 않는다. 그것의 논리는 허구적인 수요에 일치하는 과잉 소비여야 하며, 생산은 그런 조건에 적합한 수준에서만 골드러시를 맞는다. 한때 소비 욕망에 부응하는 상품이 쓰레기 사물이다. 상품과 쓰레기의 양적 동일성에 따르면, 과잉 소비는 과잉 생산으로 이어지고 그 인과적 결과물은 과잉 쓰레기다.

쓰레기의 일부는 소각되어 허공으로 사라진다. 하지만 갈 곳 잃은 대부분은 어딘가 땅속에 매립되어 눈앞에서 사라져야 한다. 도시인들은 자기 집 앞에 쓰레기 매립장을 짓지 말라고 결사반대한다. 이 님비현상을 움직이는 것은 정확히 혐오 정동의 논리다. '나' 안에 더러운 것을 바깥으로 밀어내듯, 혐오스러운 쓰레기가 대도시 중심에서 밀려나 가장자리에 매립된다. 사람들은 소비하고 싶어 소비하려 하고 다시 소비하고 싶어 버리려 한다. 버려진 것들이 있지만 그것들을 끌어안은 채 살고 싶진 않다. 쓰레기는 사회 문제이고, 정책 문제이며, 재활용과 자본의 문제이다. 쓰레기의 사회적 특성은 환경부의 문서들에 등록된 텍스트로 표현된다. 쓰레기 오물의 더럽고 역겨운 느낌은 드라이한 공문서들로 치유된다. 관계자 외에는 누구도 쓰레기가 어디로 가는지 모른다. 심지어 환경미화원이 아니라면 담당 공무원조차 모르는 일이다. 관념들의 이동만이 있을 뿐이다. 공문서에 기록된 쓰레기는 진정 공허하다.

쓰레기는 감추어진다. 2011년 3월 광화문 일민미술관에서 〈都深(Urban Depth〉(2010~2011) 전을 열고 있는 사진작가 금혜원을 만났다. 전시는 도시 공간을 다루고 있었다. 도시 한가운데를 뜻하는 '도심(都心)'이 아니라 '도심(都深)'이라는 제목은 말장난처럼 보일 수도 있었지만, 우리의 시선을 끄는 도시 표면의 화려한 풍경 뒤로 숨겨진 어떤 축장(蓄藏), 즉 '모아 감추어 둠'을 가리키고 있었다. 거기서 '깊이'란, 다름 아니라 어떤 사회적 사물들이 감추어져 있음을 가리켰다. 작품들에서는 도시의 지하 세계에 감추어진 쓰레기를 처리하는 거대한 장치가 보이고, 재개발 현장에서 흙더미를 덮은 파란색 방수포가 보인다. 특히 쓰레기를 처리하는 장치들은 광각렌즈의 과도하게 왜곡된 굴절 탓에 별처럼 빛나는 조명들 사이에서 어둑한 공간을 뚫고 마치 실제로 악취를 풍겨대는 것처럼 느껴졌다. 머릿속을 맴도는 혐오스러운 냄새가 일상에서 은폐되어야 했던 도시 축장의 프로세스를 거스르고 있었다.

쓰레기의 정동 정치. 아무리 커도 자기 모습을 드러내서는 안 되는 쓰레기의 사회적 배치를 보여주고 있었다.

화장실의 새하얀 세면기와 변기. 지난 반세기 이상 밀집된 대도시의 주거 공간, 그곳에 거주하는 사람들은 더럽고 냄새나고, 오염될 듯한 그 무언가를 처리하느라 너나없이 매일매일 수십 리터의 물을 하얗고 작은 구멍 속으로 쏟아 버린다. 새하얀 장치들은 '깨끗하게 쓸어 버리기(청소)'의 사회적 운동을 수행한다. 장치에 연결된 하수관, 그 밑으로 펼쳐진 도시 폐수관의 아름다운 복잡성이 보이지 않는 지하에 펼쳐져 있다. 그리고 대도시의 또 다른 지하 세계에 제법 큰 쓰레기 처리장이 여럿 있다. 하지만 이것을 본 사람은 얼마나 될까? 그렇기에 혐오 정동의 사회적 실천, 폐기물과 오물 처리 정책은 성공하고 있던 것이다. 역겨운 쓰레기를 옆에 두고 살기를 원치 않는 한, 그것은 가능한 한 멀리 밀어내져야 한다. 쓰레기 소각장 증설 정책에 맞선 사람들이 피켓을 들고 시위를 한다. 아파트 외벽에 커다란 현수막을 걸고, 시장을 찾아가고, 환경단체와 연대한다. 내가 사는 여기는 안 된다. 금혜원의 작품들은 쓰레기의 혐오 정동이 어떻게 운동하는지 잘 보여준다. 여기가 아니라면 어디에냐고 묻는다. 쓰레기는 여기에도 있는데 말이다.

도시의 수준을 평가한다면, 평가 기준에 청결 정도도 포함될 만하다. 도쿄는 인구가 천만 명 정도라, 서울만큼이나 많은 사람이 사는 곳이다. 그 도쿄를 여행해 본 사람이라면 누구나 대부분의 거리가 깨끗하다는 데 놀라고 경의를 표하지 않을 수 없다. 그런데 다시 또 궁금해진다. 그곳 쓰레기는 어디로 갔을까? 누구든 쓰레기를 버리지 않을 순 없을 텐데 말이다. 쓰레기를 아무 데나 버리지 않을뿐더러 잘 처리하려는 도쿄 사람들의 훌륭한 생활윤리가 빛을 발한다. 하지만 그렇다 해도 대체 도쿄의 나머지 쓰레기는 어디로 가는 걸까? 한 통계자료에 따르면, 일본은 한때 세계 최대의 플라스틱 쓰레기 수출국이었다. 플라스틱을 재가공할 때 배출되는 탄소와 오염물질은 도쿄의 하늘에는 없지만, 제3세계 어느 나라의 하늘에는 있다. 쓰레기의 혐오 정동과 물리적 배치는 지역 간 격차나 인종차별과 교차한다. 후쿠시마 원자력 발전소에 끝없이 쌓여가는 방사성 오염수도 예외가 아니다. 붕괴된 원자로 안에 원래부터 있던 오염수만이 아니라 주변에서 다시 빗물과 지하수가 스며들어 점점 더 쌓이는 오염수는 어떻게 처리해야 할까? 저렴하고 효율적인 전력 생산성, 게다가 핵융합 군사기술을 포기할 수 없는 정치적 셈법. 이것이 방사성 물질에 노출된 많은 이들의 비극이 끝나지 않는 이유가 아닐까.

* * *

쓰레기를 배치하는 정동의 논리는 인간 사회에도 적용된다. 혐오 표현인 '인간쓰레기'는 몹쓸 인간, 즉 윤리적으로나 사회적으로 잘못을 저지른 인간이다. 혐오의 정동은 사람이든, 동물이든, 사물이든, 비윤리적인 것으로도 향한다. 코로나19 팬데믹 당시 코로나바이러스는 물론 방역 규칙을 위반한 사람들을 향했던 혐오 현상을 떠올려 보면 쉽게 알 수 있다. 사회적 규칙을 위반한 존재들은 중심에서 밀려나 주변으로 배치되는데, '인간쓰레기'는 사회적 '쓸모'로 평가된 존재이다.

쓸모없는 것들은 버려지고, 버려진 것들은 보기 싫게 느껴진다. 그것들이 다시금 위협적으로 보일 때 두렵거나 혐오스러운 존재로 여겨진다. 혐오 미학을 주장한 캐롤린 코스마이어(Carolyn Korsmeyer)에 따르면, 느낌은 단순히 특정한 정서 표상에 국한되지 않는다. 그것은 정동이고, 미시적인 힘들 사이에서 일어나는 부정적이거나 긍정적인 상호 영향이다. 두려움은 도망가게 하는 힘으로, 분노는 공격하는 힘으로, 혐오는 배제하는 힘으로 표출되어 영향을 주고받는다. 힘들이 영향을 주고받는다는 사실은 혐오가 이렇게 저렇게 관련된 존재들과 사건의 문제라는 것, 그래서 그것은 정치적이기도 하다는 것을 보여준다.

예를 들어, 청소는 혐오 느낌을 해소하는 일상 행위다. 우리는 쓰레기를 여기서 저기로 멀리 치우는 행위를 청소라 부른다. 청소는 깨끗함, 개운함, 심지어 원래 상태로의 회복을 의미한다. 청소될 만한 것들을 머리에 떠올려 보자. 그러면 거기엔 먼지와 티끌만이 아니라 빈 플라스틱 그릇, 먹고 버린 옥수수자루, 전날 쏟아진 폭우로 길가에 쓰러진 가로수, 감염된 닭의 사체, 낡아 멈춰버린 자동차, 바다로 흘려보낸 방사성 물질 등 헤아릴 수 없이 많다. 그리고 쓰레기가 자극하는 냄새, 색깔, 형태 또 꿈틀거리며 솟아나는 역겨움이 있고, 다른 층위의 느낌, 즉 감염에 대한 두려움도 있다. 누군가는 이런 사물의 정동 운동을 대수롭지 않게 여길지 모르겠지만, 이것은 혐오를 배경으로 해서 행해지는 거의 모든 사회적 배제의 심리-물질적 토대이다. 혐오는 정동의 논리에 따르며, 존재자들의 특정한 관계 양상이기에 존재-정치적이다. 우리는 이것을 '인간 청소'라는 끔찍한 현상에서 이해할 수 있다. 한국사회는 일본제국주의 침탈기는 물론 군사독재 시대에 이르기까지 정의 사회 구현이라는 슬로건 아래 반복적으로 여러 형태의 국가 폭력이 자행되었다. 그중 '사회정화(社會淨化)'가 있는데, 이것은 사회적으로 쓸모없는 인간에게 가해진 '청소' 행위였다. 쓰레기 청소를 위해, 어떤 이들의 인권은 깨끗한 느낌으로부터 기대되는 사회적 만족감을 위해 가혹하게 훼손된 것이다. 전 세계에 이런 불행한 사건들은 너무도 많다.

* * *

오물, 쓰레기, 오염물질, 폐기물. 이 책은 버려진 사물과 혐오의 미학에 관심을 가진 연구자들에게서 기획되었다. 그리고 비슷한 시기 서울의 관훈갤러리에서 폐기물, 재생, 생태주의, 그리고 버려진 것들에 대한 기억을 주제로 다섯 명의 작가가 모여 〈재생 버튼: 버려진 것들의 귀환을 위한 리-플레이〉(2023) 전시를 꾸렸다. 연구자들과 작가들은 서로의 의견을 나누었고, 그 생각의 흔적을 여기에 남겼다. 책은 두 부분으로 구성된다.

1부는 미학, 철학, 미술사, 문학의 이론적 시선 안으로 버려진 것들을 혐오의 논리와 함께 끌어들인다. 한의정은 「오물의 미학」에서 조르주 바타유의 이질학을 분석하면서 물질 혐오의 미학적 동역학을 다룬다. 예술 형식으로 포착된 오물 혐오는 단순히 역설적인 폭로가 아니라 미적이면서 동시에 정치적인 것으로 우리에게 끝없이 귀환한다. 이재준의 「버려진 사물, 미학적 단면」은 비인간 사물의 존재론적 지위를 버려진 것들을 소재로 한 작품들에서 재발견한다. 이제껏 지극히 인간주의적인 세계관만을 따랐던 미학이 수많은 작품 속에서 거듭되었기에, 이 글은 쓰레기 사물의 급진적인 잠재성에서 인간과 비인간의 대칭적 관계를 회복할 수 있는 계기들을 살펴본다. 「쓰레기의 역습과 동시대 미술의 실천」에서 정은영은 폐기물의 이질학적 전략을 통해 단순한 환경주의와 오도된 생태주의를 비판하고, 현대미술이 버려진 사물들과 공존할 수밖에 없는 현실을 어떻게 드러내고 있는지를 엿본다.

후쿠시마 원자력발전소가 붕괴할 때 많은 이들이 방사성 물질로 오염되는 불행을 겪었다. 당사자들의 비극은 거기서 끝나지 않았고, 그들은 다시 혐오 대상이 됨으로써 차별 속에서 또 다른 고통을 겪고 있다. 이지형의 「오염되어 버려진 존재들: 원폭소설로 보는 혐오 정동의 증식과 디스토피아 문학」은 지구상에서 피폭이라는 현실적 고통의 층들을 들춰냄으로써 디스토피아 문학의 가치를 확인한다. 이지선의 긴 제목의 글 「가이아, 버려진 이름에서 시대의 얼굴이 되기까지: 스텐게르스, 라투르, 해러웨이의 가이아론 또는 가이아 이야기」는 가이아 이론의 계보를 분석하면서 쓰레기 비인간과 인간의 관계를 위해 거시적인 시야를 제안한다. 쓰레기와 오물, 방사성 물질, 생태계 위기는 지구 행성의 사물들 사이에서 복잡한 연결을 드러내고, 이것은 지구 행성적 사고의 필요성을 거듭 요청한다.

책의 2부는 연구자들과 〈재생 버튼: 버려진 것들의 귀환을 위한 리-플레이〉 전시에 참여한 작가들이 각각 한 쌍이 되어 서로 소통한 결과물을 전시 기획자인 정은영의 기획 의도와 함께 수록했다. 이 글들은 비평의 형식을 취하지만, 반드시 그것을 고집하지는 않았다. 한의정의 「이종관, 넝마주이의 브리콜라주」는 이종관 작가가 인도를 여행하면서 모은 거리의 쓰레기를 아기자기한 기념품처럼 재배치한 설치 작업에 관한 글이다. 이재준의 「김지은, 쓰레기 위의 쓰레기 아래의 쓰레기」는 도시 개발의 그림자 속에 버려진 사물들의 이야기를 언급한다. 김지은은 도시 발전과 개발로 일관해 온 인간 삶의 비판적 지점들을 자신의 구체적 장소 경험 속에서 재현한다. 김보라의 「김승현, 현존의 아상블라주: 인간과 비인간 사이에서 진동하기」는 일상 속 청소 도구들의 기능을 절단해서 조립해 낸 김승현의 설치 작업에서 아상블라주의 표현성을 독해한다. 아상블라주는 인간과 비인간 혹은 비인간과 비인간, 인간과 인간의 회집체를 보여주기 위한 표현 형식으로 제안된다.

한편, 서인혜의 작업은 일면 일상의 물건들이 주는 소소한 느낌을 섬세하게 담아내는 듯하지만, 사실 이것은 또 다른 표현 전략처럼 보인다. 작가는 별것 아닌 것들에 다시 돋보기안경을 들이대는데, '몸빼' 무늬가 확대되는 순간 펼쳐지는 사소한 세계의 거시적 풍경이 도대체 그들에게 무슨 일이 있었는지를 되묻게 한다. 유수정의 「서인혜, 할머니의/와 몸빼」는 바로 그 지점을 포착하는데, 할머니로 치환된 몸빼는 전쟁이 강제했던 노동 문화의 대중적인 변형으로서 '늙는 인간 존재의 쓸모없어짐'을 회상하게 할 뿐만 아니라 여성, 노인, 노동이 상호 교차하는 정치적 관계물로 독해된다. 김순선은 미시 생명체에 몰두한다. 작가의 캔버스 위에서 좁은 땅 위를 덮은 지의류 이끼 군집은 지구 행성에 가장 잘 어울리는 옷이 된다. 이지선은 「김순선, 지구의 옷으로 그린 툴루의 초상」에서 해러웨이의 툴루세 사고를 끌어와 취약한 지의류의 힘을 증폭시킨다.

각각의 글 뒷부분에는 작가 노트나 인터뷰가 함께 실렸다. 이를 통해 예술가의 의도를 조금이나마 생생히 들여다볼 수 있을 것이다.

이재준

1부

01

오물의 미학*

한의정

1. 오물(汚物), 더러운 물질

오랫동안 정신과 물질의 이원론에서 우선시된 것은 정신이었다. 영원하고 변하지 않는 정신에 비해 가변적이며 신체적인 물질은 불신과 멸시의 대상이었던 것이다. 물질 중에서도 특히 사용 후 버려진 쓰레기나 배설물, 토사물과 같은 '오물(汚物)'은 문자 그대로 더럽고 추한 것으로 여겨 좀처럼 가까이 하지 않으려 한다. 이것은 오물이 우리의 시각과 후각에 일으키는 부정적인 반응 때문이다. 쓰레기 매립장이나 하수처리장이 부동산 가격 하락을 불러오는 대표적인 '혐오' 시설인 것도 같은 이유에서 비롯된다. 혐오는 사실 인간이 지닌 동물성과 유한성을 떠올리게 하는 대상을 직면했을 때 나타나는 정동이다. 이 정동은 혐오스러운 대상과 거리를 두어 자신과 구별하려는 태도로 이어진다. 그렇다면 물질 혐오(disgust of matter), 즉 '물질을 배척함'은 정신과 물질의 이분법에서 정신을 오롯이 인간만의 것으로 여기며 자신을 지키고자 애쓰는 인간중심주의(anthropocentrism)적인 태도와 관련 있는

---

* 이 글은 한의정, 「물질의 이질학에서 아브젝트들의 예술로: 바타유의 사유를 중심으로」, ≪현대미술사연구≫, 제53집(2023), 1~17쪽을 수정·보완한 것이다.

것이다.

그런데, 우리가 늘 물질을 배척하는 삶을 영위해 왔다고 말하기는 어려운 것 또한 사실이다. 예를 들어, 앙토냉 아르토(Antonin Artaud)의 라디오 방송용 대본 「신의 심판과 결별하기 위하여」(1947)에는 다음과 같은 구절이 나온다. "똥 냄새가 나는 저기에서 존재가 느껴진다. 존재에는 특히 사람을 유혹하는 어떤 것이 있는데 바로 똥이다"(Artaud, 1974: 83). 이 구절은 존재의 가장 더럽고 낮은 위치에 속하는 물질인 똥에서 혐오가 아닌 매혹을 느끼는 인간을 묘사하고 있다. 이처럼 오물을 향한 혐오와 매혹이라는 인간의 양가감정은 어떻게 설명할 수 있을까?

배설물에 대한 문화인류학적 접근을 시도한 그레고리 버크(John Gregory Bourke, 1843~1896)의 『신성한 똥(Scatalogic Rites of All Nations)』(1891)은 분변학(scatology)의 고전이라 부를 만한 책이다. 이 책의 1913년 독일어판의 서문은 프로이트(Sigmund Freud)가 덧붙였는데, 여기서 프로이트는 파리에서의 인턴 시절 흥미롭게 들은 법의학 강의에서 브루아르델(Paul Brouardel, 1837~1906)이 신원 미상의 사체를 놓고 "더러운 무릎은 정숙한 처녀의 징표"라고 진단한 말을 떠올린다(버크, 2002: 9).[1] 신체적 청결은 미덕보다 악덕과 더 관련 있다는 사실이 브루아르델이 준 교훈이라 하면서, 프로이트는 버크의 글이 지금의 문명인들이 육체성 문제에 직면하는 방식에 대해 경고하고 있다고 평가한다. 사실 프로이트의 이러한 평가는 별로 놀랍지 않다. 프로이트는 이미 유아의 심리성적 발달 이론을 개진하면서, 유아기 초기에는 배설물에 어떠한 부끄러움도 혐오도 나타내지 않으며, 오히려 배설물에 큰 관심을 보이거나, 집착하거나, 나르시시즘적 대상으로 여겨 과잉 열중하는 것이 일반적이라 설명했기 때문이다. 그리고 항문기의 아이가 다른 사람의 도움

1) 정숙한 여자일수록 성당에서 무릎을 꿇고 기도를 자주 하기 때문이라는 유추가 가능하다.

없이 스스로 세상에 내놓는 똥-선물은 타인에게 나누어 줄 수 있는 가장 순수한 형태라고 하였다(프로이트, 2020: 76). 이 최초의 선물을 받은 부모는 유아가 살아 있음에, 앞으로도 살아갈 수 있다는 증명으로 여기며 최고의 기쁨을 표현하는 것이다. 이후 교육의 영향 아래 이러한 호분증적(coprophilique) 충동은 억압의 길로 들어가더라도, 배설물에 대한 혐오는 자신의 것에는 적용되지 않고, 타인의 것에만 적용된다는 점이 흥미롭다. 결국 배설물과 같은 오물에 대한 혐오는 나와 타인, 인간과 동물의 존재근거와 구별 짓기 사이에서 중요한 역할을 함이 분명하다. 더 나아가 물질 혐오는 근대 자본주의 사회에서 [들뢰즈(Gilles Deleuze)와 가타리(Félix Guattari)가 '화폐경제의 항문기적 성격'으로 분석한 것과 같이] 화폐의 흐름과 속성에서, 그리고 미셸 푸코(Michel Foucault)가 근대 '생명-정치(bio-politique)'를 대표한다고 본 파시즘의 구조에서도 핵심적인 자리를 차지한다(들뢰즈·가타리, 2014: 250; 푸코, 2012 참고). 이 글은 이러한 개인의 물질 혐오, 자본주의 사회나 파시즘의 구조에서 보여주는 밀어내고 배척하며 결집되는 물질 혐오의 한 양상을 예술 현상을 통해 확인하고자 한다.

그레고리 버크가 문화인류학적으로 접근한 분변학의 사례들에는 예술이 등장하지 않았다. 이것은 폐기물, 쓰레기, 배설물이 예술의 대상으로 사용되고 재평가되기 시작한 시점이 20세기가 되어서이기 때문이다. 물질 애호와 혐오라는 양가적 시선이 그대로 드러나는 20세기 이후의 예술 작품들을 살펴보기 위해 우리는 조르주 바타유(Georges Bataille, 1897~1962)의 '이질학', '아브젝시옹', '비정형' 개념을 경유하고자 한다. 이 개념들이 존재의 낮은 곳에 위치한 물질, 그 물질을 밀어냄과 동시에 이끌리는 것을 가장 잘 설명하기 때문이다.

2. 바타유의 이질학

앙드레 브르통(André Breton, 1896~1966)은 「제2차 초현실주의 선언」(1930)에서 조르주 바타유를 '배설물 철학자(philisophe-excrément)'로 취급하며 격렬하게 비난했다(Breton, 2000: 131~136; 브르통, 2012: 193~199 참조). 현실을 뛰어넘는 해결책으로서, 우월과 상승의 힘을 지닌 초현실을 추구한 브르통과 낮고 비천한 곳의 물질, 즉 저급유물론(bas matérialisme)을 주장한 바타유 사이의 격차는 좀처럼 좁혀질 수 없는 것이었다.[2] 바타유는 「사드의 사용가치(동지들에게 보내는 공개서한)」(1930)에서 초현실주의자들이 사드(D.A.F. de Sade, 1740~1814)를 정치적·사회적 현실에서 유리된 문학이라는 협소한 장으로 추방하면서 그의 작품이 지닌 이질적 면들을 무력화시켰다고 비판한다(Bataille, 1972: 55~56). 바타유에게 사드의 삶과 작품은 "배설이 지닌 통속적 사용가치 외에 다른 사용가치는 없을 것이다. 거기서 사람들은 그것들을 배설하고, 더 이상 보지 않는 빠른 (그리고 폭력적인) 쾌감을 가장 좋아할 뿐이다"(Bataille, 1972: 56).[3] 바타유에게 사드와 그의 작품은 동질적인 사회 내부에 안전하게 머무를 수도, 그렇다고 완전히 바깥에 있을 수도 없는 '이물질'로 작용한다. 이물질(이질체; corps étranger; hétérogène)이란, "욕망에서 추방할 수 있고 재전유할 수 있는 어떤 것으로, 배설물(정액, 생리혈, 소변, 대변) 및 성스럽거나 신적이라고 경이롭다고 간주할 수 있는 모든 것이 주관적으로는 기본적으로 동일하다는 것을 표시한다"(Bataille, 1972: 59).

인간의 신체가 끊임없이 '전유(appropriation)'와 '배설(excrétion)' 활동을 하

---

2) 두 사람의 논쟁에 대해서는 오생근(2010: 406~423)을 참조할 수 있다.

3) 또한 바타유의 소설 『하늘의 푸른빛』에는 초현실주의자들을 연상시키는 구절이 등장한다. "사드를 찬미하는 자들은 사기꾼이야. (…) 그래서 그들은 똥을 먹었을까, 안 먹었을까?" (Batailles, 1974: 428; 바타유, 2017: 101 번역 일부 수정).

듯, 즉 구강을 통해 영양분을 흡수하고 난 후 인간 신체에 동화될 수 없는 것들을 항문을 통해 배설하는 것처럼, 하나의 유기체로서 사회는 그 구조에 동화될 수 없는 이질적 측면들을 배제하고 추방한다. 인간 신체와 사회에서 전유되고 남은 찌꺼기들, 폐기물들은 배설된다. 이러한 전유와 배설의 구조로 인간과 인간 사회를 설명하는 학문을 바타유는 '이질학(hétérologie)'이라 명명한다. 이것은,

> "전혀 다른 것에 대한 학문이다. '신성학(agiologie)'라는 용어가 더 정확할 수도 있는데, '더럽혀진 것'과 '신성한 것' 모두를 뜻하는 '아기오스(agios)'[사케르(sacer)의 이중 의미와 유사]의 이중 의미를 함축해야 할 것이다. 그러나 무엇보다도 실제 상황(신성한 것의 특수화)에서 '이질학'과 같은 추상적인 용어의 이중어로서 논쟁의 여지 없이 표현적 가치를 갖는 것은 '분변학(scatologie)'이라는 용어이다"(Bataille, 1972: 61~62).

인용문에서 밝히듯 바타유는 '이질학'이라는 용어 대신 '신성학'과 '분변학'도 염두에 두고 있다. 이는 그리스어 '아기오스'가 라틴어 '사케르'처럼 '신성한'과 '비천한'이란 의미를 동시에 갖기 때문이다. 이질적인 것이 매혹과 혐오라는 끌어당기고 밀어내는 힘을 모두 유발하는 것은 이러한 극성을 지니기 때문이다. 바타유는 다른 곳의 각주에서 다음과 같이 덧붙이기도 했다. "심리학적 관점에서 볼 때 신과 배설물의 본질이 동일하다는 것은 종교의 역사가 제기한 문제에 익숙한 사람의 지성에 충격을 줄 것이 없다. 시체는 똥보다 혐오스럽지 않으며, 그 공포를 투사하는 유령은 현대 신학자들의 눈에는 신성하다"(Bataille, 1972: 59).

바타유는 또한 이질학을 기존 과학과 철학, 종교와 비교하며 설명한다. 지금까지의 과학, 철학, 종교는 인간이 선험적으로 생각할 수 없는 외부 사물들을 분류된 일련의 개념이나 관념으로 대체함으로써 세계를 구성하는 동질

성(homogénéité)에 기초해 왔다. 과학은 동화될 수 있는 요소들로 동질적 체계를 구축하려 한다. 철학은 과학이 전유한 후 남은 폐기물로 사유를 시작하지만, 이 폐기물을 무(無), 무한, 절대자 등 추상 형식으로 변형시킬 뿐이다. 종교는 지적 전유의 쓰레기를 "사변의 이질적인(성스러운) 대상으로 제시"하지만 이질적인 것을 그 자체로 다루지 않고, 천상의 우월한 세계를 타락하고 열등한 세계와 분리시켜 전자를 보편적·동질적 세계로 사고한다(Bataille, 1972: 61). 이러한 과학, 철학, 종교와 달리 이질학은 "인간 사유의 좌절과 수치로 여겨졌던 것"(Bataille, 1972: 63)의 자리를 적극적으로 드러낸다. 이질적인 요소는 "정의할 수 없는 상태로 남아 있으며 부정에 의해서만 고정될 수 있다. 무한한 시간이나 공간과도 같은 분변이나 유령의 특성은 가능한 공통 척도의 부재, 비합리성 등과 같은 일련의 부정의 대상일 수밖에 없다"(Bataille, 1972: 63).

한편, 이질적인 것의 극성은 '우월한 이질성', '열등한 이질성'이라는 용어로 표현되기도 한다. 성스러운 세례를 받은, 감히 가까이 갈 수 없는 왕과 같이 순수하고 고귀한 존재가 지닌 이질성도 있지만, 기존 질서에서 열외된 예언가, 혁명가나 광인, 불가촉천민(intouchable)과 같이 비천한 자들이 지닌 이질성도 있다. 이들은 이질적인 영역 내에서 '계급투쟁'을 발생시킨다. 바타유는 이러한 구체적 사회적 현상에서의 이질학의 전개를 「파시즘의 심리 구조」(1933)에서 상세히 설명한다. 파시즘의 부상 속에서 작성된 이 글에서 바타유는 마르크스(Karl Marx)가 구체적으로 해명하지 않았던 사회의 상부구조(superstructure)를 분석하는데, 바로 파시즘이다(Bataille, 1970: 339~373; 바타유, 2022). 무솔리니나 히틀러는 이질적 존재, 그것도 '우월한 이질성'으로 설명될 수 있다. 그들은 다양한 국가의 동질적 사회에 내재한 진부함을 대표하는 민주주의 정치인들과는 달리, 기존의 질서를 폭력적으로 깨뜨리면서 매혹적으로 등장한 이질적 지도자였다. 이 파시스트 독재자들은 사회의 하부구조에서 발생하는 모순에 의해 상부구조가 분열되었을 때, 즉 사회의 이질적 요소들이 폭발적으로 증가하는 혼란의 시기에 우월한 이질성의 모습을 띠고 출현했다. 그러나 바타유가 파시스트 사회의 '결집'(바타유, 2022: 45)[4]의 힘으로 설명하고 있는 것은 (우월한 이질성의) 매혹이 아니라 (열등한 이질성을 향한) 혐오이다.

바타유가 예로 든 군대의 열병식을 보자. 군대에서 지휘관은 무질서, 무정형 상태의 군중에게 '차려', '발맞춰 가'와 같은 구령을 내린다. 구령을 따르는 집단적 행위 속에서 무질서는 기하학적 질서로, 무정형은 공격적인 경직 상태로 이동한다. 이때 군중은 자신을 부정하고 지휘관의 인격 속으로 흡수되며 '집합적 열광(effervescence collective)' 상태 속에 놓이면서 군인 집단으로서 동질성을 형성하게 되는 것이다(바타유, 2022: 49). 그러나 사실 이 과정에서 지휘관이 군대의 존재 이유나 근거가 되어야 할 필연적 이유 같은 것은 없다. 그가 스스로 지닌 '내적 매혹'을 넘어 전체 인구에 효과가 있는 '외적(종교적) 매혹'을 가지게 되는 것은 이 집단 내 '열등한 이질성'을 혐오하고 배제하는 가학적 행위를 통해서이다. 즉 미분화된 상태의 이질성이었던 지휘관은 무질서 상태의 군중들을 동질적 집단으로 결집시키고, 이 동질성 안에 결집되지 않는 것들을 열등한 것으로 취급하면서 '우월한 이질성'을 획득해 나가는 것이다(김우리, 2022: 116~119).

우월성의 모든 특성이 명령하는 주권자 한 명에게 집중된다는 점에서 파시즘은 전근대적 왕조와 유사하지만, 왕조는 열등한 이질성을 처음부터 배제하고, 파시즘은 열등한 이질성으로부터 권력을 얻는다는 점에서 구별된다. 또한 노동자 계급에만 집중한 공산주의와 달리, 파시즘은 중산층이나 지배계급과 같이 분열이 시작된 세력들을 포섭하며 군대를 통해 노동자 계급까지 정서적으로 통합시켰다. 그러나 결과적으로 파시즘은 사회의 동질성을

---

4) 파시즘(fascisme)은 라틴어 fasces에서 유래한 말로 '묶음', '속간' 등을 의미하였으나 '결속', '단결'의 뜻으로 전용되었다.

유지하는 방향으로 귀결된다는 점에서, 이질적 요소가 지니고 있는 "혁명적 측면을 부정"한 것으로 바타유는 비판한다. 바타유는 파시즘이 이용한 매혹과 혐오라는 정서적 힘을 혁명을 위해 사용해야 함을 분명히 밝히고 있다(바타유, 2022: 71).[5)]

「아브젝시옹과 비참한 형태들(L'abjection et les formes misérables)」(1934)에서 바타유는 파시즘의 기원이 '아브젝시옹', 배제하는 행위에 있음을 더욱 명확히 한다.[6)] 먼저 억압의 강제력은 직접적으로 가해지는 것이 아니라, 접촉을 금지하는 형태로 억압받는 자들을 배제해 나간다고 바타유는 지적한다. 압제자의 특권인 "주권의 광채"는 "그를 불순한 인간 대중 위로 끌어올리는 혐오 운동의 결과일 뿐이다"(Batailles, 1972: 218). "생산에 착취당하고 접촉 금지로 삶에서 배제된 불행한 주민은 인민의 찌꺼기(lie du peuple), 천민(populace)으로, 헐벗고 비참한 생활(ruisseau)을 하며, 외부로부터 혐오와 함께 표상"(Batailles, 1972: 218)되는 '비참한 자들(misérables)'이다. 다시 말해, 비참한 자는 우리의 연민을 자극하는 사람이 아니라 "냉소적으로 혐오를 요구하기 위해 위선적으로 연민을 구하는 것을 중단한" 사람을 의미한다(Batailles, 1972: 218). 바타유는 비참(misère)은 의지와 관련이 없으며, 전적으로 무력함으로 경험되기에 어떤 긍정(affirmation)의 가능성에 접근할 수 없음을 강조한다. 비참은 물질적으로 남루함과 같은 객관적 사실들에 근거하는 것이 아니다. 그것은 "배제라는 명령적 행위"에서 비롯되는 것이며, 거기에 저항할 수 없는 무능력은 사람들을 버려진 '것들(choses abjectes)'로 변모시키기에 충분한 것이다. 이러한 배제 행위가 한 집단 존재의 토대를 형성하는 것이다. 바타유에 따르면,

---

5) "이제 우리는 정서적 고양과 광신을 향한 인간의 근본적인 열망을 이용할 줄 알았던 파시즘이 만들어 낸 무기를 사용할 차례이다"(Bataille, 1970: 382).

6) '아브젝시옹(abjection)'에서 ab는 '분리', '멀리(away)'를 뜻하는 접두어이며, ject는 '던지다', '버리다'를 뜻하는 라틴어에서 비롯되었다.

아브젝시옹은 부재를 기원으로 하는데, 바로 배제의 명령적 행위를 충분한 힘으로 떠맡을 수 있는 능력의 부재를 뜻한다. "때, 콧물, 기생충은 아이를 천하게 만들기 충분하다. 아이의 개인적 본성이 원인이 아니라, 아이를 양육하는 사람들의 부주의나 무력함에 책임이 있다. (…) 일반적 아브젝시옹은 주어진 사회적 조건으로 인해 무력함을 겪는 아동의 아브젝시옹과 같은 성격을 지닌다. 그것은 아브젝트한 것들을 추구하고 전복에 빠지는 성적 변태와는 형식적으로 구별된다"(Batailles, 1972: 219). 따라서 바타유에게 아브젝시옹은 존재에게서 인간성을 빼앗고, 존재를 아브젝트한 '사물들'로 환원시키는 것이다.

3. 아브젝시옹, 아브젝트, 그리고 비정형

사실 아브젝시옹은 바타유보다 줄리아 크리스테바(Julia Kristeva, 1941~) 덕분에 (특히 예술과 예술비평의 영역에서) 널리 유통되고 있다. 물론 바타유와 크리스테바의 아브젝시옹을 엄밀히 구별하는 학자들도 있다. 예를 들어 로잘린드 크라우스(Rosalind Krauss, 1941~)는 『비정형: 사용자 안내서』의 결론 부분에서 바타유의 사회적·정치적 결합 근거로서 아브젝시옹과, 크리스테바의 철학적·정신분석학적 아브젝시옹을 구별한다(부아·크라우스, 2013: 281~283).[7] 앞에서 살펴보았듯이 바타유는 파시즘 구조에서 아브젝시옹의 역할을 설명했고, 크리스테바는 주체의 형성 과정에서 어머니나 똥, 상한 음식, 오물과 같은 아브젝트들을 거부하고 배제하는 행위를 설명한다는 점에서 구별되는 것이다. 핼 포스터(Hal Foster, 1955~)는 이 구별을 아브젝시옹 내 실

---

7) 잘 알려져 있듯이 크리스테바의 아브젝시옹 개념은 『공포의 권력』(1980)에서 서술되었다. (크리스테바, 2001 참고).

천과 조건 사이의 간격에서 찾으려 한다. 아브젝시옹은 아브젝트한 것을 제거하는 행위와 이것의 실패로서 아브젝트가 되는 행위 두 가지 모두를 뜻하는데, 전자는 크리스테바의 아브젝시옹에 가깝고, 후자는 바타유의 것에 가깝다는 것이다(Foster, 1996: 114~115).

그러나 우리의 논의에서 이 둘 사이의 구별보다 더 중요한 것은 어떤 수준에서, 특히 예술 차원에서 아브젝시옹의 결과물로서 아브젝트는 비정형(informe)과 불가피하게 연결된다는 사실이다. 아브젝트와 비정형 둘 다 법, 질서, 표준에 대한 위협이자 저항의 장소이며, 마치 기존 예술을 공격하거나 거부하는 것으로 보인다. 바타유의 ≪도퀴망≫의 「비평사전」에 실린 '비정형' 항목은 이미 많이 인용되었지만, 충분히 언급되지 않은 '비정형의 역설'을 살펴보기 위해 다시 한 번 전체를 인용하고자 한다.

> 사전은 더 이상 의미를 부여하는 것이 아닌 단어의 임무를 제공하는 순간부터 시작한다. 따라서 비정형은 주어진 의미를 가지고 있는 형용사일 뿐만 아니라 각각의 사물은 그의 형태를 지니고 있다고 주장하며 사물을 끌어내리는 역할을 하는 용어이다. 그것이 나타내는 바가 무엇이든 간에 거기에는 어떤 의미도 없고, 거미나 지렁이처럼 도처에서 짓눌릴 수 있다. 사실, 아카데믹한 인간이 만족하기 위해서 세계는 어떤 형태를 하고 있지 않으면 안 된다. 철학 전체의 목표는 이것 외에는 없다. 그것은 무엇인가에 대한 프록코트를, 즉 수학적인 프록코트를 부여하는 것이다. 반면에 세계가 그 무엇도 닮지 않고 비정형일 뿐이라는 것을 받아들인다면, 이는 결국 세계가 거미나 침과 같은 것임을 인정하는 것이다(Bataille, 2004: 217).

여기서 '침'이라는 물질은 형태를 통해 주어지는 '통일성'과 '동일화'를 파괴하는 역할을 한다. 즉 세계는 침처럼 하나의 형태로 규정짓기 어려우며, 침이 갖고 있는 끈적거림 등의 물질적 성질을 통해 다가온다. 바타유는 이처럼 형태로 이해하는 것은 이성의 역할로 보고, 물질은 감각과 체험을 우선으로 한다고 밝힌다.

그렇다면 이러한 비정형의 작동은 어떻게 이루어지는가? 만약 비정형이 무형(無形)으로 향하는 길이라면, 이것은 절대적인 것으로 옮겨가는 것으로 해석할 수 있다. 형태의 전적인 부재는 그 반대 항인 모든 형태의 정의와 연결되기 때문이다. 반대로, 비정형이 각 사물이 그것에 적절한 형태를 취하도록 요구하는 방향으로 작동한다면, 비정형은 자기가 아닌 것의 배후나 내부에 존재하는 과정이라 할 수 있다. 이때 비정형은 잔여물로서 필연적으로 형태를 생성하고, 비정형은 형태의 잔여물이 되는 것이다. 이러한 잔여물의 움직임이 비정형의 작동이지만, 그것은 우리 눈에 보이지 않는다. 형태가 나타나면서 이미 사라진 것이 되기 때문이다. 그렇기 때문에 이브 알랭 부아(Yves-Alain Bois, 1952~)와 로잘린드 크라우스가 1996년 파리 퐁피두센터에서 〈비정형: 사용자 안내서〉 전을 기획할 때 그들은 그곳의 모든 작품이 비정형의 '흔적'으로서 가시적일 뿐임을 분명히 하였다(부아·크라우스, 2013: 28). 전시는 비정형 개념의 역사적 기술이나 재현이 아니라 이 개념의 작동을 보여줄 뿐이었다. 비정형의 작동, 낮은 곳으로의 미끄러짐을 위해 그들은 '저급유물론', '수평성', '펄스', '엔트로피' 네 개의 범주를 나누고, 그 아래 20세기 아방가르드 예술 실천을 재배치하였다.

이 전시는 기존 모더니즘 중심의 미술사를 와해, 평가 절하하려는 시도이기도 했다. 그들은 미술사를 구성하는 핵심 요소들인 양식, 주제, 연대기, 작품성 등에 따라 통합하는 '총체적 구조'를 전시에서 배제한다고 밝혔다. 피에로 만초니(Piero Manzoni, 1933~1963)의 〈예술가의 똥(Merda d'artista)〉(1961)을 전시에 포함시키지 않은 것이 가장 대표적인 예이다. 만약 이 작품을 '저급유물론' 항목에 넣을 경우, 배설물의 물신화를 조장할 수 있으며, 이는 바타유 사상과도 이질적이라고 그들은 언급했다(부아·크라우스, 2013: 29). 또한 크리스테바식의 '아브젝트' 유형의 작품들도 다루지 않는다고 밝히고 있다.

작동하는 '비정형'과 달리 '아브젝트'들은 작동하지 않는 것으로 보았기 때문이다. 그러나 이러한 (크리스테바의) 아브젝트와 (바타유의) 비정형의 구별 대신, 아브젝트와 아브젝시옹의 구별을 도입한다면, '작동 중인 아브젝시옹', 즉 '아브젝트-되기'의 성공과 실패를 살필 수 있다. 그리고 이 두 가지 유형(배설물과 같은 물질, 그리고 아브젝시옹 작동 관련)이야말로 물질 혐오를 설명해주는 직접적인 키워드가 된다.[8)]

4. 아브젝트들의 예술

파시즘의 시대에만 열등한 이질적인 존재들이 추방된 것은 아니다. 글로벌 자본주의 사회에서 비생산적이라는 이유로, 거대 이상에 어울리지 않는다는 이유로 잉여의 영역으로 내쫓긴 자들도 아브젝트들, 버려진 '것들'이다(부리오, 2022: 10~13 참고). 즉 아브젝트들은 쓸 수 없는 것들, 쓸모없는 것들, 추방된 것들을 총망라한다. 이러한 쓰레기, 폐기물은 늘 우리 곁에 '존재'해왔지만, 철학의 존재론은 오랫동안 이러한 아브젝트들에 대해 사유하지 않았다.

용도성을 상실한 쓰레기가 진지한 사유의 대상이 된 것은 보들레르의 시대에 이르러서야 시작되었다. 샤를 보들레르(Charles Baudelaire, 1821~1867)는 시 「넝마주이들의 술」에서 "고달픈 살림에 들볶인 이 사람들이 (…) 산더미 같은 쓰레기 아래 깔려 녹초가 되고 꼬부라져" 있음을 노래한다(보들레르,

---

8) 아브젝시옹과 비정형, 더 나아가 에로티즘과 죽음, 매혹과 공포 사이의 연결은 크리스테바가 직접 기획한 전시 〈Visions Capitales〉(1998)에서 '아세팔(acéphale; 無頭人)' 또는 '참수'라는 주제로 재등장한다. 머리의 부재는 가장 결정적인 죽음이자, 동시에 죽음에 가까운 과도기적 상태를 의미한다. 그러므로 시각예술에서 참수를 다룬 많은 작품들은 삶, 재현, 주관성, 사유와 같은 가능성을 둘러싼 불가능성을 보여주는 것이다(Kristeva, 1998 참고).

2003). 이후 쓰레기와 폐기물이 우리의 환경임은 자연스럽게 인식되었고, 오히려 발터 벤야민(Walter Benjamin, 1892~1940)과 같은 사상가들은 "현대적 영웅의 제스처"는 '넝마주이(Lumpensammler; rag-picker)'라고까지 말하며 새로운 예술가의 이미지를 그려냈다(최성만, 2007: '수집가' 항목 참조). 장 콕토(Jean Cocteau, 1889~1963)에 의해 "넝마주이의 왕"(Cocteau, 1996: 105)이라 불린 파블로 피카소(Pablo Picasso, 1881~1973)는 버려진 것들을 작품의 구성 요소로 만들기 위해 발로리스(Vallauris) 쓰레기장을 찾았다. 그곳에서 넝마주이를 한 오래된 고리 버들 세공 바구니, 두 개의 우유병, 포도나무 그루, 판지 조각 및 철사 조각으로 만든 〈염소(La Chèvre)〉(1950)는 대표적인 예이다.[9] 그 후, 다니엘 스포에리(Daniel Spoerri, 1930~)는 식사 후 남은 음식 쓰레기와 더러운 접시를 그대로, 또는 창고에서 쥐가 먹어 치우고 남은 음식 재료를 그의 〈그림-덫(tableax-piège)〉에 붙이고, "쥐들과 공동 작업"이라는 언급을 덧붙여 서명했다.[10] 또한 니키 드 생팔(Niki de Saint-Phalle, 1930~2002)이 캔버스에 오브제를 폭력적으로 던졌던 것처럼, 아르망(Arman, 1928~2005)도 '사물들의 분노(colères d'objets)'를 만들어 내기 시작한다. 그는 한 사람의 쓰레기통, 휴지통, 재떨이에 있는 쓰레기를 유리상자 안에 집적하는 방식으로 친구의 초상화를 구성하는 〈로봇 초상화〉 연작을 발표하기도 한다.[11] 이브 클라인(Yves Klein, 1928~1962)이 벽만 하얗게 칠해 〈텅 빔(Le vide)〉을 선보인 갤러리에서 1960년 아르망은 갤러리의 바닥부터 천장까지 쓰레기통의 내용물로 가득 채워 〈꽉 참(Le plein)〉을 선보였다. 1919년부터 시작된 쿠르트 슈비터

---

9) 작품 이미지는 https://www.museepicassoparis.fr/fr/la-chevre에서 확인할 수 있다(검색일: 2025.11.20).

10) 작품 이미지는 https://www.fondationdudoute.fr/oeuvre/53/1584-presentation.htm 등에서 확인할 수 있다(검색일: 2025.11.20).

11) 작품 이미지는 다음을 참고하라. https://www.arman-studio.com/catalogues/catalogue_portrait-robot/arman_portrait_list.html (검색일: 2025.11.20)

스(Kurt Schwitters, 1887~1948)의 '메르츠(Merz)'는 'Kommerzbank'라는 단어에서 출발했다. 아이러니하게도 merzen은 '제거한다', ausmerzen은 '폐지한다', '추방한다'는 의미로 '아브젝시옹', '아브젝트'와 연결된다(Dagognet, 1997: 79). 그의 지인들이 남긴 은밀한 모든 것들(머리카락, 연필, 신발 끈, 담배꽁초, 손톱깎이 등)을 그 안에 품고 있는 〈메르츠바우(Merzbau)〉는 집 천장을 잘라내야 할 정도로 거대한 구조물이 되었다.[12] 아르망과 슈비터스의 작업은 우리의 일상과 문명사회가 많은 쓰레기의 축적임을 그대로 표현한다.

볼탕스키와 뒤뷔페도 넝마주이 예술가 목록에 올릴 수 있다. 〈저장소: 캐나다〉(1988)에서 볼탕스키(Christian Boltanski, 1944~2021)는 6000벌의 낡고 남루한 옷들을 못에 걸어 거대한 홀의 네 벽면을 뒤덮었다.[13] "염소 똥에 약간의 모래를 섞어 주물러 만든 반죽"을 재료로 사용하고 싶다고 고백한 바 있는 뒤뷔페(Jean Dubuffet, 1901~1985)는 1950~1960년대 파리 길거리의 쓰레기를 주워 곡물, 천, 허브, 종이와 함께 당밀처럼 부수어서 캔버스에 펴 바르고 재와 먼지처럼 만들고 잉크와 풀로 코팅하는 시리즈를 선보였다(Dubuffet, 1973: 230). 그는 먼지의 영혼을 회복하고 그 목소리를 들리게 하는 방법을 찾기 위해 노력하고 있다고 말하곤 했다(Dubuffet, 1986: 79~80). 이러한 뒤뷔페의 작업은 사회에서 배제된 자들, 아브젝트들의 예술, 아웃사이더 아트에서 반복, 심화된다. 전통예술의 정제된 재료보다는 길거리의 버려진 물질문화의 잔해들을 주워 브리콜라주(bricolage)하는 그들의 방식은 사드를 문학의

---

12) 작품 이미지는 다음을 참고하라. https://www.tate.org.uk/research/tate-papers/08/kurt-schwitters-reconstructions-of-the-merzbau (검색일: 2025.11.20)

13) 물론 이 작품의 '캐나다'는 나치 강제수용소에 유대인들의 개인 소지품을 모아둔 창고를 부르는 이름이므로 유대인 학살에 애도를 보내는 작품이지만, 실제 볼탕스키는 전시할 옷들을 지금 우리 시대, 우리가 살고 있는 도시에서 '줍는다'. 작품 이미지는 다음을 참고하라. https://www.japantimes.co.jp/culture/2019/03/05/arts/ways-never-forget-christian-boltanski/ (검색일: 2025.11.20)

내부가 아닌 길거리로 데리고 나와 사용하고자 했던 바타유의 주장과 맞닿아 있다. 예를 들자면, 트리처 콜린스 증후군(Treacher Collins syndrome)으로 인해 청각장애, 언어장애, 안면 기형을 가진 프티 피에르(Petit Pierre; 본명은 Pierre Avezard, 1909~1992)는 정상적인 교육을 거의 받지 못했고, 사람들에게 괴롭힘을 당해 사람보다는 야생에서 소와 함께 사는 것을 훨씬 행복해했다. 그는 자신을 둘러싼 환경에서 사물과 생명의 움직임을 몇 시간씩 관찰하고, 그 움직임을 다른 이질적 재료로 복제해 내는 데 뛰어난 능력을 갖고 있었다. 그는 모든 여가 시간을 매립지를 탐색해 쓰레기들을 모으는 데 썼다. 이렇게 발견된 재료들을 재활용해 만들기 시작한 거대한 〈회전목마〉는 그가 사망할 때까지 40년 동안 확장을 거듭하며 일반인들은 이해하기 어려운 독특한 기계적 메커니즘을 보여준다(Rhodes, 2001: 189, 192).[14]

아브젝트 중 아브젝트라 할 수 있는 배설물을 직접적으로 예술 재료로 사용한 (혹은 사용했다고 알려진) 대표적인 예술 작품은 피에로 만초니의 〈예술가의 똥〉(1960)이지만, 자크 리젠느(Jacques Lizène, 1946~2021)도 자신의 대변을 재료로 그림을 그린다. 그는 다양하고 섬세한 색감을 얻기 위해 1977년부터 식단을 조절하기 시작했고, 철제, 숯, 비스무트, 사프란, 대황, 비트 등을 흡수하여 점차적으로 대변의 다색성을 마스터할 수 있었다. 이것이 그가 수백 개의 벽돌로 된 〈배변의 벽〉을 만들 수 있었던 방법이다.[15] 반면 길버트와 조지(Gilbert & George)는 모욕의 대상에 직접 대면, 그것을 재현하는 방식을 선택한다. 1994년 발표한 일련의 거대한 자화상 〈벌거벗은 똥 사진(The Naked Shit Pictures)〉에서 그들은 하의를 벗은 정면 누드로 등장하는데,

---

14) 프티 피에르의 모습과 그의 회전목마는 다음 영상에서 확인할 수 있다. https://www.youtube.com/watch?v=Hf3IlwJnNGY (검색일: 2025.11.20)

15) 작품 이미지는 다음에서 확인할 수 있다. https://www.forgottenheritage.eu/artworks/1356/great-wall-with-fecal-matter (검색일: 2025.11.20)

그들 사이에 그들의 키만큼 확대된 똥 기둥이 극사실적으로 재현된다.[16] 이 작품의 표현을 살바도르 달리(Salvador Dali, 1904~1989)가 〈음산한 놀이(Le jeu lugubre)〉(1929)에 등장시킨 똥 묻은 속옷을 입고 서 있던 남자와 비교해 보면 문자 그대로 과잉이다. 달리의 시대에는 똥 묻은 속옷이 초현실주의자들에게도 경악을 불러일으켰지만,[17] 길버트와 조지의 똥 시리즈 중 하나는 유니세프(unicef)에 의해 1996년 기아 대책 캠페인에 사용되었다. 작품과 함께 붙은 문구는 다음과 같았다. "수백 만 명의 아이들이 우리의 배설물에 포함된 영양분조차 없어 죽어간다."

진정 우리 시대는 물질의 생산, 축적, 배출, 환류, 의미화, 가치화의 흐름과 속도가 과잉, 낭비의 속성을 보여주는 것이 분명하다. 그 사이에서 끊임없이 추방과 배제의 행위는 무한정 나타나고 있으며, 그에 수반되는 쓰레기, 즉 아브젝트들에서 미적인 것과 정치적인 것을 연결하는 작업은 예술의 영역에서 지속되고 있다.

---

16) 전시 정경은 다음에서 확인할 수 있다. https://www.southlondongallery.org/exhibitions/gilbert-george-the-naked-shit-pictures/ (검색일: 2025.11.20)

17) 초현실주의 문학가들, 특히 브르통은 살바도르 달리의 〈음산한 놀이〉에 등장한 '분변에 대한' 세세한 묘사에 충격을 받아 갈라 달리(Gala Dali)에게 달리가 똥을 먹는 습관이 있는지 물어보았다고 한다(이 에피소드는 달리가 자신의 자서전 『살바도르 달리의 은밀한 삶』에서 직접 밝힌 내용으로 진위 여부는 알 수 없다). 이 반응은 브르통이 바타유의 분변학에 보였던 거부와 일치한다. 올리에(2022: 214) 참고. 〈음산한 놀이〉는 다음에서 확인할 수 있다. https://www.salvador-dali.org/fr/oeuvre/catalogue-raisonne-peinture/obra/232/le-jeu-lugubre (검색일: 2023.8.31)

참고문헌

김우리. 2022.「바타유의 이질학: 낮은 유물론에서 파시즘 분석까지」. ≪현대유럽철학연구≫, 제67권, 116~119쪽.

들뢰즈, 질·펠릭스 가타리(Gilles Deleuze and Félix Guattari). 2014.『안티 오이디푸스』. 김재인 옮김. 민음사.

바타유, 조르주(Georges Bataille). 2017.『하늘의 푸른빛』. 이재형 옮김. 김영사.

_____. 2022.『파시즘의 심리 구조』. 김우리 옮김. 두 번째 테제.

버크, 존 그레고리(John Gregory Bourke). 2002.『신성한 똥』. 성귀수 옮김. 까치.

보들레르, 샤를(Charles Baudelaire). 2003.『악의 꽃』. 윤영애 옮김. 문학과지성사.

부리오, 니콜라(Nicolas Bourriaud). 2022.『엑스폼』. 정은영·김일지 옮김. 현실문화연구.

부아, 이브-알랭·로잘린드 E. 크라우스(Yve-Alain Bois and Rosalind E. Krauss). 2013.『비정형: 사용자 안내서』. 정연심·김정현·안구 옮김. 미진사.

브르통, 앙드레(André Breton). 2012.『초현실주의 선언』. 황현산 옮김. 미메시스.

오생근. 2010.「브르통과 바타유의 논쟁과 쟁점」. ≪문학과 사회≫, 제23권 4호, 406~423쪽.

올리에, 드니(Denis Hollier). 2022.『반건축: 조르주 바타유의 사상과 글쓰기』. 배영달·강혁 옮김.

최성만. 2007.「벤야민 횡단하기 IV: 벤야민의 개념들」. ≪문화과학≫, 제49호, 237~259쪽.

크리스테바, 줄리아(Julia Kristeva). 2001.『공포의 권력』. 서민원 옮김. 동문선.

푸코, 미셸(Michel Foucault). 2012.『생명관리정치의 탄생: 콜레주드프랑스 강의 1978~79년』. 오트르망 외 옮김. 난장.

프로이트, 지크문트(Sigmund Freud). 2020.『성욕에 관한 세 편의 에세이』. 박종대 옮김. 열린책들.

Artaud, Antonin. 1974. "Pour en finir avec le jugement de Dieu." *Œuvres complètes, XIII*. Paris: Gallimard, p.271.

Bataille, Georges. 1970. "≪Contre-Attaque≫, Union de lutte des intellectuels révolutionnaires." *Œuvres complètes, I, Premiers Écrits, 1922~1940,* Paris: Gallimard, p.382.

_____. 1970. "La structure psychologique du fascisme." *Œuvres complètes, I, Premiers Écrits, 1922~1940*. Paris: Gallimard, pp.339~373

_____. 1972. "L'abjection et les formes misérables." *Œuvres complètes, II, Écrits posthumes 1922~1940*. Paris: Gallimard, pp.217~221.

_____. 1972. "La valeur d'usage de D.A.F. de Sade (Lettre ouverte à mes camarades actuels)." *Œuvres complètes, II, Écrits posthumes 1922~1940.* Paris: Gallimard, pp.54~72.

_____. 1974. "Le bleu du ciel." *Œuvres complètes, III, Œuvres littéraires.* Paris: Gallimard, pp.377~487.

_____. 2004. "Informe"(1929), *Document 1*, No.7, p.382; *Œuvres complètes, I.* Paris: Gallimard, p.217.

Breton, André. 2000. *Manifeste du surréalisme.* Paris: Gallimard.

Cocteau, Jean. 1996. *Picasso.* Paris: L'École des loisirs.

Dagognet, François. 1997. *Des détritus, des déchets, de l'abject, une philosophie écologique.* Paris: Empêcheurs de penser en rond.

Dubuffet, Jean. 1973. *L'homme du commun à l'ouvrage.* Paris: Gallimard.

_____. 1986. *Prospectus et tous écrits suivants II.* Paris: Gallimard.

Foster, Hal. 1996. "Obscene, Abject, Traumatic." *October*, Vol.78(Fall), pp.107~124.

Kristeva, Julia. 1998. *Visions capitales.* exhibition catalogue. Paris: Réunion des Musées Nationaux.

Rhodes, Colin. 2001. *L'Art outsider.* Paris: Editions Thames & Hudson.

02

버려진 사물, 미학적 단면*

이재준

1. 여지없이 인간적이다

예술은 여지없이 인간주의적이다. 이것은 전통적인 미학이 끝없이 옹호해 온 핵심 논제이다. 예술 실험은 제도 안팎으로 운동하는 현대의 문화를 특징짓는 말이다. 그 실험의 역사 맨 앞줄에 아방가르드가 있다. 아방가르드의 실험은 관례적이고 제도화된, 그래서 억압적인 권력구조 안에 놓이게 된 시민사회의 생활세계를 비판하기 위한 실천이다. 아방가르드를 비판적으로 탐색해 온 담론들은 그것을 한쪽에서는 성공한 기획으로, 다른 쪽에서는 완전히 실패한 기획으로 평가한다. 그렇지만 현실에서는 이런 평가를 뒤로한 채 유사한 실험들을 거듭 감행하고 있다. 그것이 비록 형식적인 복제에 불과한 것일지라도 말이다.

아방가르드가 겨냥했던 그 생활세계의 위기들이 변함없이 지금도 있다. 팬데믹 기간 동안 경험했던 공동체 분열과 억눌린 소비의 폭발만이 아니라, 그 이전부터 가속해 온 인류세 위기도 예외가 아니다. 모든 위기는 사실상

---

* 이 글은 ≪현대미술사연구≫, 제53권(2023)에 게재된 「버려진 것의 겹들: 현대 미술과 신유물론에서 버려진 사물에 관해」를 수정·보완한 원고이다.

부인할 수 없는 현재이자 미래이다. 그것들은 생산자본과 소비자본의 연이은 폭주, 그리고 그 자본 축적의 현실태인 인공 사물들과 관련된다. 하지만 여전히 주목받지 못한 것은 인공 사물의 양과 꼭 비례하는 폐기된 사물이다. 우리는 이것을 흔히 '쓰레기'로 일컫는다. 인간의 혐오 본능은 모든 쓰레기를 자기 집 앞에서 가능한 한 멀리 밀어내려 한다. 밀려난 인공 사물들은 당장 눈에 띄지 않지만, 미래의 언젠가에는 다시 우리에게 귀환할 것임을 굳게 약속한다. 미세 플라스틱 사물의 귀환을 우려하는 우리 자신의 모습을 떠올리면 쉽게 알 수 있다. '버려진 사물'에 관심을 기울이는 이유는 서로 연결된 이 위기들의 네트워크에 대한 불안 때문이다.

신유물론(new materialism)은 사물에 대한 모든 인간주의적 시선에 근본적으로 문제가 있다고 주장한다. 유물론에 대한 인간주의적 사고를 해체하는 일에도 관심을 기울인 그것은 유물론(唯物論)에 착종된 유심론 내지는 관념론의 지식 권력 관계도 파헤친다. 무엇보다도 신유물론은 인간적 정신으로부터 멀리 떨어진 존재를 (비상관주의적으로) 규명하고자 한다. 멀리 떨어진 존재는 물질이거나 사물이거나 객체이거나, 행위자이거나 다양한 이름으로 불린다. 그것은 존재론적으로 평평한 면 위에서 사물들의 권력관계로부터 인간을 다시 설명한다. 신유물론은 탈인간주의 내지 포스트휴머니즘에 친연성이 있으면서도 다른 측면이 충분히 감지된다.

'버려진 사물'을 다룬 이 글은 이상에서 언급한 위기들과 이에 대응하려는 이론적 시도에 공감하고 동조한다. 현대 예술, 특히 1960년대 네오-아방가르드의 입장을 분석하는데, 당대의 예술적 경향은 대량생산 사회에서 일상화된 인공 사물의 존재에 대해 사유할 뿐만 아니라 소비자본주의가 긍정한 '버려진 사물'도 예술의 영역으로 끌어들여 미학적인 논제로 삼는다.

신유물론과 객체지향존재론(Object-Oriented Ontology)에서 객체 자체 혹은 사물 자체는 토대 개념이다. 또한 객체나 사물이 어떻게 다른 객체나 사물과 멀리 떨어져 있으면서도 관계 맺는지가 중요하고, 더 나아가 그러한 관계들의 연결망도 중요하다. 버려진 사물 또한 사물들이 관계 맺는 방식의 한 양상이다. 네오-아방가르드는 '오브제(objet)'라는 개념을 사물들의 의미 연관성 속에서 규정했다. 그로부터 오브제는 단순히 작품 제작을 위한 재료가 아니라 존재론적이고 사회문화적인 구성의 일원으로서 재배치되었다. 다음에서는 버려진 사물의 문제를 신유물론의 관점에서 설명하고, 다시 그것을 네오-아방가르드의 일면인 미니멀리즘과 정크아트로 가져와 재구성한다. 그리고 이러한 논의를 통해 인류세에 현대 예술과 비인간 사물 사이에 새로운 미학적 관계를 이해해야 할 필요성을 요청한다.

2. 버려진 사물들

인류세의 현실은 복잡하다. 인공물의 과잉 생산과 소비, 무차별적으로 버려지는 폐기물, 그리고 그 프로세스에서 이루어지는 상호 영향과 시공간적 축적, 인류세의 위기는 그 모든 것들의 효과라고 볼 수 있다. 그리고 인공 사물들의 쓸모 있음/쓸모없음을 결정짓는 온갖 자본주의적 행위의 귀결은 그 위기의 주요 원인 중 하나이다. 인류세의 위기는 또한 존재론적 위기이기도 하다. 이는 인간을 포함해서, 인간에 의해 재료로 포획된 비인간 자연, 생산-유통-소비의 물질적 운동, 비물질적 자본, 과학기술 등등의 연결망에서 표출된 부정적인 효과이기 때문이다. 그래서 이런 부정적인 관계에는 버려진 사물과 도구성의 문제가 그 한가운데 자리 잡는다.

도구성은 인간주의적인 관계에서 비인간 사물에 전가된 특징이다. 그리고 그 때문에 버려진 사물에서 도구성 비판은 그 사물의 가치를 다시 이해할 수 있는 제법 유용한 통로이다. 도구성 비판을 급진적으로 수행함으로써 인간주의적 사유에서 사물을 구제하려는 논의가 사변적 실재론(speculative realism), 객체지향존재론, 그리고 신유물론에서 이루어지고 있다. 사변적 실재론에서는 사유와 비인간의 상관주의적 관계를 해체하는 것이 중요하며, 신유물론에서는 존재론의 평면 위에서 인간과 비인간의 관계를 재설정하는 것이 중요하다. 사변적 실재론자인 그레이엄 허먼(Graham Harman)은 마르틴 하이데거의 도구 존재론을 재독해하는 과정에서 비인간의 존재를 뒤덮은 인간주의의 포장을 걷어내려 한다.

하이데거에게 도구성은 인간을 이해하는 매주 중요한 개념이다. 그의 논의에서 존재와 존재자를 구분하는 것은 결정적이다. 인간 존재자만이 자기의 삶에 대해 걱정하기에 의식이 없거나 빈곤한 비인간 존재자들을 배려하고 그것들을 도구로 사용하여 풍요로운 문화를 이루었다. 인간은 세계 안에 단순한 사물로서 현전하지 않고 실존하는 '현존재'이다. 따라서 세계 안에 사는 현존재로서 인간은 존재자의 의미와 본질, 즉 존재에 관한 물음을 던질 수 있다. 인간이 도구를 사용한다는 것은 세계의 존재 의미를 파악할 수 있는 통로이다(하이데거, 1995: 102).[1] 일상에서 어떤 사물에 대한 도구적 관심은 인간에게 사물을 '손안의 존재자(Zuhandene)'로 있게 한다. 도구성이란 근본적으로 인간과 사물의 관계 효과이다. 도구는 단지 고립된 존재자가 아니라 항상 다른 사물과 관련되어 있기에 도구로서의 사물들은 연관의 전체성을 지닌다. 만일 도구가 유용하고 잘 작동한다면 그것은 의식되지 않을 만큼 인간에게 밀착되었을 것이다. 반면 손안의 도구가 쓸모없어진다면 인간과의 관계만이 아니라 사물들 사이의 관계도 절연되며, 그때 그 '망가진' 도구는 눈에 띄어(의식되어) '눈앞의 존재자(Vorhandene)'가 된다. 그러나 그 관계의 절연이 도구의 존재를 드러내는 것이 아니라 도리어 또 다른 인간적 관심에 포섭되고 만다. 예를 들어 망가진 컴퓨터의 CPU는 버려진 사물이 되겠지만, 또한 현전하는 하나의 사물로서 희귀금속의 채굴 대상이 된다.

---

1) 특히 하이데거의 『존재와 시간』 제3장 「세계의 세계성」에서 도구 존재가 상세히 논의된다.

허먼은 이런 '눈앞의 존재자'가 관계의 절연이라는 측면에서 객체를 드러내는 것처럼 보이는 것은 맞지만, 인간의 사유와 의식, 그리고 배려에 포섭되는 존재일 뿐이기에 여전히 상관주의적이라고 비판한다. 그는 이렇게 말한다. "지금 내 앞에 놓인 망가진 램프, 탁자, 혹은 망치는 내가 행한 다른 실천적 활동과는 독립적일 수 있지만, 나와는 결코 독립적이지 않다. 반대로, 모든 것은 이제 의식 속에 있는 현상이다"(하먼, 2019: 102). '눈앞의 존재자'는 인간의 의식 앞에서 존재를 드러내는 '인간이 접근한(human access to)' 존재자일 뿐이다. 하이데거는 쓸모없어진 도구가 '눈앞의 존재자'로서 인간의 시선 앞에 머문다고 주장했는데, 허먼은 이 시각성을 보는 자와 보이는 자 사이의 관계성으로 옳게 해석한다. 물론 이 관계성이란 인간과 객체 사이의 그것이다. 그리고 그는 또 다음과 같이 주장한다. "사물의 도구-존재가 단지 인간의 이론과 실천에서만 물러나는 것이 아니라 그 어떤 관계에서도 물러난다." 객체란, 그런 "이론과 실천에 현존하는 한에서가 아니라 존재하는 한에서의 사물"이다. 객체는 관계의 저편에 존재하는 존재항이다(하먼, 2019: 103~104).

그런데 허먼의 이러한 분석에서는 망치가 망가지는 변화 과정, 의식되지 않던 사물이 의식되는 과정, 손안의 존재자가 눈앞의 존재자가 되는 변화 과정, 그 모든 변화 과정들이 누락되어 있다. 우리는 객체가 물러나 있다는 그의 비상관주의에 동의할 수 있다. 도구성에 대한 그의 비판적 분석은 '잘 사용되는 망치'(손안에 있음)와 '부서진 망치'(눈앞에 있음)에서 관계성을 잘 설명하고 있다. 반면에 그의 분석이 도달한 결론은 인간주의적 관계에서 물러나 있는 객체들의 운동을 완전히 표백해 버린다. 그래서 허먼의 하이데거 해석은 결국 어떤 사물의 쓸모 있음에서 쓸모없음으로의 변화, 인간주의적 '실천'을 소거하기 위해 변화하는 사물의 현실성을 희생시키고 만다. 이와 달리 '부서진 망치'는 그 자체로 객체이지만 또한 언제가 다른 객체와의 관계에서 다르게 변화할 사물이기도 하다. 부서진 망치는 수리된 망치가 되거나 버려진 사물, 쓰레기가 될 수도 있는 사물이다.

허먼의 객체지향존재론은 부서진 객체의 정지를 설명하려 하지만 결국 그 객체가 또한 쓰레기가 될 수도 있다는 객체의 잠재성을 설명하지 못하고 만다. 그의 논의에서는 쓸모 있는 사물에서 쓸모없어진 사물로의 변용이 설명되지 않는 것이다. 허먼에게 부서진 망치가 눈앞에 있기는 하지만, 그 망치가 또한 사용자에게서 버려져 도시 외곽의 거대한 쓰레기처리장에 축적될 사물은 아니다. 그의 객체지향존재론은 결국 객체들의 구조 지향적 경향으로 귀결되고 만다. 그래서 허먼의 그 존재론에서는 명료하게 설명되지 않는 부분이 남는다. 즉, 그가 객체의 4중체라고 언급한 것들, 객체 실재/속성과 감각 실재/속성 사이의 벌어진 틈은 알 수 없는 것으로 남는다.

'멀리 있음'이 객체 그 자체를 지시하기는 하지만, 그것의 실재성과 속성만으로는 현실에서 변화하는 객체를 설명해 주지 못한다. 이 때문에 레비 브라이언트(Levy Bryant)는 객체의 생성과 변화를 적극적으로 주장한다. 그는 객체의 두 가지 층위를 제시한다. 내부와 외부, 내용과 표현, 실체와 속성, 잠재성과 현실성이다. 객체들은 다른 객체들로부터 물러나 있지만, 표현을 통해 상호 영향을 주고받음으로써 변형된다(브라이언트, 2021: 252). 이에 따라서 어떤 객체는 쓸모 있음/쓸모없음이라는 인간주의적 관계성(도구성)에 따라 누군가에게 '간직된'(혹은 소유 관계에 묶인) 사물에서 '버려진' 사물이 되는 현실 변화가 설명된다. 그리고 버려진 사물들은 특정한 때와 장소에서 서로 다른 관계 양상에 따라 다양하고 적합하게 접속한다(coupling)고 말할 수 있다. 이처럼 객체에서의 변화 자체가 설명되어야만 인류세의 위기에서 겨우 탈은폐된 수많은 버려진 사물들에 대한 우려를 설명할 수 있게 된다.

무엇보다도, '버려진 사물'은 도구성과 쓰임새와 분리되지 않는다. 사물들은 쓰임새와 도구성이라는 인간주의적인 배려와 상관없이 (비상관적으로) 있다. 그렇다고 해서 사물들이 인간 아닌 것들과 무관함을 뜻하지는 않는다. 이미 앞에서 하이데거의 도구-존재의 전체성을 언급했듯이, 부서진 망치는 그것을 사용했던 인간의 기억에는 없을 사물들, 즉 손잡이가 된 나무와 연결되며,

망치의 머리가 된 철, 불과 석탄 등과 연결된다. 그리고 쓰레기통, 소각장 재활용 센터 등등과 무한히 연결된다. 이것은 인간에서 자연으로까지 이어지는 사물의 관계 측면이라고 말할 수 있다. 브뤼노 라투르가 제안한 행위자들의 연결망에서 인간과 비인간의 관계성이 주요한 것처럼, 인간 객체에서 비인간 객체로 이어지는 변형과 연관의 어느 먼 지점에는 인간적인 사용에서 벗어난 객체 자체가 있다.

'멀리 있음'은 객체 자체가 의식에 포착되지 않는 것임을, 즉 무엇인지 알 수 없는 것임을 의미한다. 그러나 그렇다고 해서 '알 수 없다'는 것이 '관계성이 없다'는 것을 의미하지는 않는다. 가령 우리 몸의 세포들을 이루고 있는 미립자는 인간주의적인 의식에 포착되지 않지만 서로 관계하며 각각의 세포들과도 함께한다. 그 연결망의 창발적 효과는 우리 '자아'일 수도 있다. 그러한 한에서 객체로서 사물은 우리가 알고 느끼는 것보다 크다고 말할 수 있다(브라이언트, 2021: 162). 그리고 브라이언트에게 객체들의 관계는 상호 영향(affect)을 의미한다. 어떤 객체는 영향을 주고 있으며, 다른 객체는 영향을 받아 변화한다(affection). 다만 그 객체는 어떤 임계점에 도달하지 않는 한 그 객체임이 변하지 않는다. 소멸하지 않는 객체의 '멀리 있음'은 객체 자체를 설명한다. 따라서 변화함은 객체의 현실태이며, 표현의 층이고, 겹이다. 이것은 두 가지를 의미하는데, 하나는 객체들의 상호 영향 관계이고, 다른 하나는 그것의 효과이다. 그러므로 '버려진 사물의 겹들'은 사물들이 버려진 존재자로서 표현된 양상을 의미한다. '버려진 사물'에서 우리가 부패한 유기물의 혐오스러운 냄새를 맡는다면 그것은 그 사물의 겹에 밀착된 인간의 감각작용과 그 부정적인 효과일 것이다.

그러므로 '버려진 사물'의 '겹'은 탈인간주의적인 관계 존재론 위에서 인류세의 지층을 이루고 있는 온갖 버려진 사물들, 그리고 그것들의 가변성과 변화를 설명하기 위한 용어이다. '버려진 사물'은 존재론적으로 커다란 이중의 겹이 있는 것처럼 보인다. 하나는 인간주의적 관계성, 즉 도구와 쓰임의 관계성이고, 또 다른 하나는 멀리 있는 사물의 잠재성이다.

3. 오브제

네오-아방가르드 예술, 특히 현대미술이 '오브제'에 쏟은 열정은 대단하다. 주도 개념이자 매체이기도 한 그것은 제도화된 예술과 문화를 해체하기 위한 비판과 관련된다. 그것이 비판적인 이유는 관례적 일상에서 절연된 사물, 즉 사물 자체, 단순한 사물성을 예술의 영역에 끌어들여 미적 경험의 이데올로기를 위협함으로써 이질성(heterogeneity)을 표현하기 때문이다. 일군의 담론은 이것에 '발견된 오브제(found object)', '레디메이드(ready-made)' 등의 용어를 사용한 바 있다.

오브제는 비록 더 엄밀한 미학적 개념 규정이 필요하기는 하지만, 말 그 자체로는 대상, 객체, 그리고 사물을 지시하는 영어 'object'에 상응한다. 객체지향존재론은 '주체 앞에 세워진 타자'라는 의미의 '대상' 개념을 비판하고 '객체 자체'라는 개념을 강조하기 위해서 '객체'라는 말을 적극적으로 사용한다. 그러나 그러한 의도에도 불구하고 객체라는 말 자체에는 이미 '주체와의 억압적인 관계항'이라는 의미가 내포되어 있다. 그렇기에 신유물론자들은 객체라는 말이 주체와의 상관성을 해소하지 못한 것으로 보고 객체라는 말 대신에 사물, 혹은 기계라는 용어를 선호한다. 이러한 사물과 객체 개념을 '오브제' 개념의 해석에 도입함으로써, 우리는 인류세의 미술에서 '버려진 사물'의 함의를 포착할 수 있을 것이다. 오브제 개념은 클레멘트 그린버그(Clement Greenberg)와 마이클 프리드가 제기한 현대미술의 쟁점과 그것으로부터 야기된 도전적 경향에서 상세히 논의되었다. 그들의 형식주의 미학은 회화와 조각의 정체성 혹은 자기 동일성을 문제 삼으면서, 회화 자체, 조각 자체에 대한 근거로서 사물성(thingness)에 비판적인 관심을 표명한다. 그렇지만 그들에게 예술, 그리고 미술은 결코 사물 자체의 현전이어서는 안 된다. 다른 한편, 초기 네오-아방가르드에서 등장한 '버려진 사물', '버려진 오브제'를 '정크(junk)'로 해석하려는 미술 경향은 소위 '정크아트' 혹은 '정크 문화'라 불렸으며, 그것의 미학은 소비자본주의에서의 상품 소비와 예술의 관계를 문제 삼으면서 아방가르드 이래 형식주의 예술에 대한 비판을 재소환한다. 다음에서 이 두 가지 경향을 다시 읽는다.

무엇보다도, 초기 네오-아방가르드와 미니멀리즘에서 다시 등장한 '발견된 오브제'나, 미니멀리즘의 해석에 도입된 '특수한 오브제(specific object)'는 형식주의 미학의 반대편에 서서 기존의 미술 제도를 탈영토화할 때 사용된 개념적 장치들이다. 현대미술의 형식주의 미학을 위해 클레멘트 그린버그가 성공적으로 완수해 낸 업적은 칸트의 초월론적 형이상학에서 앎의 선험적 근거에 관한 논증에 기대어 회화와 조각의 선험적 규정 근거를 마련했다고 주장한 점이다. 그는 예를 들어 회화가 회화이기 위해서는 회화의 속성인 색채와 평면을 유지해야 한다는 결론에 도달했는데, 그런 물질적 속성들이야말로 그 장르의 정체성을 위한 순수한 규정 근거가 된다(Greenberg, 1982: 8).[2] 그 주장은 몇몇 지지자들이 옹호하여 철학적 엄밀함과는 무관하게 제법 큰 반향을 일으켰다. 반면 그러한 형식주의 입법을 반대하는 예술계의 저항은 제도화된 미술을 갱신하기 위한 생산적인 자원이 된다. 요컨대 색채와 평면을 유지하되 더욱더 3차원의 입체로 만든다면, 회화는 회화일 수 있는가라는 식의 반론을 부추겼다. 그 효과가 회화와 조각의 경계를 모호하게 만들 수 있다는 것은 쉽게 예상해 볼 수 있는 일이고 실제로도 그렇게 되었다.

이런 비판적 현실에 맞서 형식주의 미학 진영의 일원인 마이클 프리드는 또 다른 생산적인 비판의 토양이 된다. 요컨대 그의 '리터럴리스트 아트(literist

2) 그린버그의 형식주의 경향에 대해서는 Tekiner(2006: 32)를 참고하라.

art)'라는 비아냥 섞인 표현은 반형식주의를 위한 자극제가 되었다. 이 글의 관심은 프리드가 '리터럴리스트 아트' 개념을 규정하기 위해 열심히 논증한 '사물성'에 있다. 그는 이 사물성을 'objectivity'(객체성)도 아니고 'objectness'(객체다움)도 아닌 '오브젝트후드'(objecthood; '객체스러움'으로 볼 수 있는데, 오해를 만들지 않기 위해서 아래에서는 '오브젝트후드'로 일괄한다)라고 해석한다.[3] '오브젝트후드'는 일차적으로 미니멀리즘 작품에서 설치된 사물들의 특성을 가리킨다. 그는 미니멀리즘 작품들이 도입한 사물들이 예술의 현전성(presentness)과 순간성(instantaneousness)을 드러내지 못하고 오히려 단순히 사물의 현전(presence)만을 제시한다고 비판하면서 이 용어를 사용한다(Fried, 1998: 167).[4] 요컨대 사물성만으로는 회화든 조각이든 미술의 자기동일성을 유지하지 못한다는 것이다.

그는 미니멀리즘이 두 가지 문제를 가지고 있다고 주장한다. 무엇보다도 미니멀리즘 작품에서 사물은 그저 사물일 뿐 작가의 의미 개입이 차단되었다는 것이다. 그래서 그는 이렇게 말한다(Fried, 1998: 151~152). "리터럴리스트 아트는 형태의 모든 것을 객체들의 주어진 속성(property)에 걸지만, 이는 사실상 그 자체로 객체가 아니다. 그것[리터럴리스트 아트]은 그 자체의 오브젝트후드를 저지하거나 멈추려고 하지 않고, 반대로 오브젝트후드 자체를 발견하거나 투사하려 한다." 그리고 이어서 "이런 맥락에서 '비예술의 조건'

---

3) 이 접미사 '-hood'는 상태나 성질의 의미만이 아니라 어떤 '일군의 무리'라는 의미도 포함한다. 그래서 'objecthood'는 오브제 자체나 사물 자체의 속성을 지시하는 것만이 아니라 그런 속성을 표명하는 집단을 염두에 둔 용어처럼 보인다. 게다가 프리드의 글을 읽으면서 추측한 것이긴 하지만, 그 말이 지시하고 있는 것이 미니멀리즘 작품에 등장하는 사물들만이 아니라 사물의 현전만을 표현한다고 비판받는 미니멀리스트를 향한 비아냥 섞인 표현처럼 보이기도 한다.

4) 도널드 저드(Donald Judd)의 '특수한 객체(specific object)'와 로버트 모리스(Robert Morris)의 논리를 비판하면서 그는 형태가 곧 대상인데, 그들의 형태는 텅 비었다고 말한다.

이라는 의미는 내가 오브젝트후드라고 불렀던 그것이다. 현 상황에서 이 오브젝트후드만이 비미술도 아니고 회화나 조각도 아닌 것의 정체성을 보장하는 듯하다. 반면 (…) 모더니즘 회화나 조각은 정확히 근본적으로는 '객체'가 아니었던 것처럼 말이다."

더 나아가서, 그의 주장은 다른 요소로 보완된다. 관객과 그들의 감각을 자극하는, 즉 관객의 관심을 끌고 그들의 감각에 조응하는 사물의 특성들과 그것이 설치된 공간의 '연극성'이다. 말하자면 프리드는 연극성이 3차원 사물들, 부분과 부분의 연결, 그리고 공간 등이 관객과 거리를 둔 채로 관객을 둘러쌈으로써 현존을 획득할 때 사물의 오브젝트후드가 나타나고, 이러한 상황을 연극성으로 규정했는데, 이것이 미술작품과 관객 사이를 연결한 전통적인 미학적 관계성인 '몰입'과 대비된다고 주장한다. 그런데 그의 주장은 오히려 비판의 대상이었던 미니멀리즘의 미학을 상대적으로 더욱 명료하게 만든다. 미니멀리즘 작가 도널드 저드는 사물들과 공간이 작품의 내면성 내지는 예술의 의미로부터 탈주할 수 있게 한다고 여긴다.

허먼은 프리드의 이러한 주장에 큰 관심을 보인다. 이유는 무엇보다도 형식주의와 미니멀리즘 논쟁이 '객체' 자체를 현대 미술사와 미술 제도의 중심에 놓은 사건이기 때문이다. 그리고 객체지향존재론에서 이러한 연극성이란 객체와 인간의 관계성이다. 더욱이 프리드가 분석한 연극성은 비상관주의적인 설명을 포함하고 있다. 요컨대 프리드는 예술의 의미를 인간의 전유가 아니라 사물에 의해 이루어진 객체로 설명한다는 점에서 객체와 감각, 실재와 성질의 관계성을 보여주고 있기 때문이다(하먼, 2022: 163f; 하먼, 2023: 297f). 그러나 허먼의 논의와는 별개로, 당대의 논쟁에서 형식주의 미학의 핵심은 미술의 정체성이란 이러저러한 것이어야 한다는 불만 섞인 주장이었으며, 그 불만의 초점은 바로 '예술은 사물 자체가 아니다'라는 소박한 생각으로 향한다.

더욱이 신유물론의 입장에서 1960년대 이후 모더니즘 미술의 형식주의와 미니멀리즘 논쟁은 양 진영 모두 '사물'에 인간주의적 해석을 덧붙이기 위한 부단한 노력일 뿐이다. 이는 논쟁의 목표가 미술 제도의 탈영토화와 재영토화이며, 그러한 목적에서 사물은 미술을 위한 쓸모 있는 존재로서 온전히 인간과의 관계 항으로 고려되었기 때문이다. 예를 들어 미니멀리즘 이후의 제도 비판적 시도들의 귀결이 그렇다. 미니멀리즘에서는 핼 포스터(Hal Foster)가 역사적 아방가르드를 비판하면서 네오-아방가르드에 이르러 비로소 아방가르드가 실현되었다고 한 그 지점에서 또 다른 중요한 확장이 이루어진다(포스터, 2003: 77). 미니멀리즘에서 드러난 장소 특정성(site-specificity)의 제도 비판적인 힘이라는 자각이 그런 예에 해당한다. 프리드가 리터럴리스트 아트라 부른 그것은 사물에 대한 관객의 현상학적 경험으로부터 자기의 정당성을 주장했는데, 그 주장에는 장소 특정성, 즉 형식주의 미학의 비시간성과 비공간성을 통한 자기-동일성의 보전과 반대되는 시공간적 가변성이 포함된다. 이러한 입장을 긍정하면 형식주의 미학이 주장했던 모든 불변적인 영구적 공간은 결국 미술 제도의 정치성이 작동하는 장치라는 사실이 폭로된다. 현대미술은 자기-동일성의 신화를 위해 미술관과 같은 특정 공간에 안치될 이유가 없어진다. 그래서 현대미술은 작품의 의미를 억압하는 전형적인 공간에 대한 제도 비판을 통해 공간 확장과 탈공간을 위한 실험들이 용인된다. 이러한 시도는 1970년대 다니엘 뷔랑(Daniel Buren)의 작업이나 대지 미술(earth art)로도 이어진다. 하지만 이러한 시도들은 온전히 제도 비판적이지 못한데, 미술 자본과 시장이 제도 비판적이며 장소-특정적인 주요 작품들과 작가들마저 쉽게 포섭해 버렸기 때문이다.

반면, 비슷한 시기 정크아트라고 불린 일련의 시도들은 미술 제도 바깥에 있는 '버려진 사물', 소위 '버려진 오브제'를 적극적으로 수용함으로써 미술 제도에 대한 비판과 더불어 미술이 상품 소비문화의 일부임을 표현함으로써 예술과 사회의 연속성을 실험한다. 로런스 앨로웨이(Lawrence Alloway)는 로버트 라우센버그(Robert Rauschenberg)의 '콤바인 페인팅'에서처럼 '발견된 오브제'의 일부인 버려진 상품들이 회화와 조각에 포섭되는 현상에 주목한다. '발견된 오브제'는 페터 뷔르거(Peter Bürger)에 의해 '실패한 역사적 사건'으로 정의된 역사적 아방가르드가 처음 발견한 매체이다. 역사적 아방가르드에게 오브제는 예술의 자율성을 해체하고 삶으로 복귀시키려는 탈제도화의 목적에 잘 부합했다. 그리고 아방가르드의 열기가 식은 후 모더니즘 미술 논쟁 속에서 네오-아방가르드에게도 오브제는 계속 관심거리로 남는다. 그렇지만 그 논쟁에서 밝혀진 사실은 '오브젝트후드'든, '특수한 객체'든, 오브제란 그저 미술 제도 안에 있어야만 한다는 강박적으로 반복되는 신념뿐이다. 거기서는 비인간 객체가 인간과 관계할 때의 사물성 자체가 중요한 것이 아니다. 오히려 미술 영토로 약호화된 오브제가 중요할 뿐이다. 역사적으로 1960년대 미국은 대량소비 사회로 접어들었으며, 고가의 미술품에 대한 적극적인 소비가 권장되고 있었다. 미술작품은 대량 생산된 상품의 가치가 아니라 예술의 숭배 가치로 평가되어야 현실적으로 비교우위를 점할 수 있었다. 이는 형식주의 미학이 유행할 수 있었던 물질적인 근거이기도 하며, 미니멀리즘이 미술 영토에서 중심이 될 수 있었던 또 다른 이유이기도 하다.

이와 달리 정크아트는 '버려진 사물'에서 예술의 영토에서 부호화되지 않는, 전형적인 소비자본주의 일상 경험에서 은폐된 사물성을 발견한다. '정크'를 비평에 처음 도입한 앨로웨이는 옛 다다의 양식을 당대의 미술 양식과 문화로 확장하려 하면서 '버려진 사물'의 가치에 주목했다. 그는 쓰레기를 '정크'라고 명명하면서, '버려진 사물'의 현존성을 지적한다. 쓰레기는 흔한 상품들의 현란한 모습에 의해 은폐되었으나, 대량 생산과 소비를 이끈 산업자본주의가 부여한 대중문화의 엄연한 일부이다. 그에 따르면, 소비자본주의 사회에서 현대 예술이 상품을 매체로 사용하는 것은 그다지 특별한 일이 아니다. 이는 상품이 소비자의 욕망을 자극하면서 소비자의 주변에 매 순간 머물러 있기 때문이다. 그리고 쓰레기도 그와 마찬가지로 우리의 주변 어딘가에 있다. 이러한 근접성과 친숙함은 형식주의 모더니즘 미학이 미니멀리즘의 '거리 두기'를 비난하면서 강조한 관조와 몰입을 대체한다(Alloway, 2006: 78). 대중의 장소-특정성을 드러내는 도시에서 정크는 일상의 삶으로서 문화 양상, 정크 문화(junk culture)를 만들어 낸다. 앨로웨이는 이렇게 말한다(Alloway, 2006: 80),

> "정크 문화는 도시 예술이다. 정크 문화의 자원은 서랍이나 찬장 속에, 건물 옥상이나, 쓰레기통, 혹은 홈통에, 공터에, 그리고 도시 쓰레기장에 모이는 버려진 도시 물질, 즉 낡아 썩음(obsolescence)이다. 객체들은 역사를 가진다. 그것들은 처음에 신상품이었고, 그다음에는 소수[특정인]에게만 속해서 반복적으로 사용되고 친밀해진 소유물이었으며, 그런 다음에는 쓰레기가 되어 상처를 입었으나, [이제 예술로서] 다시 사용할 수 있게 된다."

그래서 정크는 도시환경으로 확장되는데, 버려진 사물들의 집합인 그것은 인간의 환경을 이루면서, 도시환경의 확산과 흐름, 변화를 드라마처럼 만든다. 초현실주의자 앙드레 브르통은 사물이 뜻밖의 장소에 놓이거나 다른 사물들과 낯설게 병치된 것(dépaysement)에서 그들이 현실을 넘어선 현실(초현실)이라고 여긴 '초현실의 실재성'이 드러날 수 있다고 보았다. 그런 사물과 정크야말로 또한 브르통의 『나자』에서 언급된 버려진 사물들을 연상케 한다(Rudosky, 2021: 152f).[5] 하지만 앨로웨이는 초현실주의의 '버려진 사물', 즉 '한물간 것'과 정크를 분명하게 구분한다. 한물간 것 혹은 정크는 신비로운 '알 수 없는 페티시'가 아니다. 그것은 소비주의 현실에서 낭비의 희극, 즉 예술가가 자신과 다른 사람들의 높은 소비율로 이루어진 쓰임새에 머물며, 또한 하나의 게임처럼 예술에 직접 참여한다. 그 점에서 정크 문화는 은폐된 존재로서 대중적이지 않은 듯 보이지만, 실재적이며 민주적이다(Alloway, 2006:

---

5) 버려진 사물들에 대한 초현실주의자의 열광에 대해서는 벤야민(2008: 150)을 참조하라.

80). 그래서 정크 문화의 가담자인 앨런 카프로(Allan Kaprow)는 현대 예술에서 '참여'와 정크 문화를 설명하는 자리에서 자신의 경험을 이렇게 말한다(Kaprow, 1993: 184),

> "하지만 이들[다른 예술가들]은 실시간의 밀접한 물리적 경험에 익숙하지 않았다. 그들은 멀리서 바라보는 그림과 조각품에 익숙했다. 그래서 이리저리 쓰레기를 쓸어내는 일에 참여시키려는 예술가들을 이 방 저 방을 쓸면서 돌아다니게 했다. 쓰레기의 사용은 또 다른 차원에서 정크 문화의 쓰레기 탐구에 몰두하던 예술계에 다시 확신을 주었다. 쓰레기는 암호와도 같았고, 쓸기라는 행위가 쉬웠을 뿐 아니라 일회용 재료처럼 비예술적인 행위이기도 했다. 쓰레기의 사용은 또 다른 차원에서 정크 문화의 쓰레기 탐구에 몰두하던 예술계에 다시 확신을 주었다."

그리고 작품을 일회용 재료처럼 처리할 수 있다는 그의 생각은 또한 전시 뒤에도 작품을 폐기물처럼 버려도 된다는 생각으로 이어진다. 그에게서 이제 예술은 저장고나 무덤에 안치되어 숭배될 존재가 아니다. 보존되어야 할 작품의 자리에서 '버려진' 혹은 '버려질' 사물로의 이행이라는 이러한 관점은 참여, 퍼포먼스 등과 같은 새로운 제도 비판적 예술 실험들을 용인할 수 있는 또 다른 미학적 계기가 된다.

다시 말해서 하나의 작품이라는 지위를 획득한 사물은 버려질 수 없는 사물이다. 정크아트의 특수성은 예술 제도를 위협한다는 점에도 있다. 이것은 미술에서의 사물성을 강조했던 미니멀리즘이 도달하지 못한 미학적 관점이다. 저장되지도 않고 소유할 수도 없는 작품은 상대적으로 가치 평가를 불허한다는 점에서 모든 미술을 상품화하려는 제도적 장치들에 대한 급진적인 비판이기도 하다. 물론 이와 반대로 여러 정크아트 작품들이 미술관의 주요 소장품 목록에 올라 있는 현실은 아이러니하다.

정크아트에서 버려진 사물들은 하이데거식으로 보면 '눈앞에 있음'이지만, 작품으로서의 자리로 재배치되어 '손안에 있음'으로 변형되거나 다시 매개되고 있다. 이것은 제도 비판이나 사회적 비판과 같은 인간주의적 행위를 촉발하고 또 작동시키는 하나의 기계처럼 보인다. 브라이언트는 비상관주의적 객체를 설명하기 위해 '기계'라는 개념을 강조하면서, 기계 존재론을 제안한다. 기계란, "입력물을 변환하는 작업을 수행하여 출력물을 생산하는 작동들의 체계"이다(브라이언트, 2020: 69). 그리고 "있다는 것은 행하는 것이고, 작동하는 것이고 활동하는 것"이므로, 기계에 의해서, 행위하는 존재자들의 본질이 효과적으로 드러날 수 있다(브라이언트, 2020: 37). 이러한 관점에서 정크아트가 수용한 '사물의 버려짐'은 객체 자체, 혹은 객체의 '멀리 있음'을 발견하게 하는, 혹은 다시 은폐하는 계기라고 볼 수 있다. 즉, 정크아트에서 '가까이 있어 친숙한 버려진 사물'은 소비의 정치-경제적 억압 장치들에 은폐된 비인간의 '저 멀리 있는 잠재성'을 들추어 내는 기계라고 말할 수 있다. 그리고 이것이 또한 은폐인 이유는 재배치와 재매개가 일종의 재영토화이기 때문이다.

4. 그 '오브제'에서도 발견되지 않은 사물

1960년대 '버려진 사물'을 네오-아방가르드의 일원으로 포섭하면서, 정크문화 내지는 정크아트는 모더니즘의 미학과 제도를 비판했을 뿐만 아니라, 동시대의 물신화된 삶을 적극적으로 비판한다. 반면, 미니멀리즘은 오브제의 사물성이 관객의 경험과 통합되는 상황을 현상학적인 의미 부여를 통해 정당화하려 한다. 그들의 현상학적 전략은 관조와 몰입의 형식주의와 대결할 수는 있지만, 여전히 인간주의적인 현전의 형이상학에 머문다. 예술과 삶을 재결합하려는 아방가르드 이념의 완수는 불충분하다. 이와 달리 정크아트는

'버려진 사물'이 '발견된 오브제'로 배치되고 다시 '버려진 사물'로 귀환하는 프로세스를 자연스럽게 수행한다. 그리고 이러한 미학적 수행의 정치적 힘들은 현실성을 얻는다. 1970년대 오일쇼크와 함께 세계 자본주의의 생산성 급락이 발생하고 신자유주의로의 선회가 이루어지기 전까지, 미국은 소비자본주의의 정점에 서 있었다. 노동자를 포함해서 대중에게 상품 소비는 자연권리처럼 권장되고 그 과정에서 대중의 경험은 상당 부분 상품 소비의 경험으로 채워진다. 그것은 거의 무의식적으로 이루어지며, 상품 사물들과 가장 근접한 경험이다. 그러나 의식되지 않거나 의도적으로 은폐된 또 다른 상황이 있는데, 그것은 상품 소비의 증가에 반비례하는 쓰레기 생산의 증가이다. 쓰레기는 대중에게 자연스러운 것이지만 혐오스러운 것이기에 더 쉽게 밀려나 가려지고 의식되지 않는다. 발견된 오브제로서 정크는 버려진 것들의 사물성이 예술 영토에서 경험되는 어떤 '사물의 현실태'의 개념이고, 정크 문화는 대량 생산과 소비의 프로세스에 대응하는 대중의 정치적 삶을 보여주는 개념이다. 그런 이유로 '버려진 사물'의 예술은 충분히 미학적이고 정치적이다.

그렇지만 이러한 예술 경향이 '버려진 사물' 자체의 관점을 취하지는 않는다. '버려진 사물'은 미술 제도의 비판을 위해 사물과 관객의 관계성 속에서 아예 고려 대상이 아니거나 미학 정치의 실천을 위한 표현 재료일 뿐이다. 문제는 우리가 이러한 인간주의적 시선에서 쉽게 빠져나오지 못한다는 점이다.

이것은 버려질 신발 혹은 버려진 신발의 그림을 해석한 하이데거에게도 마찬가지이다. 「예술 작품의 기원(Der Ursprung des Kunstwerks)」(1952)이라는 글에서 하이데거는 고흐의 그림 〈구두〉를 분석한다. 무엇보다 예술은 단순한 사물(eine bloßes Ding)을 넘어선 쓸모 있거나/쓸모없는 사물들, 즉 '도구들로부터 포착된 예술적인 것(das Künstlicherische)'이다. 그래서 고흐의 작품에서 '낡은 신발'도 도구 존재의 문제로 이해된다. 그의 그림은 눈앞에 드러나 있는 한 켤레의 신발이 아니라 농촌 아낙네의 실존에서 신발이 무엇인지를 밝혀줄 뿐이다(하이데거, 2007: 45). 다시 말해서 고흐의 작품에 대한 하이데거의 해석은 신발 자체를 향한 것도, 고흐의 작품 자체를 향한 것도 아니다. 신발은 그저 하나의 존재자일 뿐이며, 중요한 것은 인간과 맺어진 관계에서 그 신발의 의미, 아니 그보다는 그 신발 주인의 삶이 제기하는 의미이다. 존재와 존재자, 현존재와 도구 존재, 진리의 은폐와 탈은폐의 논리가 여기서도 분명하게 작동한다. 그래서 하이데거에게 그 작품이 충분히 만족스러운 이유는 신발을 그린 그 그림이 신발이라는 도구의 형상을 표현함으로써 고단한 농부 여인의 실존적 삶을 충실히 드러내고 있기 때문이다.

반면, 그의 논의에서는 버려진 신발, 사물 자체란 철저히 망각되고 만다. 게다가 이 신발이 '버려진 사물'일 수 있다는 암시마저도 차단된다. 마이어 샤피로(Meyer Schapiro)의 미술사적 견해를 다시 떠올려 보자. 그의 주장대로 이 신발이 고단한 농부의 삶을 사는 어느 여인에 속한 것이 아니라, 고흐 자신의 것이며 그 신발은 고단한 예술가의 자아를 표현한 것이었을 수 있다. 그렇지만 하이데거와 샤피로의 해석과는 별개로, 그들의 주장과 역사적 사실이 그림 속 신발이 내일 아침 다시 신을 신발인지 아니면 낡아서 버려지기 위해 쓰레기장으로 가기를 기다리는 신발인지를 설명하지는 못한다. 요컨대 하이데거와 샤피로 모두 신발 자체에 관심을 둔 것이 아니라 신발에 권리를 부여하는 상관주의적 작업에 열을 올리고 있다. 특히 신발이 버려졌다면 하이데거에게는 아무런 관심의 대상이 아니었을 것이 자명하다. 이는 버려진 사물이 '눈앞에 있는 존재'일 뿐이기 때문이다. '손안에 있는 존재'인 신발이야말로 인간 현존재에 의해 배려된 사물로서 도구 존재이며, 하이데거는 그 사물을 통해 존재 물음의 가능성을 설명하려 하기에, 그에게 신발은 결국 버려진/버려질 신발일 수 없다. 그의 관심사는 궁극적으로 구두조차 아니며, 예술 작품의 '근원'이다. 여기서 신발은 인간 실존과의 관계에서만 고려될 뿐, 신발을 이루고 있는 가죽, 끈의 물질성 등 다른 사물들과의 관계나 신발 자체로는 고려되지 않는다.

반면 작가와 오브제, 인간과 비인간의 이러한 상관주의적인 관계성에 묶인 〈슈즈 트리〉(2017)에서는 '친숙하고 가까운 사물'이었던 버려진 신발들이 우연히 '멀고도 낯선 사물성'을 드러낸다. 그 우연한 사건이 신발 자체를 드러내는 것이다. 무엇보다도 버려진 사물을 '발견된 오브제'로 옮겨놓는 것은 브뤼노 라투르(Bruno Latour)에 따르면, 일종의 연결이고, 번역 행동(translation)이며, 예술 생산 과정에서 미디엄에 쓰임을 부여하는 일이기도 하다. 2017년 서울시는 '시설물 안전관리에 관한 특별법'상 안전 등급 D를 받은 서울역 고가도로를 차가 아닌 사람이 다닐 수 있는 길로 바꾸었다. 그 과정에서 남대문 시장 상인의 생존권, 서울시 교통체증 문제 등 사회적 부담이 적지 않았지만, '서울로7017'로 명명된 도로는 도시재생이라는 정치적 관점에 의해 실현되었다. 철거되어 쓰레기가 될 수도 있었던 그 도로는 이제 다른 용도로 재사용되고 있다.

〈슈즈 트리〉는 사용성이 자동차에서 사람으로 이동한 '서울로7017'의 도시재생 사업을 기념하기 위해 서울역 광장에 설치된 작품이다. 약 3만 켤레의 버려진 신발이 서울역사박물관 광장에서부터 수십 미터를 뻗어 나아가 '서울로7017' 보행 도로의 실제 높이까지 커다란 기둥으로 치솟는다. 버려진 신발의 기념비이다. 여기서 버려진 사물은 작품으로의 변형이 이루어졌다. 당시 제작자였던 황지해 작가는 한 인터뷰에서 이렇게 말한다. "차가 다니던 도로에서 이제 사람이 걷는 길이 되었습니다. 신발을 통해서 도심 속의 우리가 잃어버린 가치가 무엇인지에 대해 같이 나누고 고민하고 싶습니다"(이호건, 2017). 도시재생과 '버려진 사물'의 예술적 재생을 결합하는 것이 주요 의도였음을 보여준다. 소비 도시와 쓰레기의 관계를 정크 문화가 자각한 이래로 그것은 현대미술에서 다양하게 변주되었지만, 여기서는 재생이 헌 신발의 '업사이클링'으로 해석되면서 환경미술 등의 시각도 덧붙여졌다. 더욱이 노숙자와 같은 소수자성이 있는 서울역 광장은 장소 지향된 공간의 의미마저 부여받을 만하다. 작품은 가시적으로 충분히 그럴 만하다.

그런데 그런 다양한 의미들이 일축되고 그 작품에는 단지 '재생'만이 있는 것은 아닌지 하는 생각이 작가가 예상치 못한 다른 사건으로부터 발생한다. 만일 '사물들이 우연히 연결되는' 이 사건이 발생하지 않았다면 지금도 환경미술 등으로 의미가 부여되었을 것이다. 당시 버려진 신발들을 쌓아 올린 조형물을 흉물스레 본 시민들의 시선은 이미 예상할 수 있었다. 하지만 그것이 개인적 취향이 아니라 현실 문제가 된다면 상황은 달라진다. 초여름 비가 우연히 내리고 신발이 젖으면서 3만 개의 신발에서 악취가 나고 땟국물이 광장으로 흘러내리는 '우발적인' 사고가 발생했다. 작품을 바라보는 일반적인 시각에는 공공미술에 대한 비판적 인식을 요구하는 목소리도 있었다. 그러나 '공공미술'과 '미술의 공공성' 문제는 분명히 결이 다른 사안이다.[6)]

여기서 두 가지를 살펴볼 수 있다. 하나는 이 작품이 근본적으로 환경미술이 아니라는 점이다. 폐기물을 작품의 미디엄으로 사용했다고 해서 그 모든 것이 환경미술이 되지는 않는다. 더욱이 환경미술을 지향한다면 사용된 미디엄의 물질적 조건과 사물성을 충분히 고려해야 한다. 만일 작가가 의도적으로 환경 문제에 대한 자각을 관객들에게 유도하려 한 것이 아니었다면, 불쾌한 냄새와 오염된 유기물질이 흘러나오는 사물의 비환경적 상황을 고려했어야만 했을 것이다.

다른 하나는 〈슈즈 트리〉, 정확히는 비를 맞은 〈슈즈 트리〉의 우발적인 사건이 미술에 새로운 주제를 암시하고 있다는 점이다. 작가의 의도와 무관하게 혹은 작가가 의식하지 못한 '버려진 사물'의 잠재성이 폭로된 점이 그것이다. 작가의 조형 행위에서 인간의 걸음(도보)과 연결된 헌 신발의 이미지 이외에 이것은 처음부터 작가에게 포착되지 못한 것이다. 그것이야말로 쓰레기가 된 사물의 또 다른 잠재적 양상이다. 작가의 인간주의적 시선은 쓰레

---

6) 〈슈즈 트리〉는 미술의 공공성에 균열을 만들었는데, 이 공공성이란 인간과 사물 사이에서 작용하는 힘들의 배치와 그 효과가 곧 미술이라는 점에서 해명되는 개념일 것이다.

기와 재생, 인간과 도시의 역사, 환경 등이었을 것이다. 서울 개발의 역사인 도로, 도시인의 걸음이라는 실존적 상황, 서울 시민들의 일상적 애환이 묻어 있었으나 버려진 도구로서 신발이 그런 작업에 연결되기에는 전혀 어색함이 없다. 그러나 그 연결망에서 고려되지 못한 것은 '버려진 사물'로서의 신발들의 잠재성이다. 헌 신발은 인간적인 관계에서만이 아니라 다른 비인간 사물들과의 무한한 관계에서 무한히 다르게 표현될 것이다. 버려진 신발은 밑창에서 떨어져 날리는 고무 분자들로, 인간의 발에서 분리되어 신발의 섬유 조직 틈으로 이동해서 합성된 썩은 유기물로 변형되거나, 그 분자들과 유기물들이 빗물이라는 또 다른 사물에 젖어(사물과 연결되어) 활성화될 때 풍기는 냄새 분자로 실현되어 표현될 것이었다. 사물 자체의 잠재성은 단편적이지 않고 복잡하며 작거나 적지 않다. 〈슈즈 트리〉에 개입한 우발적 사건은 사물 자체가 인간적인 시선으로부터 멀리 떨어져 있음을 보여준다(브라이언트, 2021: 118).

'버려진 사물'로 넘쳐나는 현실은 인류세의 위기를 감지하게 하는 정동적인 사건들로 가득하다. 그 사물들은 모두 한때 인간적인 인공물이었으며, 상품이었고, 쓸모를 위한 도구였다. 발터 벤야민(Walter Benjamin)에게 '버려진 사물'은 '한물간 것'으로서 자본주의의 나르시시즘적 거울을 환기한다. 그는 외젠 앗제(Eugène Atget)의 서늘한 분위기가 물씬 풍기는 파리 뒷골목 사진들에서 물신화로 침식된 온갖 인간적인 것의 쓰레기를 바라본다. 그리고 파국적인 분위기에 휩싸인 그곳에서 깨진 거울을 발견하는데, 그 거울 속에는 친숙한 인간적 사물의 기표들이 낯설면서도 두려움을 낳고 있다(포스터, 2018: 186). 그보다 앞서 프로이트도 숨겨져 있기에 알 수 없는 어떤 외상적인 억압과 결핍이 불쾌하고 불안한 분위기 속에서 강박적으로 알려진다고 보았다.

그리고 '버려진 사물'에서 감지되는 불안한 정동은 기후 위기를 마주하고 있는 우리의 기본적인 분위기와 유사하다. 기후 위기에 대한 인간적인 불충분은 미래의 파국적 위기를 크기와 강도에서 분명히 정의할 수 없다는 데 있다. 즉, 그 위기에 연루된 비인간 사물들이 인간주의적 관심에 따라서만 인식되기에, 인간은 '버려진 사물' 자체와 그것들에 연결된 수많은 비인간의 회집체를 온전히 파악할 수 없는 것이다.[7] 그리고 인간적 불충분은 과학주의를 옹호해 온 인류세 담론에도 해당한다. 실증과학에 기대어 모든 버려진 것들의 데이터를 시간 변화에 따라 제시하면서 근본적인 과학적 해결책을 찾아야 한다고 주장하지만(Zalasiewicz et al., 2015: 199), 이런 신뢰성 있는 지식이 불안의 정동 정치에 다시 불을 지핀다. 예를 들어 쓰나미가 발생하고 핵발전소가 파괴되면 원래의 상태로 되돌릴 수 없다는 것을 수많은 과학 지식이 강조하면서 인간 멸종의 파국적 상황이 눈앞에 왔다고 불안을 부추기는 것이다(시노하라 마사타케, 2022: 113).

인류세의 예술은 한 번도 예상해 본 적 없는 도전을 이해한다. 현대 예술은 제도 비판의 거듭된 성패와 그 기나긴 역사에서 한 번도 인간주의의 바깥을 생각해 보지 않았다. 그린버그와 프리드의 모더니즘 미술 논쟁에서도, 그 후의 다양한 네오-아방가르드 쟁점에서도, 심지어 담론화된 물질성에 열을 올리던 포스트모던 예술에서도 비인간 사물과의 공동체를 인간주의 바깥에서 살피지 못했다. '버려진 사물'에 대한 현대 예술의 관심은 기후 위기 시대의 어두운 분위기에 섬세하게 반응해야 한다. 아직 어떤 예술 실험들이 그러한 분위기에 공명하고 있는지는 알 수 없지만, 그 실험들은 인간과 공존하는 비인간 공동체의 다양한 스펙트럼을 보여줄 수 있을 것이다.

7) 티모시 모턴(Timothy Morton)은 인간과 사물들의 그런 관계를 설명하기 위해 사물의 잠재성을 '하이퍼오브젝트(hyperobject)'라는 자신의 용어로 표현하려 한다.

5. 글을 맺으며

지금까지 객체지향존재론의 객체와 신유물론의 사물 개념과 관련지어 '오브제'와 '정크'(혹은 '버려진 오브제')에 대해 논의했다. 지난 세기의 옛일처럼 여겨질 수도 있지만, 그린버그와 프리드의 형식주의 미학이 현대 미술사에서 차지하는 위치를 떠올리면, 그들이 'object'의 개념적 규정에 얼마나 많은 공을 들였는지는 잘 알 수 있다. 그들의 논의는 두 가지를 겨냥하고 있다. 하나는 당대 미술 현상에 대한 비판적 관점으로부터의 지도 제작이고, 다른 하나는 그러한 지도가 여지없이 인간주의의 시선을 투사한 일이다. 이러한 작업은 니체의 말처럼 '너무도 인간적이다.' 그 때문에 인간주의의 바깥에 있는 사물의 힘들과 그것의 영향은 현대 예술의 구조에서는 은폐되기 일쑤이다.

그런데 그러한 은폐 장치들은 언제나 실패하고 말 것이다. 이는 강박적으로 감행되는 예술 실험들이 그 강력한 제도와 이론적 장치들의 작동을 거듭 멈추려 하기 때문이다. 네오-아방가르드의 옹호자인 포스터는 이러한 상황을 '실재의 귀환' 논리에 따라 설명했다. 그래서 여기서 다시 라캉에게 기대어 묻는다면, 시선을 물리고 응시하는 얼룩으로부터 그렇게 다시 귀환한 실재는 과연 무엇인가라는 물음을 던질 수 있다. 이 글에서 그것은 '사물'이었다. 사물은 브라이언트의 존재론을 따라 멀리 있는 것들의 생성적인 관계성에서 설명된다. '버림/버려짐'이라는 인간적 행위는 쓸모 있음/쓸모없음으로 구축된 인간-사물의 관계 양상이다. 그런 이유로 '버려진 사물'은 인간과의 특정 관계에서 표현된 비인간 사물의 현실태라고 말할 수 있다. 우리는 온갖 쓰레기로 넘치는 인류세의 이미지 가운데서 이러한 관계가 초래할 심각한 미래를 예상한다. '버려진 사물'은 이런 전망의 주요 부분을 차지하는 주인공이다.

무엇보다 '손안에 있던' 그 사물은 인간주의적인 쓸모에 따라 하나의 기능이 아니라 여러 기능으로 표현될 수 있는데, '눈앞에 있게 된' 사물이 쓰레기로 변형될 때에도 다른 사물들과 새로이 접하면서 영향을 주고받기 때문이다. 우리는 글로벌 북반구의 주민이 신다가 버린 값비싼 운동화를 쓰레기 더미에서 주워 슬리퍼로 다시 만들어 신는 글로벌 남반구 주민의 현실을 잘 안다. 거기서는 버려진 운동화 사물이 신상 슬리퍼 사물이 된다. 이 버려진 사물은 가시화되기 어려운 연결의 갈래와 경계를 타고 넘는다. 그리고 사라지지 않고 다른 사물로 표현된다.

나아가 이러한 갈래와 경계가 소비자본주의 체계에 배치된 도구의 정치경제라는 사실도 반드시 기억해야 한다. 앨로웨이가 정크 문화에서 포착한 것은 '버려진 사물'이 표현한 당대의 정치경제 환경이었다. 그 환경은 소비자본주의의 너무도 자연스러운 흐름으로 가득 찬 공간이었으며, 대중은 자연스레 '상품'이라는 이름의 사물을 손안에 있는 존재로 만들었다. 그리고 반세기가 지나는 동안 그들의 쓰레기가 동일한 환경을 가득 채우고 더는 눈에 띄지 않을 저 먼 곳마저 찾지 못하고 있다. 정크 문화는 오늘날 환경예술을 지나 생태주의 예술의 지평 위에서 변주되고 있다.

현대 예술은 인류세의 위기를 우려 가득한 눈초리로 바라보며 다양한 실천적 실험을 해왔다. 그렇지만 그 실험들에서도 쉽게 망각된 것이 '버려진 사물' 자체이다. 이 글은 현대 예술의 정치-생태학적 시선에서 인간주의로 변색된 '버려진 사물'의 자리를 살펴볼 것을 제안했다. 예술의 독특한 표현 방식과 경험 방식은 '눈앞에 있는 존재'를 향해 덧씌워진 과학주의 시선을 정지시킬 수 있다. 이것이 허먼의 예술론이 출발한 동기이고, 마찬가지로 라투르의 후기 이론을 포함해서 신유물론도 현대 예술에서 새로운 정치-생태학의 가능성을 주장한다.

버려진 사물에 대한 신유물론의 관점은 현대 예술에서 '정크'나 '오브제'라는 인간주의적 관점에 이의를 제기한다. 그 관점은 우리가 비인간으로서 사물에 대한 새로운 관계성을 이해하기를 바란다. 사물은 현대 예술을 위해 항상 기꺼이 준비된 미디엄으로서만 존재하지 않는다. 그것은 '미학-정치 생태학'이 되기를 기대할 것이다.

참고문헌

벤야민, 발터(Walter Benjamin). 2008.「초현실주의」.『발터 벤야민 선집』5권. 최성만 옮김. 서울: 길.

브라이언트, 레비(Levi Bryant). 2020.『존재의 지도』. 김효진 옮김. 서울: 갈무리.

_____. 2021.『객체들의 민주주의』. 주대중 옮김. 서울: 갈무리.

시노하라 마사타케(篠原雅武). 2002.『인류세의 철학: 사변적 실재론 이후의 '인간의 조건'』. 조성환 외 옮김. 서울: 모시는사람들.

이재준. 2022.「객체들의 관계 외부성과 물질 혐오: 레비 브라이언트의 객체지향존재론을 중심으로」. ≪사회와이론≫, 제43호.

이호건, 2017. "예술인가, 흉물인가…1억 원 넘는 '슈즈 트리' 논란"(SBS, 2017.5.16) https://news.sbs.co.kr/news/endPage.do?news_id=N1004198889&plink=ORI&cm=news_headline (검색일: 2023.4.20)

포스터, 핼(Hal Foster). 2003.『실재의 귀환』. 이영욱 외 옮김. 부산: 경성대학교 출판부.

_____. 2018.『강박적 아름다움』. 조주연 옮김. 서울: 아트북스.

하먼, 그레이엄(Graham Harman). 2019.『쿼드러플 오브젝트』. 주대중 옮김. 서울: 현실문화.

_____. 2022.『예술과 객체』. 김효진 옮김. 서울: 갈무리.

_____. 2023.『사변적 실재론 입문』. 김효진 옮김. 서울: 갈무리.

하이데거, 마르틴(Martin Heidegger). 1995.『존재와 시간』. 소광희 옮김. 경문사.

_____. 2007.「예술작품의 근원」.『숲길』. 신상희 옮김. 서울: 나남.

Alloway, Lawrence. 2006. "Junk culture." in L Alloway and R Kalina(eds.). *Imagining the Present: Context, Content and the Role of the Critic*. London: Routledge, pp.77~80.

Dezeuze, Anna. 2006. "'Neo-Dada', 'Junk Aesthetic', and Spectator Participation." in David Hopkins and Anna Katharina Schaffner(eds.). *Neo-Avant-Garde*. New York: Rodopi, pp.49~71.

Fried, Michael. 1998. "Art and objecthood(1967)." in Michael Fried. *Art and objecthood:*

Essays and reviews. Chicago: University of Chicago Press. pp.148~172.

Greenberg, Clement. 1982. "Modernist painting." in Francis Frascina and Charles Harrison (eds.). *Modern Art and Modernism: A critical anthology*. New York: Routledge. pp.5~10.

Kaprow, Allan. 1993. *Essays on the Blurring of Art and Life* in Jeff Kelley(eds). Berkeley LA: University of California Press.

Rudosky, Christina. 2021. "Surrealist Objects." in N. Lusty(ed.). *Surrealism*. Cambridge Cambridge university Press, pp.151~175.

Tekiner, Deniz. 2006. "Formalist art criticism and the politics of meaning." *Social Justice*, Vol.33, No.2, pp.31~44.

Zalasiewicz, J. et al. 2015. "When did the Anthropocene begin? A mid-twentieth century boundary level is stratigraphically optimal." *Quaternary international*, No.383.

03

쓰레기의 역습과 동시대 미술의 실천*

정은영

1. 쓰레기 요새 속의 삶

마르코 폴로가 동방 제국의 황제 쿠빌라이 칸에게 자신이 방문했던 환상적인 도시들의 이야기를 들려주는 형식으로 쓰인 이탈로 칼비노(Italo Calvino)의 소설 『보이지 않는 도시들』(1972)에는 매일 새롭게 거듭나는 가상의 도시 레오니아(Leonia)가 나온다. 레오니아 사람들은 날마다 새로운 물건을 쓰고 하루하루 깨끗한 환경 속에서 풍요로움을 누리며 산다. 끊임없이 생산되는 새 상품을 즐기기 위해 그들은 매일 아침 어제의 쓰레기를 치워 새로운 물건을 위한 자리를 마련한다. 이로 인해 "되풀이되는 불순물을 쫓아버려 자신에게서 멀어지게 하고 스스로를 정화하는" 레오니아 사람들에게 더럽고 쓸모없고 불쾌하고 혐오스러운 쓰레기를 치우는 거리의 청소부들은 "천사처럼 환영"을 받는다(칼비노, 2007: 149). 하지만 정작 청소부들이 날마다 그 쓰레기를 어디로 가져가는지를 궁금해하는 이는 없다. "아무도 한 번 버린 물건은 다시 생각하고 싶어 하지 않기 때문에" 레오니아 사람들은, 새로운 물건

---

* 이 글은 정은영, 「버려진 것들의 귀환: 동시대 미술의 이질학적 전략과 그 확장」, ≪현대미술사연구≫, 제53집(2023), 47~74쪽을 수정·보완한 것이다.

의 양이 늘어날수록 도시 밖의 쓰레기 더미가 점점 더 커진다는 사실을, 제품을 생산하는 기술이 발전할수록 "파괴되지 않는 쓰레기 요새가 산맥처럼 사방에서 도시를 압도"한다는 사실을 알지 못한다. 그들은 도시들 사이의 경계가 실은 아슬아슬하게 쌓아 올린 쓰레기 성벽이며, 그 성벽 너머에 "이 세계 전체가 쓰레기 분화구로 뒤덮여" 있는 무시무시한 현실이 존재한다는 사실을 깨달을 길이 없다(칼비노, 2007: 149~150).

환상적인 도시 레오니아의 억압된 실재, 나아가 레오니아를 포함한 55개에 달하는 제국의 도시들이 지닌 진정한 실재는 그 안에서 안락한 삶을 영위하는 정주민에게는 결코 보이지 않는다. 청결함과 역겨움, 질서와 혼돈이 뒤섞여 있는 도시의 진짜 모습, 물리적인 성벽이나 상징적인 체계 너머 멀리 밀려난 혐오스러운 쓰레기 산의 정체는 오직 경계를 넘고 영토를 가로질러 제국을 횡단한 베네치아의 젊은 이방인만이 생생하게 목격할 수 있었다. 그러나 설사 레오니아 사람들이 그 쓰레기 산들을 목격한다 하더라도 어쩌면 그들은 버려진 쓰레기나 잔해물 자체보다 오히려 그것을 완전히 없애버릴 수 없다는 생각에 더욱 진저리를 칠지도 모른다. 『쓰레기가 되는 삶들』(2004)에서 칼비노의 소설을 언급하며 모더니티의 전 지구화가 초래한 '폐기된 존재들'의 문제를 다룬 바 있는 지그문트 바우만(Zygmunt Bauman)이 지적하듯이, 이 가상의 도시 레오니아에 사는 사람들은 사라져 주기를 간절히 바라는 쓰레기 산들이 저절로 분해되거나 썩지 않는다는 사실에 한층 더 경악할 것이다(바우만, 2008: 13~17).

쓰레기를 치우는 거리의 청소부들이 천사처럼 환영받는 유쾌한 상황을 제외한다면, 레오니아는 환상적인 우화 속 가상의 공간이 아니라 현재 우리가 살고 있는 현실의 도시 그대로다. 불가능하다는 것을 알면서도 쓰레기가 저절로 사라져 주기를 바라는 마음도 그들과 다르지 않다. 생산이 증가할수록 필연적으로 함께 증가하는 쓰레기는 후기자본주의 사회에서 '모든 생산의 어둡고 수치스러운 비밀'이 되었고, 그로 인해 결코 사라지지 않는 쓰레기를 교묘하게 감추거나 은폐하는 쓰레기처리 산업은 '억압한 것이 복귀하지 않도록' 막는 데 총력을 기울이고 있다(바우만, 2008: 59~60). 하지만 일상에서 쏟아지는 생활 쓰레기와 공장에서 버려지는 산업폐기물의 양은 걷잡을 수 없이 증가하여 더 이상 눈에 보이지 않게 감출 수도, 삶의 경계 밖으로 밀어낼 수도 없게 되었다. 더구나 2019년 11월 이후 3년 이상 지속된 코로나19 팬데믹으로 인해 생활의 모든 영역에서 일회용 폐기물의 양이 급속도로 늘어나면서 이제 우리는 그동안 능숙하게 감추거나 은폐해 온 쓰레기를 더 이상 피할 수 없게 되었으며, 흡사 '버려진 것들의 반격'이라 부를 수 있을 법한 '쓰레기의 역습'을 공포와 우려 속에서 경험하고 있다.

이 글에서 우리는 이와 같은 동시대의 상황 속에서 버려진 것들의 회귀에 주목하고 폐기물의 복합적인 관계성을 탐구하는 예술가들의 작업에 관심을 집중하고자 한다. 후기자본주의 체제의 일상이 마치 레오니아인들이 그랬듯이 우리 자신에게서 나온 '이질적인 찌꺼기'를 씻어내고 '혐오스러운 쓰레기'를 밀어냄으로써 질서 정연한 '동질적' 영역과 '배제적' 경계를 확보하고자 한다면, 동시대 미술은 베네치아의 젊은 이방인이 그랬던 것처럼, 경계 너머로 버려진 것들을 증언하고 영역 밖으로 밀려난 폐기된 존재를 불러들이며 쓰레기의 복합적인 (탈)정체성을 탐구한다. 이에 우리의 구체적인 목표는, 쓸모없는 것으로 내던져진 것들, 보이지 않도록 폐기 처분된 것들을 다각적으로 가시화하고 비판적으로 담론화하기 위해 동시대 미술이 사용하는 '이질학적 전략'을 개괄해 봄으로써 쓰레기를 다루는 동시대 미술 실천의 지형을 파악하는 데 있다.

이후 본문에서 언급하듯이 우리는 조르주 바타유(Georges Bataille)의 이질학(heterology)을 비롯한 여러 다학제적 이론과 담론들을 참조하여 현대 및 동시대 미술의 다양한 실천을 살펴볼 것이다.[1] 하지만 이질학이라는 난해한 이론을 다루기에 앞서 쓰레기와 폐기물 경제를 다루는 동시대 미술을 집중적으로 조명한 최근 전시와 연구를 간단하게나마 언급할 필요가 있을 것 같다. 우선 2022년 9월 14일 바젤의 탱글리 미술관(Museum Tinguely)에서 열린 전시 〈폐기물의 영토: 억압된 것의 귀환(Territories of Waste: On the Return of the Repressed)〉은 현재진행형으로 이루어지고 있는 동시대 미술의 복잡한 지형을 어느 정도 조망할 수 있게 해준다. 팬데믹으로 인해 두 차례나 연기된 후 비로소 개막할 수 있었던 이 전시는 30여 명의 현대 및 동시대 작가들의 비판적 작업을 여섯 개의 주제로 나누어 소개한 바 있다.[2] 이 전시는 폐기물 경제의 그늘을 파헤치고, 기후변화와 환경 위기에 개입하는 21세기 동시대 미술을 다각적으로 보여주는 한편, 이에 선행하는 20세기 후반의 실험적 시도들을 새롭게 조명함으로써 공시적인 분석과 통시적인 해석을 종합적으로 아울렀다. 무엇보다 전시를 기획한 샌드라 라이만(Sandra B. Reimann)은 폐기물이 발생하고 축적되며 처리되고 재사용되는 세계를 쓰레기의 영토 이

---

1) 우리는 현대(modern)와 동시대(contemporary)를 연속과 중첩, 단절과 도약이 작동하는 복합적인 역사로 접근하되, 글로벌 자본주의와 인터넷 연결이 전 지구적으로 자리 잡는 1990년대 이후를 동시대로 정의하고자 한다. 이 글은 글로벌 경제 체제와 인류세의 생태 위기 속에서 쓰레기와 폐기물을 다각적으로 담론화하며 가시화하는 동시대 미술을 집중적으로 분석할 것이다. 이에 19세기 후반 서구 주요 도시에서 공공연하게 볼 수 있었던 쓰레기를 주제로 한 미술작품이나 20세기 중후반 상품과 쓰레기의 악순환 및 폐기물의 집적을 다룬 현대미술은 다루지 않을 것이다.

2) Museum Tinguely, *Territories of Waste: On the Return of the Repressed*, exhibition catalogue (Basel: Museum Tingeuly, 2022). 〈폐기물의 영토: 억압된 것의 귀환〉 전시는 여섯 개의 주제를 명사나 구절로 명시화된 섹션 구획이 아닌, 교차하고 중첩되는 서술형 담론으로 제시한다. 전시 작품들이 다루는 여섯 개의 주제를 간략하게 정리하면 다음과 같다. ① 폐기물의 영토적 이동은 식민지 지리를 따라 이루어진다. ② 고도로 자동화된 폐기물 처리는 사회적 분리와 위계화, 인종적 배제 및 낙인과 밀접하게 연결되어 있다. ③ 폐기물은 대기, 바다 등 전체 생태계에 존재한다. ④ 폐기물의 영토는 문자 그대로 인간이 훼손한 황무지(wastelands)를 뜻하지만, 황무지라는 개념이 불모지와 휴경지라는 이중적 의미를 지니는 만큼 유실과 잠재력 모두를 함축한다. ⑤ 폐기물과 청소는 물리적·지리적 영역을 넘어 디지털 영역에도 존재한다. ⑥ 퇴비, 부엽토, 공동 서식 등의 개념을 통해 새로운 사유와 삶의 방식 및 연대로 이끄는 폐기물의 잠재력을 탐구한다.

동과 정치경제적 권역의 차원에서 접근하여 새로운 식민화를 지속하고 있는 글로벌 자본주의의 폐기물 경제를 생생하게 드러냈다.

한편, 지구 행성과 인간 사회의 상호작용적 생태성, 플라스틱 폐기물과 석유 에너지 경제의 모순을 파헤치며 동시대 미술의 실천과 담론을 다루어 온 미술이론가 어맨다 보에츠케스(Amanda Boetzkes)가 자신의 연구를 모아 단행본으로 펴낸 『플라스틱 자본주의: 동시대 미술과 폐기물 충동(Plastic Capitalism: Contemporary Art and the Drive to Waste)』(2019) 역시 쓰레기를 다루는 현대 및 동시대 미술의 확장된 영역과 다각적인 양상을 파악하는 데 많은 도움을 준다(Boetzkes, 2019). 보에츠케스는 비판적인 동시대 미술에서 폐기물을 시각화하려는 추세가 광범위하게 퍼져 있음에 주목하면서 쓰레기의 물질적 형식, 순환과 교환, 지속과 과잉을 가시화하는 동시대 미술을 고찰한다. 나아가 지구 생태의 근본적인 문제를 지속 가능한 라이프스타일의 국면으로 축소시키는 '지속가능성' 담론에 대해 자원 고갈에 기반을 둔 경제 성장 논리를 강화한다는 비판을 제기하며 '플라스틱 자본주의'를 문제시하는 동시대 미술을 총망라하여 분석하고 있다.

우리는 〈폐기물의 영토〉나 『플라스틱 자본주의』와 같은 실천적 개입과 이론적 성과에 주목하되 바타유의 이질학을 포함한 작금의 비판적 담론을 참조하여 쓰레기와 폐기물을 다루는 동시대 미술의 이질학적 전략을 파악하고 주요 작업 및 쟁점을 분석할 것이다. 동시대 미술은 이질적인 쓰레기를 예술 작업의 중심으로 들여와 작업의 매체와 주제로 다룸으로써 문자 그대로 이질학적인 전략을 사용한다. 동시에 21세기 글로벌 자본주의 체계를 다각적으로 다루는 여러 담론들, 예컨대 고고학과 분류학, 인류세와 지질학 및 생태주의, 청소 노동과 폐기물 경제의 흐름에 연계와 교차를 시도함으로써 그 이질성을 한층 확장하는 모양새다. 이 글은 이러한 동시대 미술이 이질적인 쓰레기와 폐기된 존재들을 사물/매체, 자연/생태, 노동/흐름의 측면에서 접근하고 있음을 파악하고, 이 세 측면을 각각 '복합 매체로서의 쓰레기', '인류세의 묵시록', '폐기물의 흐름과 노동의 가시화'로 주제화하여 분석한 내용을 제시할 것이다.

이에 따라 이 글의 주요 내용 역시 앞의 세 영역에서 복합적으로 작동하는 확장된 이질학적 전략을 분석하는 데 집중하게 될 것이다. 동시대 미술에서 사용하는 세 가지 이질학적 전략은 개념적으로 상호 연결되기도 하고 실천 영역에서 의식적으로 교차 사용되기도 하지만, 폐기물의 미학, 사회학, 생태학뿐 아니라 이를 다루는 동시대 미술의 비판적 지향과 드넓은 지평을 파악하는 데 유용한 길잡이가 되리라 생각한다. 본격적인 논의에 앞서 폐기물의 정의와 이질학의 핵심을 짚어봄으로써 폐기물을 다루는 동시대 미술의 이질학적 전략에 대한 탐구를 준비하고자 한다.

2. 이질학과 폐기물

이질학은 1920년대 말에서 1930년대 전반에 걸쳐 조르주 바타유가 앙드레 브르통(André Breton)을 중심으로 한 초현실주의 그룹을 비판하며 개진한 사상이다.[3] 바타유는 '절대적 현실'을 향한 혁명을 외치지만 여전히 이분법

3) '이질학'이라는 명칭을 구체적으로 제시하고 이를 이론적·실천적 차원에서 설명한 글은 「사드의 사용가치(동지들에게 보내는 공개서한)」(1929~1930)이지만, 이질적 사유의 기반이 되는 위계의 전복, 일원론적 사유, 초월성 비판, 낮은 유물론 등은 같은 시기에 쓰인 「늙은 두더지' 그리고 초인과 초현실주의의 접두어 '초(超)'」, 「낮은 유물론과 영지주의」, 「파시즘의 심리적 구조」 등에 잘 나타나 있다. 이 중 「늙은 두더지」와 「사드의 사용가치」를 제외한 글들은 모두 1920년대 말부터 1930년대 중반에 걸쳐 ≪도퀴망(Documents)≫과 ≪사회비평(La Critique sociale)≫에 실렸다. 이 글은 이 시기 바타유의 주요 저작을 영어로 번역, 소개하여 1980년대 이후 영어권의 바타유 연구에 지대한 영향을 미친 앨런 스토클의 영역본을 참조하였다. Georges Bataille, "'The Old Mole' and the Prefix *sur* in the Wods of *Surhomme and Surrealist*", "Base Materialism and Gnosticism", "The Use Value of D.A.F.

적 위계성을 벗어나지 못한 초현실주의의 관념론적 한계를 비판하며, 관념과 물질, 고귀한 것과 혐오스러운 것의 위계적 구분을 전복하는 이질학을 내세웠다.[4] 그는 「사드의 사용가치(동지들에게 보내는 공개서한)」(1929~1930)에서 이질학을 "전적으로 다른 것에 대한 학문"이라 정의한다(Bataille, 1985: 102, Note no.2). 즉, 이질학은 물질과 사유의 영역에서 결코 완전하게 동화되거나 분류되지 않는 이질적인 것들에 관한 연구로, 에너지의 전유 과정에서 필연적으로 배출되는 배설물처럼 지적인 전유 과정에서 불가피하게 출현하는 관념의 '찌꺼기(waste products)'나 '이질적인 배설물(heterogeneous excremental element)'을 다루는 '이질적 사유와 실천의 학문'이다(Bataille, 1985: 97). 잘 알려져 있듯이, 바타유는 지적인 사유가 동화하지 못하는 '이질적인 것'이 '불결한 것으로 치부되는 신체적 배설물'과 '신성한 것으로 숭배되는 종교적 대상'의 근본적인 동일성을 보여준다고 보고(Bataille, 1985: 94), '이질학'이라는 용어 대신 성스러움과 더러움의 이중적인 의미를 지닌 'agio'에서 유래한 '신성학(agiology)'이나 배설물을 다루는 과학인 '분변학(scatology)'을 사용할까

---

de Sade(An Open Letter to My Current Comrades)", "The Psychological Structure of Fascism", trans. Allan Stoekl, *Visions of Excess: Selected Writings of Georges Bataille, 1927~1939* (Minneapolis: University of Minnesota Press, 1985), pp.32~52, 91~102, 137~160.

4) 제1차 초현실주의 선언 이후 발간된 『초현실주의 혁명(La Révolution Surréaliste)』(1924~1929년, 12권 간행)과 제2차 초현실주의 선언 이후 발간된 『혁명에 봉사하는 초현실주의(Surréalisme ASDLR [au service de la Révolution]』(1930~1933년, 6권 간행)에서 드러나듯이, '혁명'은 앙드레 브르통(André Breton)이 이끌었던 초현실주의 그룹이 아방가르드 예술의 목표로 내세운 핵심 모토였다. 바타유는 브르통을 중심으로 한 초현실주의 그룹의 '관념적인 혁명'을 비판하며 ≪도퀴망(Documents)≫(1929~1930년, 15권 간행)을 출간하였고, 이후 '무두인(Acéphale)'(1936~1939년, 5권의 간행물 출간)이라는 비의적인 모임과 '사회학 학회(Collège Sociologique)' 등을 결성하여 급진적인 이론 활동을 이어갔다. 브르통은 1929년 바타유를 '분변의 철학자'라 비판하며 초현실주의 그룹에서 제명했지만, 1935년 파시즘 비판을 위한 『반격(Contre-Attaque)』을 공동으로 출간하면서 이후 대체로 우호적인 관계를 유지하였다(Bataille et al., 1995: 9~12).

고민하기도 했다. 특히 그는 '분변학'이야말로 '이질학'이라는 추상적인 용어와 쌍을 이루는 자매어로서 그 내용을 단도직입적으로 전달하는 '명백한 표현 가치'를 지니고 있다고 보았다(Bataille, 1985: 102, Note no.2). 그만큼 이질적인 것이 신체적 배설이나 배출, 나아가 사회적 배제와 연결된다고 보았던 것이다.

바타유가 지적하듯이, 생리적/물리적, 관념적/이론적, 사회적/관습적 영역을 막론하고 모든 형태의 전유(appropriation)는 이질적인 분변을 배출하는 배설(excretion)과 동시에 일어난다(Bataille, 1985: 99). 개체 생존을 위한 에너지나 물질의 흡수, 과학적 이론에서의 지적인 동화와 체계화, 사회조직의 위계질서와 제도화 등 일체의 전유 과정은 자체의 동질성(homogeneity)을 유지하는 과정이라 할 수 있으며, 이러한 전유는 필연적으로 그 동질화 과정에서 밀려나고 버려지는 이질적인 것들을 배출함으로써 진행된다. 그러나 전유와 배설이 하나의 동시적인 과정임에도 불구하고 동질화 운동에서 배제된 것들은 더럽고 불결한 것으로 여겨져 추방되거나 반대로 성스럽고 거룩한 것으로서 숭배되는데, 이질학은 이처럼 동질적인 것과 이질적인 것의 분리 불가능성과 이질적인 것 내의 양극화된 이중성을 드러냄으로써 더럽고 혐오스러운 것이 지니는 사회적 변혁의 힘을 자각하게 한다.

쓰레기를 다루는 동시대 미술의 이질학적 전략과 관련하여 우리는 두 가지 질문을 제기할 수 있다. 첫째는 이질학적 사유와 실천의 가능성 자체에 관한 것이고, 둘째는 생리적·관념적·사회적 배설과 자본주의 체제의 폐기물 배출 사이의 상동 관계에 관한 것이다. 우선, 첫 번째 질문은 물질과 사유를 동화하는 모든 전유가 필연적으로 이질적인 것을 밀어내며 동질성의 경계를 그어 작동한다면, 이질적인 것을 동질화의 영역으로 전유하지 않으면서 지식을 생산하고 실천하는 것이 어떻게 가능할지에 대한 물음이다. 결론부터 얘기하자면, 이질학적 실천은 이질적 존재의 동질화를 벗어나기 어려운 철학적 기획보다 오히려 자체의 동질적인 체계를 끊임없이 유보하는 예술적 실천을 통해서 실현될 수 있으리라는 것이다.[5] 이질학이 이름 그대로 이질성을 유지하기 위해서는 자기동일성이나 내적인 균질성을 거부해야 하므로, 기존의 과학이나 철학처럼 물질세계를 전유하고 지적인 폐기물을 배제함으로써 정합적인 이론 체계를 구축하기보다 인간의 사고가 이질적인 것에 부딪혀 자체의 한계를 직면하게 하고 동질적 정체성의 내적 파열을 경험하게 하는 방식에 의해 비로소 가능할 것이기 때문이다. 버려진 것을 다시 들여와 다각적으로 가시화하는 동시대 미술은 이와 같은 이질성의 경험을 촉발하는 것이라 할 수 있다.

다음으로, 두 번째 질문에 관련해서는 이질체(foreign body; daz ganz Anderes)의 신체적 배설과 폐기물의 사회적 배출이 분명한 구조적 상동성뿐 아니라 일정한 질적 차별성을 지닌다고 응답할 수 있다. 바타유가 이질체의 대표적인 예시로 들고 있는 것은 생리혈, 소변, 대변 등의 배설물이나 역겨운 악취를 풍기며 '썩어가는 사체' 등이지만(Bataille, 1985: 94), 사실상 그가 논의하는 이질적 영역은 신체적 배설을 넘어 심리적·사회적 차원으로 확장되며 실제로 '비생산적 소모(unproductive expenditure)'에서 파생하는 모든 존재, 예컨대 '비생산적인' 찌꺼기와 유비적 관계에 있는 쓰레기, 기생충, 빈곤층, 광인 등 혐오를 유발하는 모든 것을 포함한다(Bataille, 1985: 141~144). 자본주의 사회가 배출하는 쓰레기와 폐기물은 생산·소비 과정에서 쓸모없는 것으로 버

---

5) 이질학적 실천과 관련하여 바타유는 (관념이 동화하지 못한 찌꺼기를 무, 무한, 절대와 같은 추상적인 총체성 속에서 파악하는) 철학이나 (이질적인 것을 우월한 영역의 신성한 대상으로 상승시켜 결국 보편적 동질성의 체계를 유지하는) 종교보다 전적으로 이질적인 세계에 다가가도록 만드는 시(poetry)를 가능한 실천 방법으로 보았다. 그러나 '자율적인' 영역의 시 역시 '역사적 전유 체계(historical systems of appropriation)'나 '미적 동질성(aesthetic homogeneities)'을 지닌 시적 세계로 끝나는 경우가 많아, 결국 시를 통한 실천도 '이질성이 유지되는 조건'인 '비현실(unreality)'이 '우월한 현실(superior reality)'로 상승하거나 혹은 (사드에서와 같이) 최악의 저속함과 이질성을 유지함으로써 한층 더 강한 배설적 가치를 지니게 되는 두 가지 길이 있다(Bataille, 1985: 96~97).

려진다는 점에서 신체적으로 배설하는 찌꺼기나 사회적으로 배제되는 '낮은' 존재들과 구조적으로 유사하다. 하지만 오늘날의 쓰레기는 배설물이나 사체와 달리 부패하거나 썩어 없어지지 않기 때문에, 즉 생분해(biodegradable)되지 않고 영속하기 때문에 새로운 공포와 기괴한 매혹을 유발하는데, 그런 질적인 차이로 인해 배설물보다 한층 더 이질적이다.[6)]

현재 글로벌 자본주의 체제가 쓰레기나 폐기물을 처리하는 방식은 이질학적 접근에서 살펴본 바와 같은 사회적인 전유와 체계적인 배제를 그대로 보여준다. 이 글에서는 버려지는 것들을 총칭하는 용어로 '쓰레기'를 사용하고 있고, '폐기물'과 의미상 일정 부분 치환 가능한 것으로 기술하고 있지만, 사실상 두 용어는 사용역(register)에 따라 적지 않은 차이가 있어 이에 대해 언급할 필요가 있다.[7)] 우리가 흔히 '쓰레기'라 부르는 것은 삶 속에서 더 이상 쓸모나 가치가 없어 버려지는 일체의 것들이라 할 수 있는데, 이는 바타유가 자본주의 체제에서 '사회적 동질성의 기초'를 이룬다고 보았던 '생산'이나 '생산성'으로부터 벗어난 이질적인 것들, 즉 쓸모없고 무가치한 것으로 여겨져 버려지는 것들이라 할 수 있다(Bataille, 1985: 138). 오늘날 이러한 '쓰레기'는 사회적 규정에 의해 정의·분류되고 체계적으로 처리되며 '밖으로' 또는 '아래로' 밀려나거나 배제·소멸의 대상이 되는 이질적인 대상인데, 특히 법령에서는 이렇게 '버려지는 것들'을 총괄하여 '폐기물'로 규정하고 별도로 관리하도록 하고 있다.

---

6) 바타유는 이질적인 것이 혐오와 매혹을 동시에 유발하며, 바로 그로 인해 금기가 작동할 수 있다고 설명한 바 있다.

7) 일반적으로 사용역(register)이란, 특정한 언어의 사용 상황과 관련된 이형이나 변이를 뜻하는 것으로, 일상어와 전문어, 표준어와 비표준어, 금기어와 완곡어 등과 같이 언어의 사용 범위 및 담화의 장(field), 사용자 집단이나 담화의 모드(mode), 발화자의 태도나 담화의 양식(tenor)에 따라 달리 나타나는 변이형을 지칭한다. 쓰레기와 폐기물은 각각 일상어와 전문어에서 '버려지는 것'에 대한 이형 표현이라고도 할 수 있을 것이다.

우리나라의 경우, 환경법에 속한 '폐기물관리법'에 따르면, '폐기물'이란 "쓰레기, 연소재, 오니, 폐유, 폐산, 폐알칼리 및 동물의 사체 등으로서 사람의 생활이나 사업 활동에 필요하지 아니하게 된 물질"로 정의되어 있다.[8] 일반적으로 폐기물 처리 방안에는 재활용, 매립, 소각, 수출의 네 가지가 있다고 알려져 있지만(유승훈, 2021.4.27), 이에 대한 규정은 상당히 세밀하고 촘촘하다. 경제적으로 불필요하거나 사용가치를 다했다고 여겨지는 이 폐기물은 별도의 '수집, 운반, 보관, 재활용, 처분'을 포괄하는 '처리(treatment)'의 대상이 되고 있으며, 환경을 오염시키거나 인체에 해로울 수 있는 유해 산업폐기물은 특별 규제하여 분리 처리한다. 특히 처리의 마지막 노력은 궁극적으로 버려진 것들을 최대한 사라지게 하는 '처분(disposal)' 과정에 집중되는데, 이는 '폐기물의 소각, 중화, 파쇄, 고형화 등의 중간처분과 매립하거나 해역으로 배출하는 등의 최종처분'을 뜻한다.[9]

법적으로 규정된 용어인 '폐기물'이 과학적으로 분류되고 법제적으로 규제되며 체계적으로 처리되어 '건강하고 안전한' 삶의 영역으로부터 분리·처분되는 대상이라면, 좀 더 일상적으로 사용되는 용어인 '쓰레기'는 불결하고 더러운 것, 악취를 풍기며 썩어가는 것, 나아가 과학적 이성이나 합리적 관념의 체계에 포섭할 수 없는 대상 혹은 사회적으로 가치 절하된 존재나 '잉여인간' 등을 모두 망라한다. 주목할 점은, 앞서 본 것처럼 법령에서는 쓰레기를 폐기물 안에 포함하여 분류하고 있다는 것이다.[10] 즉, 일상어에서 다양한

8) 폐기물관리법(law.go.kr, 검색일: 2023.8.20). 우리나라의 폐기물관리법은 1986년 12월 31일에 처음으로 제정되었으며, 2022년 12월 27일 일부 개정되어 현재 시행 중이다. 총 7장 68조와 부칙으로 되어 있다.

9) 폐기물관리법(law.go.kr) 폐기물관리법 제2조 참조(검색일: 2023.8.20)

10) 법령에서는 '쓰레기'를 '폐기물'에 포함하여 정의하고 있지만 실제 사용되는 일상어의 차원에서 보자면 '쓰레기'가 훨씬 포괄적인 의미를 지니고 있다. 예컨대 '표준국어대사전'에서 '쓰레기'는 ① '못 쓰게 되어 내다 버릴 물건이나 내다 버린 물건을 통틀어 이르는 말', ② '도

의미로 쓰이는 '쓰레기'가 법적인 관리 대상인 '폐기물'이라는 전문어의 하위 요소로 분류되어 있다는 뜻인데, 바타유의 관점에서 보자면 이는 이질체를 동질화 체계 속에 포획하려는 시도이자 이질적인 것에 대한 개념적·과학적·사회적 전유의 일환이라 볼 수 있을 것이다.

법령에 따라 규정된 '폐기물'이라는 개념이 철저한 동질적 체계 내의 분명한 이질체로서 은유적 의미나 상징적 함의를 결여하고 있는 것과 달리, 일상에서 쓰이는 '쓰레기'라는 용어는 과학적 분류나 법제적 규정을 벗어나거나 거기에 동화되지 않는 원초적·감각적·문화적인 혐오 대상들을 포함한다. 후기식민주의와 환경문학을 연구하는 데이나 마운트(Dana C. Mount)가 언급하듯이 '쓰레기'라는 말은 그 자체로 그 대상을 가치 절하하고 체계 바깥으로 밀어내는 폭력성을 내포한다(Mount, 2015: 23~39). 쓰레기는 "그것이 가리키는 대상을 무언가 중요성을 지닌 어떤 것(something)에서 무가치하고 무용한 것(nothing)으로 전락시키는" 개념이기 때문이다(Mount, 2015: 24). 그것은 어떤 대상을 이질적인 것으로, 혐오스러운 존재로 탈바꿈시킨다. 하지만 지그문트 바우만이 피력한 바와 같이, 그 어떤 대상도 본래의 내재적 특성에 의해 쓰레기로 규정되지 않으며, 그 어떤 존재도 내적 논리에 따라 쓰레기가 될 수 없다(바우만, 2008: 50~51). 쓰레기는 그것을 무가치하고 무용한 것으로 만드는 외적 시스템에 의해 만들어지며, 따라서 언제나 관념적·법적 시스템에 의해 가치 있고 높은 영역으로부터 무가치하고 낮은 영역으로 밀려난다. 쓰레기는 외적으로 부과되는 사회적인 규정과 법규에 따라 배제되고 분류되

덕적, 사상적으로 타락하거나 부패하여 쓰지 못할 사람을 낮잡아 이르는 말'로 정의되며, '폐기물'은 '못 쓰게 되어 버리는 물건'을 지칭한다. 즉 폐기물은 쓰레기에 포함되는 하위 개념이다. 반면 법령에서는 '폐기물' 안에 쓰레기가 그 일부로 속해 있으며, 일상생활에서 버려지는 생활폐기물로 규정하고 있다. 하지만 쓰레기와 폐기물의 법령 내 정의 구분이 정확하지 않아서, 법령 규정과 달리 일상생활에서 쓰레기는 가정에서 나오는 것으로, 쓰레기 이외의 모든 것은 폐기물으로 이해되기도 한다.

며 제어되고 처분된다.

바타유가 주장하듯이, 이질학이란 결국 과학적·철학적 과정을 완전히 역전시켜 사유와 실천이 "전유의 도구이기를 그치고 배설에 봉사"하도록 하는 것이다(Bataille, 1985: 97). 우리는 동시대 미술에서 이러한 이질학적 실천, 즉 '쓰레기의 역습'에 가까운 이질적인 것의 배설과 동질적인 체제의 내파를 확인할 수 있다. 다음에서 우리는 동시대 미술이 사용하는 이질학적 전략과 그 확장된 실천을 살펴보고자 한다.

3. 동시대 미술의 이질학적 전략과 실천

실시간으로 진행되고 있는 동시대 미술을 완결된 총체처럼 제시하는 것은 불가능할 뿐만 아니라 바람직하지도 않을 것이다. 이에 우리는 버려진 쓰레기나 폐기된 존재들을 다루는 동시대 미술에서 현재 두드러지게 목도되는 가시적인 탐구 형식을 기술하고 주요 작업들이 집중적으로 제기하는 문제들을 분석함으로써 기존의 형식이나 경계를 넘어 새롭게 확장하는 영역들을 부분적으로 집중 조명하는 방식을 취할 것이다. 분석에 앞서 미리 개괄하자면, 동시대 미술은 글로벌 자본주의 체계에서 버려지고 폐기된 것들을 사물/매체, 자연/생태, 노동/흐름의 측면에서 탐구하고 현대의 고고학, 인류세와 생태학, 후기식민주의 등을 가로지르면서 다음과 같이 동질화된 체계를 교란하는 낯설고 이질적인 전략을 사용한다.

1) 복합 매체로서의 쓰레기: 동시대의 고고학적 탐사

"쓰레기는 궁극의 복합 매체다"(Ukeles, 2017). 미얼 유클리스(Mierle L. Ukeles)의 이 언급은 일상생활에서 쏟아지는 쓰레기가 그 물리적 현상 이면에 얼마나 복잡하고 다층적인 사회적·경제적·정치적 관계들을 담고 있는지를 단적으로 피력한 것이다. 유클리스 자신은 버려진 물건들을 매체로 사용하기보다 3절에서 다룰 쓰레기 청소와 '유지관리(maintenance)' 노동을 오랫동안 작업의 주제로 다루어 왔지만, 위의 지적처럼 쓰레기로 버려진 물건들은 오늘날의 사회경제적 상황과 복합적인 경험의 조건들이 새겨져 있는 '궁극의 복합 매체'다.

동시대 미술은 쓰레기라는 '궁극의 복합 매체'를 통해 현재에 대한 고고학적 탐사를 수행하는 전략을 사용한다. 버려진 것들을 주워 모으는 예술가들은 일상에서 쏟아지는 쓰레기를 작품의 주요 재료 및 매체로 전용하되 이를 고고학적 탐사에서 발굴한 '현재의 유물'처럼 다룬다. 말하자면, 근대 학문으로서의 고고학이 과거 인류가 남긴 물질적 자료나 유적을 발굴하고 조사하여 과거의 문화를 재구성하듯, 동시대 미술이 수행하는 고고학적 탐사는 오늘날 인류가 내다 버린 쓰레기와 폐기물을 실시간으로 발굴하고 그 유물/폐기물에 담긴 현재의 사회적·경제적·문화적 관계를 파헤친다. 특히 동시대 미술은 미셸 푸코가 정의한 바와 같은 고고학적 접근을 시도한다. 즉, 푸코가 설명한 바와 같이, 고고학적 분석과 기술(description)은 정합적인 언설을 통해 불일치·불연속의 모순들을 일관성과 연속성의 원리로 환원하는 동질적인 역사를 구성하는 것이 아니라, "다중적인 불화의 공간"이나 "상이한 대립들의 집합"에 주목함으로써 정합성이 아닌 "모순의 우위성"을 주장하고 나아가 화해의 지점을 찾기보다 "모순이 발생하는 장소(locus)" 자체를 가시화하는 방법을 구사한다(Foucault, 1972: 135~140, 155). 버려진 것들을 발굴하여 글로벌 자본주의의 다양한 지층을 파헤치고 파편화된 사회적·경제적·정치적 의미를 드러내는 이러한 동시대 미술의 고고학적 방법은 동질적으로 완결된 해석 대신 불연속적인 관계들의 분산과 조합을 강조한다는 점에서 분명 이질학적이다.

2012년 베를린과 뉴욕의 구겐하임 미술관에서 열린 가브리엘 오로스코

(Gabriel Orozco)의 전시 〈별자리(Asterisms)〉에서 산업폐기물이나 상품 쓰레기들은 동시대적 삶의 흔적을 담은 지표이자 유물로 제시되었다. 〈별자리〉 전시는 〈모래별(Sandstars)〉과 〈아스트로터프 성좌(Astroturf Constellations)〉라는 두 설치 작품을 선보였다. 〈모래별〉은 유네스코 지정 세계유산 지역인 멕시코 이슬라 아레나(Isal Arena)의 모래사장에서 수거한 1200여 점의 쓰레기와 기록사진으로 구성되었고, 〈아스트로터프 성좌〉는 뉴욕시 맨해튼의 피어 40(Pier 40)에 있는 2만 제곱미터의 인조 잔디 경기장에서 주워 모은 1200여 점의 쓰레기와 기록사진으로 이루어졌다.[11)]

오로스코는 〈모래별〉와 〈아스트로퍼프 성좌〉의 쓰레기를 수거한 위치를 각각 위도: 27°23′-27°59′N, 경도: 114°30′-114°55′W 그리고 위도: 40°43′46″N, 경도: 74°00′47″W로 정확하게 제시하고, 그곳에서 주워 모은 수천 개의 쓰레기를 미적인 변형이나 개념적인 변용 없이 최대한 실증적으로 진열하고 있다. 수거한 쓰레기에 가해지는 작업이라 한다면 그것들을 씻고 세척한 후 종류별, 형태별, 크기별, 색상별로 분류하여 열과 행을 맞추어 진열한 것 정도이다. 쓰레기 진열과 사진 배치를 관통하는 그리드 구성으로 인해 얼핏 체계적인 분류학(taxonomy)을 시도하는 것처럼 보이지만 사실상 전혀 그렇지 않다. 위계적 계통의 체계 속에서 종의 다양성을 설명하고 그 속에서 개체의 위치를 파악할 수 있도록 하는 전통적인 분류학과 달리, 세로축이나 수목형의 위계적인 계통 분류 대신 중심축이 없는 (또는 무수히 많은 축이 있는) 수평적인 격자 분류를 통해 모든 개체의 개별성과 중요성이 동등하게 부여된 배치를 따르고 있기 때문이다.

---

11) *Gabriel Orozco: Asterisms*, exhibition catalogue(New York: Guggenheim Museum, 2012). 'Asterisms'는 별자리 혹은 성군(星群)이라 불리는데, 흔히 성좌로 번역되는 'Constellations'가 국제천문연맹(IAU)이 인정하는 별자리인데 반해, 'Asterisms'는 연맹의 공인을 받지 않은 비공식적인 별자리 패턴을 뜻한다. 오로스코의 작품과 설치 장면은 https://www.guggenheim.org/exhibition/gabriel-orozco-asterisms에서 확인할 수 있다.

〈모래별〉과 〈아스트로터프 성좌〉는 2011년 말에 거의 동시에 시작된 후 유사한 작업 과정을 거쳐 진행되었지만, 그 결과물은 두 장소의 놀랍도록 상이한 특성들을 지표적으로 보여준다(Spector, 2012: 62). 전시는 바로 이 두 개의 상이한 지역, 상반되는 사회문화적 상황을 하나의 지구환경 속에서 비교하도록 만든다. 우선 〈모래별〉의 이슬라 아레나는 고래가 번식하고 겨울을 나는 고래 보호 구역이자 바다거북을 비롯한 수많은 멸종 우려종의 서식처로서 유네스코 세계자연유산 지역으로 등재된 곳이다. 이 보호 구역의 모래사장에서 오로스코가 수거한 쓰레기는 플라스틱 부표, 금속 나사, 건설 현장용 헬멧, 유리병, 백열전구, 스티로폼, 화석화된 두루마리 화장지 등 자연보호구역이라고는 믿기지 않는 수많은 산업폐기물과 상품 쓰레기들이다. 여기에는 시계 방향으로 순환하는 북태평양 환류를 타고 멀리 일본에서부터 밀려 온 쓰레기들과 거대한 쓰레기 섬들에서 떨어져 나온 썩지 않는 폐기물들이 포함되어 있다.[12] 반면, 〈아스트로터프 성좌〉는 맨해튼 서쪽 허드슨 리버파크의 피어 40에 있는 인조 잔디 필드, 즉 '아스트로터프'라는 플라스틱 잔디가 깔린 경기장에서 주워 모은 쓰레기 파편들의 집합이다. 균일한 크기와 높이로 다듬어져 감쪽같이 잘 정리된 자연 잔디처럼 보이는 인공 잔디 필드에서 오로스코는 멕시코 해변의 폐기물과는 완전히 다른 종류의 쓰레기들, 즉 머리핀, 동전, 지퍼 조각, 실뭉치, 씹다 버린 껌, 녹은 캔디, 담배꽁초,

---

12) 해류와 파도에 휩쓸려 녹슬고 벗겨지고 갈라지고 부서진 이 사물들에 대해 구겐하임의 수석 큐레이터 낸시 스펙터는 "엔트로피로 쓰인 수필, 침식의 미학"이라는 은유적 표현을 쓰고 있다(Spector, 2012: 68). 하지만, 이 버려진 것들은 이중적인 의미에서 심미적인 접근을 상쇄한다. 즉, 한편으로 이 인공물들은 구체적인 경제활동이나 사회적 관계의 산물로서 일종의 고고학적 탐사의 포획물로 제시되어 있으면서도 동시에 기원도 출처도 알 수 없는 정체불명의 유물 집단처럼 진열되어 있어 심미적 기반을 약화시킨다. 다른 한편으로 멕시코 해변에서 수거한 쓰레기들은 전 지구적인 폐기물의 축적과 환경오염이라는 거대한 내러티브를 작동시키며 심미적 접근을 상쇄한다.

택시 영수증 등을 주워 모았다. 이것들은 인공 잔디 사이사이에 끼어 있어서 청소하지 못하고 그대로 남아 있었던 아주 작은 쓰레기로, 주로 가족 단위의 일반인들이 필드에서 이루어지는 스포츠 활동 중 잃어버리거나 무심코 버린 일상적인 도심 속 여가 생활의 잔재들이다.[13] 〈모래별〉과 〈아스트로터프 성좌〉는 '별자리'의 우주적 스케일과 개개인의 일상생활이라는 소우주적 스케일을 교차하면서 멕시코의 자연보호구역 해변과 뉴욕 소시민의 생활환경을 쓰레기라는 지표적 유물을 통해 비교하도록 유도한다.

한편, 버려진 폐물을 동시대적 삶에 대한 고고학적 유물로 다루는 방식은 아티스트 듀오인 레비탈 코헨과 투르 반 발렌(Revital Cohen and Tuur van Balen)이나 중국 작가 송동(Song Dong)의 프로젝트에서도 조금씩 결을 달리하며 나타난다. 예컨대, 'e-waste'라 불리는 산업폐기물인 디지털 쓰레기를 매체로 사용하는 코헨과 발렌은 파산한 공장에서 기계, 컴퓨터, 설비 등 전기 및 전자 기기 폐기물(Waste from Electrical and Electronic Equipment: WEEE)을 수거한 후 분해한 부품을 진열하고 폐기물에서 채굴한 알루미늄(Al), 구리(Cu), 탄탈륨(Ta), 금(Au) 등을 다시 인공적으로 조합하여 제시한다.[14] 한편 송동의 2000년대 프로젝트 〈버릴 것이 없다(Waste Not)〉는 문화혁명의 모토였던

---

13) 피어 40 경기장은 실제로 오로스코가 아들과 함께 부메랑 던지기를 하며 여가를 보내던 장소였다. 멕시코의 이슬라 아레나는 2006년 오로스코가 엘 비스카이노(El Vizcaino) 고래 보호 구역에서 회색 고래의 뼈를 수거하여 거대한 뼈대 위에 연필 드로잉을 하여 설치 작업으로 발전시킨 〈이동성 모태(Mobile Matrix)〉를 작업하면서 방문했던 장소였다. 멕시코의 해변과 맨해튼의 피어 40은 지리적으로나 사회경제적으로 무관한 장소들이지만, 뉴욕에 거주하며 전 세계를 돌아다니는 멕시코 출신 작가의 매개에 의해 개인적·지구적 삶의 환경으로 연결되고 새로운 관계를 형성하게 된다고 할 수 있다. 앤 템킨은 작가가 전시 장소나 개인적인 방문을 계기로 프로젝트를 착안하고 진행하는 오로스코의 작업을 오로스코의 '포스트-스튜디오' 작업의 측면에서 설명한 바 있다(Temkin, 2009: 10~21).

14) 채굴한 알루미늄, 구리, 탄탈륨, 금을 인공적으로 접합한 코헨과 반 발렌의 작품은 https://www.cohenvanbalen.com/work/h-alcutaau에서 확인할 수 있다(검색일: 2023.8.20).

'物尽其用(물진기용; 물건은 저마다 쓰임의 가치를 최대한 발휘한다)'을 그대로 실천하며 살아온 조부모와 부모의 삶을 그들이 대대로 사용하며 물려준 물건들로 보여주되, 그들이 살았던 집을 "마치 고고학적 유적처럼 발굴하고 거기에서 나온 물건들을 유물처럼 진열하는" 방식을 취하고 있다(Boetzkes, 2019: 193). 특히 송동의 작업은 누군가에게는 더럽고 하찮은 플라스틱 쓰레기가 경제적 궁핍의 표식일 수도 있지만 또 다른 누군가에게는 가족의 의미, 절약 속의 풍요와 충만을 의미할 수 있음을 보여줌으로써, 앞 절에서 언급한 바와 같이 그 어떤 것도 자체의 내적 본질에 의해 '쓰레기'가 되지는 않는다는 점을 떠올리게 한다.

2) 인류세의 묵시록: 이질적인 죽음 혹은 혼성체의 수용

동시대 미술은 인류세와 지질학 및 생태주의 담론의 교차 지점에 '인간 유래(anthropogenic)' 폐기물을 위치시켜 자연과 문화, 생태와 사회의 이분법을 무너뜨리고 이를 이질적으로 뒤섞는 전략을 구사한다. 이를 통해 인간이 만들어 낸 쓰레기와 환경오염이 초래한 낯설고 공포스러운 '이질적인 죽음'을 직시하게 하거나 '플라스티글로머레이트(plastiglomerate)'와 같은 이질적인 유사-암석의 존재를 균질적인 과학적 담론 속으로 분출한다.

20세기에 쏟아진 인간 유래 폐기물 중 가장 유용하고 매력적이면서 동시에 가장 위협적이고 가공할 만한 것을 꼽는다면 단연 플라스틱이라 할 수 있는데, 동시대 미술은 이 플라스틱이라는 물질 혹은 일종의 '하이퍼오브젝트'를 통해 인류세의 이질적인 현재를 가시화한다. '하이퍼오브젝트(hyperobjects)'는 역사와 경제, 생물학과 양자물리학 등을 가로지르며 '객체지향존재론(object-oriented ontology: OOO)'에 기반한 생태철학을 이끌어 가고 있는 티모시 모턴(Timothy Morton)이 이론화한 개념이다(Morton, 2013). '초객체'로 번역되기도 하는 하이퍼오브젝트는 플라스틱이라는 이질적이고 복합적인 물질을 이해하는 데 상당히 유용하다. 하이퍼오브젝트는 '인간에 대해 상대적으로 [인간의 기준으로 보았을 때] 시간과 공간에 거대한 규모로 분포되어 있는 객체'다. 그것은 공간적으로 너무 멀거나 거대해서 혹은 너무 가까이 있거나 미세해서, 그 규모가 너무 거대하거나 혹은 너무 작아서, 또한 시간상 너무 길거나 혹은 순간적으로 너무 짧아서, 인간의 척도를 초과하는 대상이라 할 수 있다. 그것은 관계를 맺는 다른 존재에 항상 너무 가까이 달라붙어 있어서 '끈끈하고', 광대한 공간에 널리 퍼져 있어 '비국지적'이며, 인간의 시간 스케일과는 매우 다른 '시간적 파동'과 '고차원 위상'을 차지하고 있어 인간에게 비가시적지만, 동시에 객체들의 복합적인 상호 관계로 구성된 공간에서 '상호 객체적으로' 그 효과를 드러낸다.[15] 모턴이 하이퍼오브젝트로 언급하는 예 중 하나인 '지구온난화'를 떠올리면 이러한 하이퍼오브젝트의 속성을 확실하게 이해할 수 있다.[16]

언뜻 보면 플라스틱은 가시적이고 인간적인 기준에 철저하게 종속되어 있어서 인간의 인식이나 경험의 척도를 초과하는 객체로 여겨지지 않을지도 모른다. 하지만 모턴이 언급하듯이 하이퍼오브젝트는 거대한 생태계나 태양계일 수도 있고, 초미세한 플루토늄이나 우라늄 혹은 지구에 흩어져 있는 모든 핵물질의 총체일 수도 있으며, 스티로폼이나 비닐봉지처럼 오랫동안 지속되며 사라지지 않는 인공물일 수도 있다(Morton, 2013: 1). 실제로 플라스틱은 너무도 넓게 편재해 있어서 그 전체성을 파악하기 어려우며, 숫자로 제시되는 추상적인 기호를 통하지 않으면 결코 그 규모를 인식할 수 없

---

15) 모턴은 하이퍼오브젝트의 특징을 점성(viscosity), 비국소성(nonlocality), 시간적 진동(temporal undulation), 위상 조정(phasing), 상호객체성(interobjectivity)으로 설명하고 있다.

16) 모턴은 자연현상에 가까운 '기후변화(climate change)'가 아닌 인류세의 현상인 '지구온난화(global warming)'를 하이퍼오브젝트라 부른다. 같은 맥락에서 그는 '자연(nature)'이라는 용어 대신 '지구(Earth)'라는 단어를 사용하며, 기존의 자연 개념이 인간 중심적인 관념임을 보여주기 위해 대문자로 시작하는 'Nature'로 표시한다.

다. 한 마디로 우리는 플라스틱의 실체나 플라스틱이 초래하는 효과를 오직 복합적인 '관계 속에서' 전체가 아닌 부분적으로만 인지할 수 있다는 뜻이다.[17] 이에 따라 모턴이 인류세의 지질학적 지표로 제시한 탄소와 플루토늄 외에 실질적으로 플라스틱의 발명을 중요 지표로 넣어야 한다는 의견도 있다(Wallace, 2016: 123~154). 예컨대, 증기기관의 출현으로 석탄산업에서 나오는 탄소가 전 세계적으로 축척되기 시작한 1784년과 원자폭탄 투하로 플루토늄이 퍼지고 쌓이기 시작한 1945년은 더 이상 인간의 역사에 한정된 것이 아니라 지구의 역사인 지질학적 시대의 중요한 사건인데, 바로 이 두 시점 사이에 플라스틱의 시초인 열강화성 합성수지 '베이클라이트(bakelite)'가 발명된 1907년을 주요 사건으로 추가해야 한다는 것이다.[18]

동시대 미술은 플라스틱으로 대표되는 폐기물과 생태계의 다양한 개체들 사이의 복합적인 관계 속에서 출현하는 이질적 결과물을 탐구하고 제시함으로써 인류세의 어둡고 낯선 현재를 조명한다. 미국의 사진작가 크리스 조던(Chris Jordan)은 플라스틱이 야기한 낯설고 이질적인 생태계의 일면을 다큐멘터리 사진이나 디지털 이미지 및 영상으로 담아내는 대표적인 작가다. 전설의 새로 알려져 있는 앨버트로스가 새들의 자연 서식지인 북태평양의 미드웨이섬에서 플라스틱을 먹고 죽어가는 모습이 2009년 그의 사진과 영상으로 세상에 알려진 이후 그의 사진은 "인류세의 아이콘 이미지"라 불릴 정도로 세계적인 주목을 받으며 생태계 파괴에 경종을 울렸다(Boetzkes, 2019: 234).[19]

---

17) 모턴은 하이퍼오브젝트에 대한 논의가 '메타' 언어를 사용하는 '객관적' 담론이 아니며 현상학적인 생활세계를 다루는 것도 아니라고 강조하면서, 인간 개체(entity)의 물리적 경험과 심지어 사적인(personal) 기술에 기반하고 있다고 밝힌다. 이는 "오직 주어진 한 순간에 하이퍼오브젝트의 부분들만을 볼 수 있기 때문"이라고 설명한다(Morton, 2013: 3~4).

18) 플라스틱의 발명과 확산에 대해서는 Susan(2011a; 2011b) 참고. https://www.scientificamerican.com/article/a-brief-history-of-plastic-world-conquest/ (검색일: 2023.8.20)

19) 미드웨이섬의 죽은 앨버트로스를 기록한 사진 작업 〈Midway: A Message from the Gyre〉는

플라스틱 쓰레기를 먹고 죽은 앨버트로스의 사진에 담긴 인류세의 '이질적인 죽음'은 2016년의 영상 〈낙타 위결석(Camel Gastrolith)〉에서도 가감 없이 드러난다. 아라비아 사막의 두바이에서 발견된 죽은 낙타의 기이한 위 내용물을 담은 이 비디오는, 온갖 쓰레기가 뒤엉켜 돌처럼 단단해진 낙타의 위결석(gastrolith)을 마치 기념비적인 존재처럼 조명이 비추고 서서히 회전시켜 그 전모를 볼 수 있도록 한 3분 40초 길이의 짧은 영상이다. "500개 이상의 각종 플라스틱, 금속, 유리 파편으로 이루어진 초현실적인 이 덩어리"는 생명체의 배 속에서 발견되었을 것이라고 도저히 상상할 수 없는 낯설고 이질적인 모습이다.[20] 하지만 플라스틱을 먹고 죽은 앨버트로스나 쓰레기가 뒤섞인 낙타의 위결석은 한편으로는 인류 기원 폐기물에 의한 생명체의 '이질적인 죽음'을 증언하지만 다른 한편으로는 인류세의 생명체들이 생을 이어가는 '이질적인 혼성체로서의 생존'을 증명하기도 한다.

'플라스티글로머레이트(plastiglomerate)'는 인류세의 또 다른 이질적인 혼성체다. 플라스티글로머레이트는 불에 녹은 플라스틱이 화산암 조각, 모래 알갱이, 조개나 산호 파편 등의 유기물질과 결합하여 생성된 일종의 유사 암석 복합물로, 하와이의 카밀로 해변에 밀려든 이 혼성 개체들을 발견한 캐나

2009년부터 2025년 현재까지 계속되고 있다. 조던의 전체 작업은 https://www.beautyemerging.com/에서 확인할 수 있다. 조던은 플라스틱을 먹고 죽은 새끼 앨버트로스 사진들과 함께 인류세를 살아가는 이 새들의 생존기를 전 세계에 알렸다. 한 번 짝이 되면 60년 이상을 함께 사는 앨버트로스는 암수 번갈아 둥지의 알을 지키고 매번 1만 6000킬로미터 이상을 날아 배 안에 먹이를 담아 새끼에게 전해주는데, 그 먹이에는 플라스틱 조각, 독극물, 각종 쓰레기, 날카로운 것들이 가득해서 매년 수천 마리의 새끼 앨버트로스가 죽는다. 조던의 글과 앨버트로스의 생태에 대해서는 조던(2019) 참고.

20) 조던의 영상과 글은 http://www.chrisjordan.com/gallery/camel/#about에서 확인할 수 있다(검색일: 2023.4.25). 영상은 거대한 위결석 덩어리를 검은 배경의 턴테이블 위에 올려놓고 50MP Canon5DsR로 프레임 바이 프레임 촬영한 다음, 이를 고해상 비디오로 편집한 것이며, 사운드트랙으로는 네팔의 스탠딩 벨을 울려 그 공명을 조종처럼 추가했다.

다의 지리학자 코코란(Patricis Corcoran), 해양학자 무어(Charles Moore), 조형 예술가 재스박(Kelly Jazvac)이 고안한 용어다(Corcoran et al., 2014: 4~8).[21] '인류세의 표식'이라 여겨지는 이 새로운 유사 암석은 인공 재료(플라스틱)나 인공 과정(인간 유래 연소)에 의해 형성되었다는 점에서 암석이 아니지만, 모암(matrix)에 기공이 있고, 침식에 의한 조직(texture)을 지니고 있다는 점에서 자연 암석과 흡사한 암석이다(Corcoran and Jazvac, 2020: 6). 플라스틱과 유기물질이 뒤섞인 인류세의 이 이질적인 혼성체는 현재 하와이뿐 아니라 인도네시아, 미국, 포르투갈, 캐나다, 한국 등 전 세계 해안 지역에서 확인되고 있다. 첫 명명자에 속하는 재스박은 자신이 채취한 플라스티글로머레이트를 지속적으로 전시하고 있으며, 우리나라에서도 장한나 작가가 돌멩이가 된 해양쓰레기를 수집·탐구·전시하며 '뉴록(New Rock)' 프로젝트를 진행하고 있다.[22]

미드웨이섬에서 이질적인 생존과 죽음을 이어가는 앨버트로스나 전 세계 해안가에서 발견되는 낯설면서도 낯익은 플라스티글로머레이트는 끊임없이

21) 이들은 2020년 ≪네이처≫에 실린 글에서 플라스티글로머레이트가 새로운 암석 유형으로 잘못 알려졌으며 정확한 정의상 암석이 아니라는 점을 강조한 바 있다(Corcoran and Jazvac, 2020: 6~7). 한편 2019년에는 '파이로플라스틱(pyroplastic)'이라는 플라스틱 오염물이 영국 플리머스 대학의 환경과학자 앤드루 터너(Andrew Turner)에 의해 학계에 보고되기도 했는데, 이는 외관상 자갈이나 조약돌과 구분하기 어려울 정도로 변형된 플라스틱으로 육안으로 구분하기 어려운 '가짜 돌'이다(Stone, 2019). https://www.nationalgeographic.co.uk/environment-and-conservation/2019/09/new-plastic-pollution-formed-by-fire-looks-like-rocks(검색일: 2023.4.25). 국내에서는 2022년 김지환 작가가 제주 해안가에서 주워 모은 해양쓰레기와 파이로플라스틱을 전시한 바 있다(김나영, 2022.10.18). 플라스틱과 인류세 및 동시대 미술에 대한 국내 주요 연구로는 백승한(2021: 6~39)이 있다.

22) 장한나 인터뷰, 「예쁜 쓰레기는 용서가 되나요?」, ≪코스모폴리탄≫(2021.4.7), https://www.cosmopolitan.co.kr/article/54252 (검색일: 2023.8.20); 장한나 인터뷰, 「쓰레기일까요? 오브제일까요? 뉴록(New Rock) 프로젝트」, ≪SK텔레콤 뉴스룸≫(2021.11.8). https://news.sktelecom.com/172242 (검색일: 2023.8.20)

회귀하는 폐기물 속에서 생존과 사멸이 기이하게 '얽혀 있는 현실(the reality of entanglement)'을 증명한다(Boetzkes, 2019: 237). 이러한 이질적인 혼성체를 다루는 동시대 작가들의 작업에서 눈에 띄는 것은 혼성적인 복합체를 단순히 혐오와 공포의 대상으로 제시하기보다, 경악이 뒤섞인 슬픔과 경이로움이 깃든 매혹이 공존하게 함으로써 한층 더 복합적인 이질학을 실천한다는 점이다. 크리스 조던이 자신의 디지털 이미지 작업에 붙였던 '견딜 수 없는 아름다움(intolerable beauty)'이라는 제목은 아마도 인류세의 혼성체를 다루는 동시대 미술 작업에도 무리 없이 적용될 수 있을 것이다(Jordan, 2005).[23]

3) 파열 속의 공존: 폐기물의 흐름과 노동의 가시화

동시대 미술은 '폐기물의 흐름'을 중심으로 무차별 자원 채굴에 의한 저개발국의 황폐화, 후기자본주의 폐기물의 전 지구적 영토 이동, 나아가 감추어진 폐기물 처리 및 재생 노동을 가시화하는 전략을 사용한다. 이러한 동시대 미술 작업은 식민 지배하에서 황폐화된 후 버려진 '폐기된 영토(waste land)'를 역사적으로 다시 되돌아보거나 북반구의 폐기물 수출로 신식민지가 된 남반구의 현실을 비판적으로 가시화함과 동시에 피폐한 영토에서 그 버려진

---

23) '견딜 수 없는 아름다움'은 예컨대 장한나의 〈뉴록〉 시리즈의 '예쁜 쓰레기'나 조던의 〈낙타 위결석〉의 그로테스크한 기념비성뿐 아니라 무한한 가소성과 생분해되지 않는 영속성을 지닌 플라스틱 자체가 야기하는 양가적인 감응이라 할 수 있을 것이다. 한편 조던은 이와 관련하여 "아름다움과 공포의 기이한 조합은 나에게는 우리 시대의 소비주의에 대한 강력한 은유로 작용한다"라고 밝히면서, 동시에 "아름다움이야말로 [생태 위기와 같은] 불편한 영역으로 관람자를 끌어들일 수 있는 매우 유용한 도구"이며 "섬세한 세부와 색상으로 보는 이를 끌어들여 더 깊은 메시지가 파고들 수 있도록 주의를 집중시키는 것이 나의 희망이다"라고 설명한다. Chris Jordan, interview with Jörg Coldberg, "Intolerable Beauty", *Orion Magazine*(March/April 2007). https://orionmagazine.org/article/intolerable-beauty/ (검색일: 2023.8.20)

쓰레기와 함께 이루어지는 소생과 가치 변용을 드러냄으로써 이질적인 공생의 가능성을 탐구하기도 한다. 특히 이를 담론화하고 실천적으로 개입하는 동시대 미술은 전체적으로 후기식민주의의 심화와 일상 세계의 식민화를 비판하는 입장을 취한다.

미셸 세르(Michel Serres)의 『정결한 악행: 오염을 통한 전유?(Malfeasance: Appropriation Through Pollution?)』는 바타유가 이질학에서 논의했던 생리적 배설과 전유 및 배제의 논리를 글로벌 자본주의 시대의 폐기물 배출 및 영토의 식민화에 연결하여 바라볼 수 있도록 해준다(Serres, 2011).[24] 세르에 따르면, 자연계에서 육식성 포유동물은 오줌을 싸거나 분변을 배설하여 자신이 지배하는 영역을 표시한다. 동떨어진 이야기로 들릴 수도 있지만, 누군가 수프나 샐러드에 침을 뱉어서 남이 먹지 못하게 하고 그것을 자기 소유로 만드는 것도 같은 이치다. 즉 장소나 영역과 같은 대상의 '전유는 오염을 통해서 일어나며' 이 오염은 일차적으로 동물 자신으로부터 나온 것, 즉 온전히 그 자신의 것인 자신의 배설물에 의해 행해진다는 것이다(Serres, 2011: 1~4). 동물이 배설물을 남겨 영역을 표시하고 그 장소를 전유하는 것처럼 인간은 수프에 침을 뱉는 행위를 넘어 물건에 로고를 붙이고 서류에 서명(흔적)을 남김으로써, 즉 '표시를 남기고 오염시킴으로써' 소유권을 주장하고 대상에 대한 전유를 확보한다. 더 나아가 자본주의 사회는 고체, 액체, 기체 상태의 쓰레기와 폐기물을 배출하는 경질 오염(hard pollution)과 문자, 이미지, 로고, 광

24) 2008년에 출판된 불어 원전의 제목은 'Le Mal propre'이다. 'Le Mal propre'는 영어로 'the clean evil' 혹은 'the evil proper'라는 뜻을 지닌 일종의 모순어라 할 수 있는데, 책의 내용을 반영하여 우리말로 옮기자면 '정결한 악', '청결한 악행' 등이 될 것이다. 영역본의 역자는 이 불어 제목을 한 단어로 줄인 'malpropre'의 의미(부정직한, 비열한, 더러운)를 살리기 위해 '비행, 나쁜 짓, 더러운 행위' 등의 뜻을 지닌 'malfeasance'로 번역했다고 밝히고 있다. 이 글에서는 책의 제목을 '더러운 짓'으로 번역할까 고민하였으나 불어 원전의 제목을 살려 '정결한 악행'으로 옮겼다.

고, 소리 등 과잉 메시지를 배출하는 연질 오염(soft pollution)을 통해 환경을 오염시키는 방식으로 영역을 소유하고 영토를 전유하며 지구를 지배한다(Serres, 2011: 32~47).[25] 요컨대, 자연계의 동물과 인간 사회 모두 배설/배출을 통해 영역을 표시하고 '오염을 통해 공간을 전유'한다는 것이다.

그러나 세르가 지적하듯이, 자본주의 시대의 폐기물 배출과 환경오염을 통한 인간의 영역 전유는 두 가지 점에서 동물의 세계와 다르다. 첫째, 인간 사회에서 폐기물 배출을 통한 영역 전유는 실제로 그 영역을 소유하기보다 그 영토에 다른 이들이 살 수 없도록 배제함으로써 이루어진다(혹은 '불가촉천민'에 가까운 이들만이 그곳에 살도록 만든다). 둘째, 과잉 생산과 과잉 소비에 의해 오염이 증가하는 후기자본주의 사회에서는 부유한 자가 가난한 자보다 쓰레기를 더 많이 배출하고 그만큼 더 많이 오염시키며, 마찬가지로 부유한 국가가 가난한 국가에 산업폐기물을 배출하고 '덤핑'함으로써 그 영역을 오염시켜 전유한다(Serres, 2011: 43~49). 결국 이 두 특성을 종합하자면, 북반구의 부국은 남반구의 빈국에 쓰레기와 폐기물을 배설/배출하여 오염시킴으로써 그 영토를 전유하지만, 동물들처럼 그 영토를 직접 지배하고 사용하는 방식으로 전유하는 것이 아니라 그 장소에 대한 접근이나 소유를 배제하고 그 영토를 사용할 수 없게 만드는 방식으로 간접 지배하며 전유한다는 것이다. 실제로 국가 간 폐기물 거래 전면 금지를 주장하는 바젤행동네트워크(Basel Action Network: BAN)의 조직자 짐 퍼킷(Jim Puckett)이 지적한 것처럼, 글로벌 자본주의 시대에 '유독성 폐기물은 언제나 가장 저항이 적은 경제적 경로를 따라 흘러내리며' 예외 없이 사회적인 소외 지역에, 경제적인 빈국에, 정치적인 약소국에 버려지고 축적된다(Puckett, 2002; Srinivasan에서 재인용).[26]

25) 생명체(bio)와 지구(gea)를 합쳐 세르가 고안한 '바이오지아(Biogea)' 개념과 이에 대한 과학적·생물학적·사회학적 인식 방법 및 바이오지아의 오염과 위기에 대한 분석에 대한 설명은 Johnson(2021: 459~469) 참조.

일찍이 1970년대 초부터 쓰레기 처리와 위생 관리 노동을 포함한 청소 노동을 중점적으로 다루어 온 미얼 유클리스의 프로젝트에 대해서는 이미 많은 연구가 있으므로 이에 대한 상세한 설명은 불필요해 보인다. 다만 간단하게나마 언급하고자 하는 것은, 유클리스의 '청소 관리 예술(maintenance art)'이 뉴욕시의 폐기물 처리와 공공 위생 관리를 위한 비가시적 노동 영역으로 직접 들어가 사회적 폐기물의 흐름과 청소부(sanman)의 노동을 가시화하며 그들과 연대하는 작업으로 이어졌으며, 2000년 이후에도 맨해튼의 쓰레기 매립지 프레시 킬스(The Fresh Kills Landfill)의 폐쇄와 재개장 및 복원에 관련된 프로젝트 등을 진행하며 폐기물의 흐름과 처리 노동의 사회적 인프라 구조를 문제화하고 있다는 점이다.[27] 한편 나이지리아 출신인 오토봉 엔캉가(Otobong NKanga)는 2015년 영상 작업 〈그린힐의 잔재(Remains of the Green Hill)〉에서 오랜 채광 산업 후 폐허가 된 서아프리카 나미비아의 추메브 광산을 작가의 퍼포먼스 영상과 기록사진으로 담았다. 구리와 석영 외에도 수백 종의 천연 광물 보유지였던 추메브 탄광의 그린힐은 1907~1996년에 걸쳐 광산 개발과 채굴이 진행되었고, 독일의 식민 지배하에서는 원주민의 강제 노동이 이루어지기도 했던 지역이다. 엔캉가는 한때 번성했던 지역이 이제는 완전히 고갈되어 깊게 파인 거대한 분화구만을 상처처럼 안고 있는 현장을

26) "Toxic waste will always run downhill on an economic path of least resistance"라는 퍼켓의 언급은 지그문트 바우만 등 국가 간 폐기물 덤핑 금지를 촉구하는 많은 비판적 이론가들이 자주 인용하고 있다.

27) "Maintenance Art Works Meets the Department of Sanitation, 1977~1979"는 자신의 '유지 관리 예술'을 뉴욕시 위생관리국(DSNY)과 연결하여 공공 프로젝트 예술을 시도한 초기의 사례다. 스케치북 종이 다섯 페이지에 걸쳐 해당 프로젝트에 대해 남긴 글과 드로잉에는 1970년대 말 당시 이미 "뉴욕시에서 매일 2만 3000톤의 쓰레기가 배출"되며 이를 "1만 명의 청소부가 수거·처리하고 있다"라고 적혀 있다. 유클리스는 1970년대 후반에 뉴욕시 위생관리국의 영구 입주 작가(permanent artist in residence)로 등록한 이후 50년 가까이 위생관리국 연계 작가로 활동하고 있다(Phillips et al., 2016: 91~97).

발견하고, 폐허가 된 그린힐에 바치는 퍼포먼스를 행한 후 탄광의 마지막 현장소장과의 인터뷰를 진행했다.[28] 엔캉가의 작품은 쓰레기로 버려지는 생활용품과 디지털 기기의 재료를 채굴하기 위해 아프리카를 비롯한 남반구 국가들의 영토가 무자비하게 훼손된 역사와 결국 폐쇄되어 그 영토 자체가 쓰레기나 폐기물이 되어버린 현재를 교차시킨다.

파키스탄의 영상 작가인 히라 나비(Hira Nabi)의 영상 〈땅끝에서 소멸하는 모든 것(All That Perishes at the Edge of Land)〉(2019)은 남아시아에서 가장 큰 폐선박 해체 지역인 파키스탄 남서부 가다니(Gadani) 해변의 현실을 보여준다. 31분 길이의 이 영상은 가다니 해변을 배경으로 버려진 대형 화물선을 분해하고 해체하는 노동자들의 삶과 열악한 노동환경, 생존과 죽음이 공존하는 현장, 죽은 배의 목소리를 들려주는 오션 마스터(Ocean Master)라는 가상의 존재가 공존하는 다큐-픽션이다.[29] 작가는 「선박을 해체하는 15단계」라는 글에서 노동자들과의 대화를 기록하는 한편 "배들은 어디로 가서 죽는가"라는 시적인 질문과 함께 글로벌 자본주의를 이끌어 가는 북반구의 탈산업화와 쓰레기로 살아가는 남반구의 폐기물 산업이 바다를 중심으로 연결되어 있음을 보여준다. 이처럼 동시대 미술은 폐기물을 처리하는 감추어진 청소 노동을 가시화하는가 하면, 식민지 시기 광물 채굴에 의해 그 자체로 폐기된 영토가 되어버린 제3세계의 상황을 증언하고, 글로벌 자본주의 시대에

---

28) Museum Tinguely, *Territories of Waste*, pp.88~91. 엔캉가의 퍼포먼스는 폐허가 된 거대한 분화구에서 진행한 것으로, 어둠에서 서서히 새벽으로 이어지는 시간에 작가가 거대한 구멍의 가장자리에서 머리에 돌을 얹고 균형을 잡는 포즈를 취하다가 돌을 구멍으로 던지는 퍼포먼스다. 〈그린힐의 잔재〉 비디오는 이 퍼포먼스와 이를 플레이백으로 돌려 돌이 다시 머리 위로 날아오르도록 한 장면을 이어 편집한 짧은 영상이다. https://vimeo.com/138512715에서 짧은 트레일러 영상을 볼 수 있다(검색일: 2023.8.20).

29) https://vimeo.com/322826405에서 작품의 짧은 트레일러 영상을 볼 수 있다(검색일: 2023.8.20)

'가장 저항이 적은 곳으로 흘러내린' 폐기물을 위태롭지만 유일한 생존의 기반으로 살아가는 '파열 속의 공존'을 보여준다.

4. 이질적인 존재로 살아가기

이상의 논의를 통해 우리는 동시대 미술이 폐기물의 경제, 생태, 정치, 문화가 복합적으로 교차하는 이질적인 시공간을 드러내고 나아가 그 안에서 이루어지는 관계, 저항, 연대를 가시화함으로써 글로벌 자본주의 체제에 대한 이질학적 이해와 실천의 가능성을 제시하고 있음을 확인할 수 있었다. 특히 본 논의에서는 '버려진 것들의 회귀'를 주제화하는 동시대 미술이 첫째, 고고학적 탐사와 유물의 분류 작업을 들여와 쓰레기에 새겨진 동시대적 삶의 다양한 층위와 잠재된 연결을 드러내는 전략, 둘째, 생태 파괴와 지구환경의 급속한 변화에 주목하는 인류세의 관점에서 생분해되지 않는 플라스틱이 초래한 이질적인 죽음과 기이한 혼성체들을 가시화하는 전략, 셋째, 과거의 식민주의 역사가 글로벌 자본주의의 신식민화로 이어지는 남반구의 현실에 주목하고 자원의 고갈, 폐기물의 흐름, 폐기물 처리 노동을 직시하도록 유도하는 전략을 사용하고 있음을 보았다. 물론 이러한 전략들은 버려진 쓰레기와 폐기된 존재들을 다루는 동시대 미술 실천의 일부만을 조명한 것이라 할 수 있다. 이에 현재진행형으로 펼쳐지는 동시대 미술이 새롭게 문제화하는 주제와 영역에 대한 후속 연구와 개별 작가들이 시도하는 이질적인 비/형식의 실천 및 구체적인 작품에 대한 분석이 이어져야 할 것이다.

매일 더러운 쓰레기를 치워 하루하루 깨끗한 도시로 거듭나는 레오니아는 아름다운 가상의 도시가 아니라 거대한 쓰레기 성벽 안에서 안위하는 위험천만한 도시다. 레오니아 성벽의 경계 넘어 세계 전체가 수많은 쓰레기 분화구로 이루어져 있는 이 거대한 제국은 실로 픽션의 세계가 아니라 바로 우리가 지금 살고 있는 현실 세계다. 오늘날 매일 쏟아져 나오는 쓰레기는 사용가치를 다해 폐기된 것들, 의도치 않게 버려진 것들이 아니다. 일회 사용 후 버려지는 쓰레기가 대부분이며 사용하지도 않고 폐기되는 것들도 상당하다. 단기간에 폐물이 되도록 설계된 제품들은 이미 모두 잠재적인 쓰레기이며, 땅에 묻히거나 대기와 바다로 흘러 나가는 독성 폐기물과 오염물질은 우리 몸 안에 들어와 우리 자신과 함께 사는 쓰레기다.

암울하고 위태로운 인류세에 어쩌면 우리는 무엇보다 우리 자신이 이질적인 존재임을 깨닫고 이질적인 존재로 살아가는 방법을 모색해야 할지 모른다. 쓰레기를 밀어내고 깨끗이 치우는 행위가 결국 더 큰 오염을 재생산할 때, 우리의 삶과 문명의 향유가 지구를 황폐화하고 또 다른 이들의 삶을 식민화하며 이루어질 때, 우리는 인식과 실천의 대전환이 절실하게 필요함을 느낀다. 쓰레기 재사용이나 분리수거를 넘어 사회적으로 퇴비화 시설을 갖추고 생분해 플라스틱을 개발·사용하는 것은 전환을 위한 작은 첫걸음이 될 것이다. 전유와 배설이 필연적으로 동시에 일어나는 과정이라면, 우리는 우리가 배설한 것과 함께 살아야 한다. 동시대 미술은 이질적인 것과 공존하며 우리 자신이 이질적인 존재로 살아야 함을, 또 그렇게 살아갈 수 있음을 역설한다.

참고문헌

김나영. 2022.10.18. ""돌이 아니라 플라스틱이라고?". ≪뉴제주일보≫. http://www.jejuilbo.net/news/articleView.html?idxno=192397 (검색일: 2023.8.20)

김우리. 2022. 「바타유의 이질학: 낮은 유물론에서 파시즘 분석까지」. ≪현대유럽철학연구≫, 제67집, 101~126쪽.

바우만, 지그문트(Zygmunt Bauman). 2008. 『쓰레기가 되는 삶들』. 정일준 옮김. 서울: 새물결.

백승한. 2021. 「플라스틱 어버니즘: 인류세, 어셈블리지, 그리고 도시」. ≪미학예술학연구≫, 제63집, 6~39쪽.

유승훈. 2021.4.27. "폐기물과 에너지의 선순환". ≪매일경제≫ https://www.mk.co.kr/news/contributors/9847345 (검색일: 2023.8.20)

장한나 인터뷰. 2021.4.7. 「예쁜 쓰레기는 용서가 되나요?」 ≪코스모폴리탄≫. http://m.newspic.kr/view.html?nid=2021040709000060209&pn=70&cp=b3Khd93q&utm_source=adpick&utm_medium=affiliate&utm_content=b3Khd93q&utm_campaign=2021040709000060209&apclid=43d7fe9x161775415508 (검색일: 2023.8.20)

장한나 인터뷰. 2021.11.8. 「쓰레기일까요? 오브제일까요? 뉴록(New Rock) 프로젝트」. ≪SK 텔레콤 뉴스룸≫. https://news.sktelecom.com/172242 (검색일: 2023.8.20)

조던, 크리스(Chris Jordan). 2019. 『크리스 조던: 아름다움의 눈을 통해 절망의 바다 그 너머로』. 허아람 편역. 인디고 서원.

칼비노, 이탈로(Italo Calvino). 2007. 『보이지 않는 도시들』. 이현경 옮김. 민음사.

폐기물관리법. https://www.law.go.kr/법령/폐기물관리법 (검색일: 2023.8.20)

Bataille, Georges. 1985. "'The Old Mole' and the Prefix *sur* in the Wods of *Surhomme and Surrealist*." trans. Allan Stoekl. *Visions of Excess: Selected Writings of Georges Bataille, 1927~1939*. Minneapolis: University of Minnesota Press. pp.32~52.

_____. 1985. "Base Materialism and Gnosticism." trans. Allan Stoekl. *Visions of Excess: Selected Writings of Georges Bataille, 1927~1939*. Minneapolis: University of Minnesota Press. pp.91~102.

_____. 1985. "The Use Value of D.A.F. de Sade(An Open Letter to My Current Comrades)." "The Psychological Structure of Fascism." trans. Allan Stoekl. *Visions of Excess*. Minneapolis: University of Minnesota Press. pp.91~102, 137~160.

Bataille, Georges et al. 1995. *Encyclopaedia Acephalica*, trans. Iain White London: Atlas Press.

Boetzkes, Amanda. 2019. *Plastic Capitalism: Contemporary Art and the Drive to Waste*. Cambridge and London: MIT Press.

Corcoran, Patricia and Kelly Jazvac. 2020. "The consequence that is plastiglomerate." *Nature Reviews*, Vol.1, January, pp.6~7.

Corcoran, Patricia L., Charles J. Moore, and Kelly Jazvac. 2014. "An Anthropogenic marker horizon in the future rock record." *GSA Today*, Vol.24, No.6, pp.4~8.

Foucault, Michel. 1972. *The Archaeology of Knowledge and the Discourse on Language*. trans. A. M. Sheridan Smith. New York: Pantheon Books.

Freinkel, Susan. 2011a. "A Brief History of Plastic's Conquest of the World." *The Scientific American* (May 29). https://www.scientificamerican.com/article/a-brief-history-of-plastic-world-conquest/ (검색일: 2023.8.20)

_____. 2011b. *Plastic: A Toxic Love Story*. Boston and New York: Houghton Mifflin Harcourt.

Guggenheim Museum. 2012. *Gabriel Orozco: Asterisms*, exhibition catalogue. New York: Guggenheim Museum.

Johnson, Peter. 2021. "The Inclusive Philosophy of Michel Serres for Our Time of Crisis." *Environmental Humanities,* Vol.13, No.2, pp.459~469.

Jordan, Chris. 2005. *Intolerable Beauty: Portraits of American Mass Consumption*. Self published.

_____. 2007. Interview with Jörg Coldberg, "Intolerable Beauty." *Orion Magazine* (March/April). https://orionmagazine.org/article/intolerable-beauty/ (검색일: 2023.8.20)

Morton, Timothy. 2013. *Hyperobjects: Philosophy and Ecology after the End of the World*. Minneapolis: University of Minnesota Press.

Mount, Dana C. 2015. "Garbage and the Politics of Mixing, in Wolf, Ravishankar, and Sen's Trash! On Ragpicker Children and Recycling." *Resilience: A Journal of the Environmental Humanities*, Vol.2, No.3, pp.23~39.

Museum Tinguely. 2022. *Territories of Waste: On the Return of the Repressed*. exhibition catalogue. Basel: Museum Tingeuly.

Phillips, Patricia C. et al. 2016. *Mierle Laderman Ukeles: Maintenance Art*. New York: Queens Museum.

Serres, Michel. 2011. *Malfeasance: Appropriation Through Pollution?* trans. Anne-Marie Feenberg-Dibon, Stanford: Stanford University.

Spector, Nancy. 2012. *Gabriel Orozco: Asterisms*, exhibition catalogue, New York: Guggenheim Museum.

Srinivasan, Prasanna. 2002. "Let the Trade in Waste Continue." *Wall Street Journal* (Dec. 16).

Steinhauer, Jillian. 2017. "How Mierle Laderman Ukeles Turned Maintenance Work into Art." *Hyperallergic* (Feb. 10). https://hyperallergic.com/355255/how-mierle-laderman-ukeles-turned-maintenance-work-into-art/ (검색일: 2023.8.20)

Stone, Madeleine. 2019. "New plastic pollution formed by fire looks like rock." *National*

Geographic (Sept. 8). http://www.nationalgeographic.co.uk/environment-and-conservation/2019/09/new-plastic-pollution-formed-by-fire-looks-like-rocks (검색일: 2023.8.20)

Temkin, Ann. 2009. "Open Studio." *Gabriel Orozco*. New York: Museum of Modern Art, pp.10~21.

Ukeles, Mierle Laderman. 2017. "Maintenance Art Works Meets the Department of Sanitation, 1977~1979." cited in Jillian Steinhauer. "How Mierle Laderman Ukeles Turned Maintenance Work into Art." *Hyperallergic*. (2017, Feb. 10), https://hyperallergic.com/355255/how-mierle-laderman-ukeles-turned-maintenance-work-into-art/ (검색일: 2023.8.20)

Wallace, Molly. 2016. "Letting Plastic Have Its Say; or, Plastic's Tell." *Risk Criticism: Precautionary Reading in an Age of Environmental Uncertainty*. Ann Arbor: University of Michigan Press, pp.123~154.

04

오염되어 버려진 존재들*

원폭소설로 보는 혐오 정동의 증식과 디스토피아 문학

이지형

1. 디스토피아 문학의 조건과 원폭문학

이 글에서는 일본 원폭소설 작가 이노우에 미쓰하루(井上光晴, 1926~1992) 작품 속 혐오 양상에 주목해 혐오가 타자 간, 이질적 소수자 간, 이질적 공동체 간에 이식, 증식되는 양상을 혐오의 오염과 감염이라는 관점에서 분석하고자 한다. 이를 통해 원폭소설의 디스토피아 문학 규정 가능성도 더불어 타진하는 것을 이 글의 목적으로 한다. 이노우에 소설 중 혐오의 발생과 증식이 사회적 차별로 파급되는 구조를 생생히 보여주는 두 작품 『손의 집(手の家)』(1960), 『지상의 무리들(地の群れ)』(1963)[1]을 중심으로 살필 것이다. '혐오'의 정의는 결코 간단치 않지만[2] 이 글은 마사 누스바움(Martha C. Nussbaum)

---

* 이 글은 이지형, 「오염, 감염, 혐오: 원폭소설로 보는 혐오 정동의 증식과 디스토피아문학」, ≪한림일본학≫, 제90집(한림대학교 일본연구소, 2021)을 일부 수정한 것이다.

1) 『손의 집(手の家)』(1960), 『지상의 무리들(地の群れ)』(1963) 분석 텍스트는 각각 『井上光晴作品集』(勁草書房, 1965) 第2巻과 第3巻에 수록된 것을 사용하였다. 두 작품의 인용은 쪽수만 표기했으며, 번역은 필자가 하였다.

2) 혐오 정의의 간단치 않음은 '혐오' 범주로 번역 가능한 영어 단어만 헤아려도 쉽게 확인된

의 정의를 기본적으로 수용한다. 누스바움은 "혐오에 담긴 핵심적 사고는 자신이 오염될 것이라는 생각이며, 혐오의 감정은 자신을 오염시킬 수 있는 것에 대한 거부"(누스바움, 2015: 185~186)라고 밝힌 바 있는데, 이에 기초해 이 글에서는 혐오를 '주체와 대상의 분리가 전제되며 싫음과 미움을 포괄하는 복합적인 감정이자 정동(情動; affect)'으로 정의하고자 한다. 이를 통해 감정인 동시에 행위인 '혐오'에 내재된 물질성과 정동을 함께 고려하는 것도 이 글의 문제의식이다.

디스토피아란 무엇인가? 디스토피아(dystopia)는 흔히 반(反)이상향, 암흑세계 등으로 번역되며, '역(逆)유토피아', '반(反)유토피아'로 이해되는 것이 일반적이다. 디스토피아의 실제적·구체적 이미지를 제공한 것은 디스토피아 소설(dystopia fiction)이다. 유토피아 문학이 정작 그 창시자 토머스 모어(Thomas More)의 소설 『유토피아』(1516) 외에는 그 실체가 모호한 데 비해 디스토피아 문학은 대표적 작품으로 꼽히는 예브게니 자미아친의 『우리들』(1924), 올더스 헉슬리의 『멋진 신세계』(1932), 조지 오웰의 『1984』(1949) 등과 같이 그 존재감이 뚜렷하다. 이는 유토피아가 '현실에서 존재할 수 없는 이상적 세계'라는 그 정의 자체로 인해 실현 불가능성을 전제하고 있는 데 반해, 디스토피아는 현실 사회의 심화, 가속화하는 부정성이 디스토피아 문학 속에 실감 나게 그리고 선제적으로 담기기 때문이다.[3] 그런 점에서 가공의 이상향, 즉 유토피아(utopia)가 지향했던 균일한 질서와 합리성이 교란, 전복

다. disgust, hate, hatred, aversion, repulsion, misogyny, detestation, loathing 등이 그것이다. 또한 '혐오범죄'와 '증오범죄'가 명확한 구별 없이 혼용되고 있는 현실도 '혐오' 정의의 곤란함을 방증한다.

3) 디스토피아(dystopia)는 그리스어에서 유래한 장소를 나타내는 단어 'topos'에 나쁜, 곤란한 등의 의미인 'dys'가 결합되어 조어된 단어이다. 이에 반해 유토피아(utopia)는 그리스어의 '없는(ou-)'과 '장소(toppos)'가 결합된 조어인데, 'u'는 '좋은(eu-)'이라는 뜻을 연상케도 하므로 '존재하지 않는 좋은 장소'라는 양의적 해석이 가능해진다.

됨으로써 되레 인간의 자율성과 다양한 삶이 부정되는 세계인 디스토피아는 유토피아의 반대 개념이라기보다는 상관 개념에 더 가깝다. 따라서 유토피아의 본질이 실은 디스토피아 문학 속에 있다 해도 과언이 아니며, 그것이 미래가 아니라 철저히 현재/현실을 담보로 하고 있음도 부정할 수 없다. 이런 관점에서 보면 '미래' 이미지가 선행되는 디스토피아 문학의 범주를 현재계로 돌리어 좀 더 유연하게 사고할 수 있는 가능성도 열릴 수 있을 터이다. 이를테면 '리얼리즘 디스토피아 문학'이다.

엔도 도시아키(円堂都司昭)의 『디스토피아 픽션론(ディストピア·フィクション論)』(作品社, 2019)은 디스토피아와 디스토피아 문학의 내실을 가늠하는 데 시사적이다. 엔도는 디스토피아(문학)의 모티브를 감시와 관리, 권력과 동조, 전승과 분단, 신체와 젠더, 환경과 전쟁, 언어 등의 키워드로 구분해 주요 디스토피아 문학을 소개하면서 굳이 "디스토피아 설정을 하지 않은 작품일지라도 관련 모티브를 포함하는 작품의 경우는 적절히 언급하겠다"(円堂都司昭, 2019: 14)라고 밝히고 있다. 이는 SF, 근미래 등과 같은 디스토피아 문학의 전형화된 이미지나 설정이 아닌 경우에도 그 문학의 본질을 공유한 작품이라면 같은 범주에서 함께 논하는 것이 생산적이라는 의미로 이해할 수 있다. 그중에서도 환경과 전쟁, 신체와 젠더 등의 모티브는 핵전쟁, 3·11 동일본대지진, 코로나 팬데믹 등 일본과 세계가 연동하는 작금의 현실 그 자체와 오롯이 부합한다 해도 무리가 없다.

기실 코로나 팬데믹과 같은 최근 사안을 거론하지 않더라도 지구온난화, 미세먼지 등 기후, 환경 문제를 포함한 전 지구적 레벨에서 세계는 이미 '디스토피아적'이다. 저출산, 초고령화로 인한 인구의 급격한 감소 등과 같은 사회 내적인 문제도 공동체 지속가능성 여부와 직결되기에 디스토피아 상황과 결코 무관치 않다. 미래 구성원의 재생산 없이 공동체의 존속은 불가능하기 때문이다. 그뿐만 아니라 극단적인 부의 양극화로 인한 계층 갈등, 난민 문제에서 현저히 표출되는 인종·종교 갈등 등도 디스토피아의 내적 징후라 할 만하다. 이와 같이 21세기의 디스토피아 상황은 사회의 내부와 외부, 인간과 자연을 포괄하는 전 지구적 차원의 문제이다. 이때 위기 상황에 직면한 사회 구성원들의 불안과 분노는 내부의 취약한 존재들, 즉 소수자를 향한다. 코로나 감염 경로의 주변에 위치했던 아시아인, 성소수자, 노인 등이 팬데믹의 주범인 양 공격 대상이 된 최근의 경험은 소수자를 향한 혐오 정동의 알기 쉬운 예시이다. 바이러스 감염보다 더 전파력이 강했던 것이 혐오와 증오의 정동이었던 것이다.

3·11 동일본대지진 이후 야기된 후쿠시마 주민들을 향한 혐오도 빼놓을 수 없다. 후쿠시마 제1원자력발전소 사고로 말미암은 방사능 오염 피해로 인해 삶의 터전 후쿠시마현을 떠나 낯선 타지에서 살 수밖에 없게 된 주민[4]과 그 아이들을 향한 타 지역민들의 혐오는 대재해라는 디스토피아의 동인이 '보통 사람들', 즉 비소수자를 어떻게 소수자로 전락케 하는지를 증명한 전형적 예시였다.[5] 대표적 공해병으로 유명한 미나마타병(水俣病) 환자 및 가족에 대한 차별과 혐오[6] 또한 산업화의 폐해인 환경오염에서 기인한 디스

---

4) 후쿠시마 제1원전 사고가 발생함으로써 2013년 3월 시점에서 후쿠시마현의 약 15.4만 명의 사람들이 다른 토지로의 피난을 강요받았고, 그 가운데 피난 지시구역 등으로부터의 강제 피난민 수는 약 10.9만 명, 자발적 피난민은 4.5만 명이라고 한다(사토 요시유키·다구치 다쿠미, 2021: 33 참고).

5) 야나기 고지(柳廣司)의 소설 『소토바코마치(卒塔婆小町)』(文藝春秋, 2015)는 후쿠시마 주민 혐오의 실상과 놀라운 반전의 귀결을 담아낸 작품이다. 후쿠시마 제1원전 사고로 인해 자신의 삶의 터전을 떠나 피난 생활을 할 수밖에 없게 된 젊은 엄마 다카노 야스코(高野靖子)는 타지에서의 차별과 소외에 힘겨워하다 험한 시위대에 합류하게 된다. 결국 자신에게 가해지는 혐오와 차별을 다른 마이너리티(재일조선인)에 대한 혐오와 차별로 돌려줌으로써 마음의 안정을 회복한다는 기묘한 결말은 현실 사회에서의 심각한 혐오 문제의 실상을 환기한다. 히비 요시타카(日比喜高)는 「배제형 사회와 마이너리티」, 『일본 전후문학과 마이너리티문학의 단층』(보고사, 2018: 418~423)에서 사회로부터 혐오받는 마이너리티와 다른 공동체 간의 기묘한 공감 관계의 한 양태로 소설 『사리탑 코마치』에 주목한다.

6) 미나마타병 관련 국내 연구로는 최근 발표된 이영진(2021)을 주목할 가치가 있다. 미나마

토피아 상황 그 자체라 할 만하다. 3·11은 다와다 요코(多和田葉子)의 『헌등사(献灯使)』(2014), 미나마타병은 이시무레 미치코(石牟礼道子)의 『고해정토(苦海浄土)』(1969)[7] 등의 대표적 소설을 통해 현실의 굴곡을 생생히 반영한 리얼리즘 디스토피아 문학의 전형을 제시하였다. 차별과 혐오가 소수의 예외적 존재들이 감내할 수밖에 없는 태생적 굴레가 아니라 환경, 재난 등 외부적·우연적 요인에 의해 언제든 누구에게나 닥칠 수 있는 보편적 문제임을 각인시켰다. 이와 같이 디스토피아 상황은 소수자를 더 엄혹한 곤경으로 몰아세울 뿐만 아니라 새로운 소수자를 만들어 내기도 한다. 이는 디스토피아 문학과 소수자 문학이 횡단적 관점에서 함께 논해질 수 있는, 논해져야만 하는 근거이기도 하다.

그렇기에 일본 근현대에서 디스토피아를 논할 때 첫손에 꼽아 마땅한 주제는 역시 히로시마·나가사키 원폭일 수밖에 없다. 아시아-태평양 전쟁의 종식을 위해 사용된 근대 문명과 과학의 결정체, 원자폭탄이 초래한 충격과 피해의 막대함은 당사자의 고통은 물론 그로 인해 야기된 내부의 차별과 혐오에 이르기까지 실로 측정이 불가능하기 때문이다. 일본의 전쟁책임 논의 등과는 별개로, '원폭과 그 이후'가 인간이 지향하는 균일한 질서와 합리성이 교란, 전복됨으로써 인간의 자율성과 삶의 다양성이 부정되고 예측 불가능성을 그 특징으로 하는 디스토피아의 속성을 오롯이 충족한다는 사실은 부정하기 어렵다. 대전쟁의 파국으로 껴안게 된 피폭의 역사는 디스토피아 상황이 소수자를 어떻게 양산해 내는지를 증명하는 극적인 예이기도 하다. 죽음에서 가까스로 생존한 피폭자들의 남은 생은 장애와 질환으로 점철된 고

타병 역사 개관, 사회구성주의 관점의 재구성, 미나마타병 소송 과정 및 결과와 현재적 문제점 등이 명료하게 정리되어 있어 매우 시사적이다.

7) 이시무레 미치코의 문학과 『고해정토』 관련 국내 연구로는 반근대성과 여성 언어에 주목한 오미정의 다음의 논문을 눈여겨볼 만하다(오미정, 2019a; 2019b).

통의 시간이다. 동시에 당사자뿐 아니라 그 가족과 주변인까지 혐오와 차별의 피해자로 전락했다. 원폭문학은 원폭으로 야기된 피해자들의 고난과 역경의 실상을 다양한 양태로 문학화했다.

원폭문학(原爆文學)의 엄정한 정의는 결코 간단치 않다. "원폭문학이라는 영역은 히로시마 원폭, 나가사키 원폭에만 주제를 한정하지 않는 확장적 전개를 통해 핵과 관련된 제 언설을 망라하는 형태로 작품과 연구를 축적해 왔다"(村上陽子, 2015: 15)라는 무라카미 요코(村上陽子)의 언급에서 드러나듯, 최근 들어 원폭, 핵, 원자력발전, 3·11 등을 모두 연계하는 창작 및 연구 경향[8]이 부각되고 있는 것도 그 한 이유이다. 그럼에도 불구하고 분명한 것은 히로시마·나가사키 원폭이 원폭문학의 시발점이라는 것, 그리고 일순간에 소수자가 된 원폭 피해자들의 신체와 정신에 각인된 고통에 주목하고 이후의 혐오와 차별 양상까지를 담아내는 원폭문학이 분명 일본 디스토피아 문학의 한 축을 구성하고 있다는 사실일 것이다.

---

8) 그 대표적 예로 3·11 동일본대지진 이후 새롭게 연구 대상으로 부각되기 시작한 '원발문학(原発文学)'이 있다. '원자력발전문학', '원자력발전소문학'이라는 의미의 '원발문학'은 3·11로 말미암은 후쿠시마 제1원자력발전소 사고 이후 새삼 원자력발전소를 무대로 한 작품들이 주목받으면서 그 존재감이 부각되었다. 3·11 직후에 출판된 柿谷浩一 編, 『日本原発小説集』(水声社, 2011)이 단적인 예다. 원자력발전소를 무대로 오락성이 가미된 경향의 '원발문학'은 그 배경에 히로시마·나가시마 원폭 외에도 미국 스리마일섬 원전 사고(1979), 체르노빌 원전 사고(1986) 등에서 기인한 핵, 원자력 공포가 자리 잡고 있다. 노사카 아키유키(野坂昭如), 미즈가미 쓰토무(水上勉), 이노우에 미쓰하루 등이 원발문학의 대표적 작가로 거론되는데, 이 글의 고찰 대상인 이노우에의 경우 『西海原子発電所』(1986), 『輸送』(1989) 등 작가의 출신 지역 규슈(佐賀현)에 소재한 겐카이(玄海) 원자력발전소를 염두에 둔 원발소설을 썼다. 井上光晴, 『西海原子発電所 / 輸送』(講談社, 2014)에 수록된 成田龍一, 「解説「被爆」と「被曝」をつなぐもの」를 참고할 것.

2. 원폭소설의 안과 밖

원폭문학은 '원폭에 관한 문학의 총칭'이라는 기계적 정의로는 도저히 담아낼 수 없는 복합적·다층적인 맥락을 내재하고 있다는 점에서 문제적이다. 원폭문학 연구의 기틀을 닦은 나가오카 히로요시(長岡弘芳)는 원폭문학을 "원폭 투하가 초래한 가시적인 것에 제한을 두지 않고 내부로부터 인간존재를 침식하고 위협하길 멈추지 않는, 그 사실을 제재로 하는 문학"(長岡弘芳, 1973: 3)인 동시에 "원폭이 초래한 일체의 악과 이와 대비되는 인간의 존엄을 추구하는 문학"(長岡弘芳, 1973: 155)으로 정의한 바 있다. 원폭문학에서 원폭의 가시적 피해 이상으로 그것에 내재된 "인간성과 사회의 와해를 이끄는 경이적인 힘"(金子章予, 2015: 9) 그리고 그것에 맞서 인간 존엄을 지키고자 고통과 상처를 대면하고 치유를 모색하는 '원폭 그 이후'가 더 중요한 문제임을 나가오카는 지적한다. 또한 이재석(李在錫)은 "「나」의 고통만이 아니라 「타인」의 고통도 문제시하는 것이 「원폭문학」"이며, "그 문제를 「내」가 수용하지 않으면 「원폭문학연구」는 시작될 수 없다"(李在錫, 2002: 104~106)라고 원폭 피해자라는 협소한 의미의 '당사자성'을 넘어서는 타자 간 공감과 성찰을 촉구한다. 원폭문학의 본원적 의의는 히로시마·나가사키 원폭에 그치지 않고 그 이후의 현대사회가 노정한 고통의 본질과 연동하는 접점에서 찾아야 한다는 이재석의 지적은 주목할 만한 가치가 충분하다.

이는 원폭문학을 공해병 문학, 포스트 3·11 문학 등과 함께 근대성의 교란과 전복, 예측 불가능성의 관점, 즉 '리얼리즘 디스토피아 문학'의 범주에서 논하고자 하는 이 글의 의도와도 상통하는 부분이다. 특히 원폭 이후의 혐오와 차별이라는 새로운 사회 문제를 사유하기 위해서는 피해 당사자를 넘어서는 확장된 보편적 당사자성 관점에서 접근하지 않으면 안 된다. 3·11과 그 이후를 통해 명확히 증명되었듯 불가항력적으로 언제든 엄습할 수 있는 핵과 원자력의 예기치 않은 공포로부터 안전지대는 존재하지 않기 때문이다.

이 글에서는 나가오카 히로요시의 정의를 계승해 '원폭문학'을 '원폭과 그 이후를 사회 안팎과 그 내부로부터 문제시하는 문학'으로 정의하고자 한다. 또한 원폭 피해 당사자와 비당사자 간의 공감이야말로 원폭문학의 본질이라는 이재석의 문제의식도 공유한다.

한편 원폭문학을 전혀 다른 관점에서 바라보는 시선 또한 존재한다. 원폭문학이 그 의도야 어떠하든 피폭의 참상과 고통을 알리는 역할을 수행해 일본의 피해의식을 확산하는 데 일조하는 것은 아닌가라는 경계의 시선이다. 전쟁의 적극적 수행자이자 가해자로서의 일본의 책임 문제가 피폭의 피해의식 뒤로 가려질 수 있다는 지적이다. '유일한 피폭국' 담론에 가리어 "일본의 식민지 지배나 침략전쟁의 책임이 희석"된다는 주장이기도 하다(심정명, 2021: 191).[9] 주로 일본 외부로부터 던져지는 이러한 시선은 현실의 일본 정부가 전쟁책임, 위안부 문제 등 과거 역사를 성찰적으로 사유하는 데 미흡하다는 문제의식과 궤를 같이한다. 이는 간과해서는 안 될 논점이자 그간 연구자들이 원폭문학 연구에 상대적으로 소극적이 될 수밖에 없었던 동향과도 무관하지 않은 지점이다. 다만 전술한 바와 같이 원폭 이후에 확산·심화된 혐오와 차별 문제를 통해 원폭문학의 의의와 보편성을 더 심구할 수 있다는 이 글의 입장에서 보면, 이와 같은 우려는 원폭문학 연구를 지양해야 할 이유가 아니라 더 전향적으로 수행해야 할 근거의 하나로 이해되는 바가 크다.

그러면 대표적 원폭문학 작품에 대해 간략히 살펴보자. 우선 종전 직후의 작품으로는 하라 다미키(原民喜)의 소설 『여름 꽃(夏の花)』(1947), 도우게 산키치(峠三吉)의 『원폭시집(原爆詩集)』(1951)을 꼽을 수 있다. 고향 히로시마의 형님 댁에 체류 중 피폭되었지만 운 좋게 생존한 하라 다미키가 피폭 직후 히

---

9) 같은 맥락에서 정향재 또한 "피해자의 입장에서 쓸 수밖에 없다는 것이 원폭문학의 '한계'" 라고 명시적으로 지적하고 있다(정향재, 「해설」, 『하라 다미키 단편집』, 정향재 옮김, 서울: 지식을만드는지식, 2017, 366쪽).

로시마의 참상을 자기 체험에 기초해 묘사한 단편소설 『여름 꽃』은 흡사 그 장면을 눈앞에서 보는 듯한 실감이 들 정도로 생생하다. 도우게 산키치 또한 원폭이 투하된 히로시마 폭심지로부터 불과 3킬로미터 떨어진 곳에서 피폭된 피폭 당사자이다. "인간을 돌려다오(にんげんをかえせ)"라는 처절한 제목으로도 알려진 그의 시 「序」는 애도와 진혼이라는 원폭 시의 주제를 상징적으로 보여준다. 원폭문학으로 인지도가 가장 높은 작품은 역시 이부세 마쓰지(井伏鱒二)의 『검은 비(黒い雨)』(1966)다. 원폭증(原爆症)이 발병해 혼담이 깨진 조카딸을 돌보는 피폭자 부부의 고난의 삶을 그린 이 소설은 원폭 생존자들에게 원죄처럼 덧씌워지는 피폭자 차별과 혐오의 실상을 여실히 보여준다. 원폭증으로 말미암은 질병과 장애보다도 피폭자들을 힘겹게 하는 것은 장애, 기형, 유전 등에 대한 불안과 공포로 인해 혼인 및 취업 대상 등에서 피폭자들을 원천 배제하는 엄혹한 차별과 소외의 실상이었다. 직접 피폭을 면한 줄 알았던 조카딸을 피폭케 한 것은 다름 아닌 원폭 직후의 '검은 비'였다.

그리고 피폭자에 대한 혐오와 차별을 논할 때 소환될 수밖에 없는 또 다른 작품이 바로 이노우에 미쓰하루의 원폭소설이다. 좌파의 진보적 작가이자 전후의 대표적 소설가인 이노우에는 만주 여순 출신이지만 규슈 사세보(佐世保)에서 성장해 나가사키 원폭을 간접적으로 경험하였다. 그가 원폭소설을 쓰기 시작한 것은 1960년대 들어서다. 이노우에의 대표 원폭소설로는 일본어로 창작된 원폭 관련 문학작품 일체가 총망라된 15권의 총서 『日本の原爆文学』(ほるぷ出版, 1983) 중 제5권에 수록된 소설 다섯 편[10]을 꼽을 수 있다. 그 중에서도 주목해야 할 작품이 『손의 집』(1960)과 『지상의 무리들』(1963)이다. 두 소설은 모두 피폭자에 대한 혐오의 실상과 차별의 구조를 혹독한 전후 사회를 배경으로 여과 없이 그리고 있다. 이뿐만 아니라 피폭자 외에 피

10) 나머지 세 작품은 『夏の客』(1965), 『母·一九六七年夏』(1967), 『明日-一九四五年八月八日·長崎』(1982)이다.

차별 부락민, 조선인, 하층민 등 다양한 마이너리티들이 뒤섞여 악다구니하며 살아가는 인간 군상의 생생한 점묘와 고발을 통해 혐오가 서로 다른 타자 간, 공동체 간에 이식, 증식해 가는 충격적 메커니즘을 냉정하게 포착하고 있다. 다음 절에서는 이노우에 미쓰하루의 소설을 고찰한다.

3. 오염, 감염, 혐오: 이노우에 미쓰하루의 원폭소설 『손의 집』

『손의 집』과 『지상의 무리들』은 피폭자에 대한 혐오와 차별의 실태를 폭로한 대표적 소설이라는 점에서 함께 거론되는 경우가 많다. 그뿐만 아니라 피폭자 이외에도 사회의 다양한 소수자들이 등장해 피해자와 가해자 관계가 교차·혼재되며 차별, 기피의 단계가 심화하는 과정, 차별의 동인으로서의 혐오가 증식되는 구조를 엄정히 직시해 여과 없이 그리고 있다는 점에서 특히 주목할 만하다. 원폭문학만이 아니라 마이너리티 문학의 관점에서도 간과할 수 없는 작품들이다. 『손의 집』에서는 피폭자 외에 가쿠레기리스탄(隠れキリスタン)이, 『지상의 무리들』에서는 피차별 부락민, 조선인 등이 등장해 피폭자와 함께 얽히고설키는 욕망과 가학/피학의 처절하고도 비참한 인간 군상의 이야기가 펼쳐진다.

『손의 집』은 이노우에 미쓰하루의 첫 원폭소설이다. 나가사키 인근의 외딴섬에 소재한 고아원 '손의 집'[11]에서 성장한 피폭 고아 여성의 결혼을 둘러싸고 전개되는 피폭자 차별 및 혐오의 실상을 묘사한 단편소설이다. 중심인물은 원폭으로 부모를 여의고 10대 초에 '손의 집'에 맡겨져 성장한 20대 여

11) '손의 집'이라는 명칭은 이탈리아 북부 산맥에 위치한 동명의 가톨릭 집단 시설 '손의 집'에서 유래했다. 그곳도 소설 속 기리마루(切丸) 부락과 마찬가지로 도자기 가마가 있고 신부와 신자들이 함께 항아리와 그릇을 굽는다고 한다(153쪽).

성 네 명이다. 시게노(重乃), 세이코(整子), 리에(りえ), 준코(順子)라는 이름의 그녀들은 준코를 제외하고는 모두 결혼을 했거나 앞두고 있다. 결혼을 앞둔 리에의 상견례와 혼인 승낙을 위해 신랑이 될 초등학교 교사 와지마(輪島)의 숙부가 섬을 방문하는 일을 전후해 부각되는 원폭증(原爆症)의 처참한 실태와 이에 연동하는 피폭자 혐오 및 차별 양상이 소설의 중심 사건이라 할 수 있다. 그도 그럴 것이 가장 연상인 시게노의 첫째와 둘째 아이가 모두 어려서 사망하고, 리에의 상견례에 때맞추어 세이코마저 첫아이를 임신 3개월 만에 유산하고 자신 또한 열흘 넘게 출혈이 멈추지 않다가 결국 죽음에 이르는 상황에 직면해 있었기 때문이다. 갓 태어난 아이가 죽고, 태아는 유산되며, 출산 여성의 피가 지혈되지 않는 '유혈병(とまらん病)'[12]까지, 이 모든 것들은 피폭자에게 발현되는 '원폭증'의 전형적인 증상이다. 이 때문에 와지마는 피폭자라는 사실을 숙부 앞에서는 숨기자고 약혼자 리에에게 제안하지만, 정작

12) 주로 여성 피폭자에게 확인되는 일명 'とまらん病(출혈이 멈추지 않는 병)'는 낙인처럼 신체에 각인된 원폭의 공포를 상징하는 증상으로서 원폭소설에 등장한다. '유혈병'은 'とまらん病'를 필자가 번역, 조어한 명칭이다. 유혈병은 이노우에의 다른 소설 『지상의 무리들』에도 등장한다. 여기서 '원폭증'의 개략을 정리하면 다음과 같다. '원폭증'은 원자폭탄 폭발로 발생한 건강장해의 총칭이다. 열과 폭풍에 의한 외상도 있지만 가장 심각한 것은 방사선장해로, 백혈병으로 불리는 혈액악성종양이다. 방사능이 골수에 영향을 미쳐 발생하는 혈액악성종양의 대표적 증상이 '출혈'이다. 소설 속 とまらん病도 출혈을 동반하는 급성 혈액악성종양으로 판단하는 것이 합리적이다. 그 외에도 심근경색, 백내장, 만성간염 등을 원폭증 증세로 들 수 있는데, 이러한 증상을 히로시마·나가사키 피폭 이후에 지니게 된 이가 국가 차원에서 '원폭증'으로 인정받기 위해서는 피폭 당시에 피폭지 혹은 그 인근에 있었다는 사실을 증명할 수 있는 객관적 증거가 요구된다. 이를 통해 인정 여부가 결정되는데, 예를 들면 백혈병 증세의 경우 '피폭 지점이 원자폭탄이 폭발한 폭심지에서 3.5킬로 이내에 있었던 자' 등이 공식적 '원폭증'으로 인정되어 국가의 보상과 지원을 받게 된다. 다만, 피폭 직후에 외견상 건강해 보였던 이들이 피곤함과 시력상실을 호소하다가 급사, 태아 등에 의한 장해의 대물림, 수십 년 후에도 안심할 수 없는 발병 등 정확히 측량할 수 없는 전방위적 범위에서 원폭증 증세를 호소하는 이들이 적지 않다. 심각한 피곤함과 만성 체력 저하 증세를 보이는 이른바 '原爆ぶらぶら病'도 대표적 피폭 후유증의 하나로 손꼽힌다.

리에는 세이코의 임종을 보기 위해 숙부와의 상견례 자리를 뜬다. 자기검열을 통한 개인의 안위나 행복이 아니라 인생을 동고동락한 친구와의 마지막 이별 대면을 선택한 것이다. 아이러니컬하게도 세이코가 리에에게 남긴 유언은 피폭 사실을 타인에게 절대 함구하라는 당부였다.

더욱 흥미로운 것은, 이들이 사는 기리마루(切丸) 마을이 실은 가쿠레기리스탄(隠れキリスタン) 부락이라는 사실이다. 1614년 도쿠가와막부의 가톨릭 금교령 이후 메이지 시대까지 250년 가까이 숨어 지내며 비밀 교회를 통해 자신들만의 신앙을 지켜온 '가쿠레기리스탄'은 정통 가톨릭교회와 우호적인 관계만은 아닌 사회의 마이너리티였다. 나가사키 가톨릭교회가 조성한 '손의 집'에 신부가 새로이 파견되어 고아원을 재건하려고 하자 주민들이 반발의 움직임을 보이는데, 그 기저에는 정통 가톨릭교회에 대한 가쿠레기리스탄의 반감과 피폭자에 대한 혐오가 중첩되어 있다고 볼 수 있다. 즉 "피폭자 차별과 가톨릭교회 내부 문제가 복합적으로 교차"(黒古一夫, 2005: 55)하는 양상으로 마을 주민들은 10년 이상 함께 동거동락해 온 피폭 여성들을 이제 소외하려고 한다.

> 세이코의 시신이 활활 불타오른다. "주인님, '손의 집'을 재건하러 나가사키에서 신부님이 오신다는데 어떻게든 단호하게 못 오시게 할 순 없을까요. 그렇지 않으면 다시 고아들을 엄청 데리고 오지 않을까요. 고작 네 명 왔을 뿐인데도 갓 태어난 아이가 죽고 산모의 피가 멈추지 않는 저런 소동이 벌어지는데, 여기에다 피폭 고아들을 더 데려온다면 정말로 우리 마을은 이웃 마을에서 혼인을 꺼려 하는 천민(エタ部落) 부락 취급을 받게 될 거라고 모두들 말합니다." 장례식이 일단락되자 구니사다(国定)는 도방 장인들 앞에서 불에 기름 퍼붓듯 세차게 속내를 쏟아내었다(159쪽).

위의 인용은 켜켜이 쌓인 혐오의 감정이 폭발해 노골적인 언어표현으로

가시화된 장면이다. 기미마루 마을의 수장이자 도자기 공방의 주인 기미마루 히로유키(切丸寛之)를 향해 쏟아낸 공방 장인 구니사다(国定)의 분노와 불만은 '손의 집'에 맡겨져 자신들의 섬에 오게 된 피폭 고아 여성들과 그녀들을 인솔한 가톨릭교회를 타깃으로 한다. 하지만 그 대상이 실은 피폭자에 대한 혐오의 분출구가 되어버린 피폭 여성들임을 "천민" 운운하는 앞의 인용에서 명확히 파악할 수 있다. 그들이 두려워하는 것은 불온한 신체의 소유자인 그녀들로 인해 '온전한' 자신과 자신들의 공동체마저도 같은 '무리'로 인식되어 차별과 기피의 대상으로 전락하는 것이다. 이러한 인식 속에는 '피폭자'를 '천민(エタ; 穢多)', 즉 피차별 부락민과 동일시하는 혐오의 정동이 작용하고 있다. "'손의 집' 여자들이 오고 나서는 불행한 일만 생겨"(157쪽)라고 저주하듯 혼잣말하는 노년의 여성이 실은 죽은 세이코의 시어머니라는 사실을 알고 나면, 혐오의 주체이자 가해자는 공동체의 외부가 아니라 내부 그리고 바로 주변에 함께하는 존재이기 십상임을 인정하지 않을 수 없게 된다. 젊은 여성의 비극적 죽음 앞에서 주민들은 애도가 아닌 자위와 혐오를 적극적으로 수행한다.

피폭 여성들에게서 문제가 되는 것은 바로 피(血), 혈액이다. 피가 지혈되지 않는 실제 증상부터 피폭자들의 피가 하얗게 변했다[13]는 몰이해까지, 혐오는 '피'라는 사람의 체액을 그 시발점으로 한다. 원폭이라는 근대과학의 괴물은 방사능이라는 '물질'을 통해 인간의 '생물학적 신체', 즉 피를 '오염(汚染; contagion)'시킨다. 오염된 신체의 피폭자들은 이제 혐오와 기피의 대상이 된다. 찰스 네메로프(Charles Nemeroff)와 폴 로진(Paul Rozin)이 제시한 오염의

13) 놀랄 만한 것은, 피폭자의 피가 하얗게 변색된다는 인식이 다름 아닌 피폭 여성 세이코를 통해 표출되었다는 점이다. 몰이해와 편견을 내면화한 혐오 당사자의 자기혐오 양상의 일단을 여기서 확인할 수 있다(""그때 '손의 집'에 온 이들은 모두 피가 하얗게 변했다는 것은 정말일까" 자신의 불안을 밖으로 드러낸 세이코가 아까와 같은 말을 했다", 148쪽).

두 가지 모델은 이 상황을 해석하는 데 시사점을 준다. 그 첫째는 물질적 요소, 둘째는 정신적 요소이다. 물질적 요소는 세척, 소독 등의 물리적 수단으로 제거 가능하지만, 정신적 요소는 영속성이 있어 제거가 불가능하다는 것이다(B.O.オラタンジ・D.マッケイ, 2014: 18).[14] 이처럼 혐오를 유발하고 혐오와 함께 발현되는 '오염'의 중요한 특징은 물질에서 정신적인 것(감정, 도덕)으로 이동한다는 점이다. 혐오의 이유는 '오염'이 야기한 결손과 손괴 양상이 물질적 차원을 넘어 존재론적 차원에서 자신들도 '감염'될 것을 두려워하고 불안하게 여긴 까닭이다.

법철학자 마사 누스바움은『혐오와 수치심』에서 윌리엄 이언 밀러(William Ian Miller)의 주장을 인용해 "혐오 속에 담긴 핵심적인 관념은 전염"(누스바움, 2015: 159)이라고 밝힌 바 있다. 혐오하는 자는 혐오의 대상을 전염성이 있는 오염물로 간주하며, "특정 대상 집단이 자신을 오염시킬 수 있다고 믿는 순간에 혐오는 그 집단에 대한 배제와 폭력으로 나아간다"(이현재, 2016: 34)라는 것이다.『손의 집』의 피폭 여성을 향한 주민들의 자위적 혐오 양상에서도 확인되듯, 감염의 공포는 물질적·생물학적·사회적 기제 모두를 통해 실체화된다. 따라서 '피'의 나눔을 통해 생물학적 관계를 맺고 사회제도 속으로 편입되게끔 하는 '혼인'이야말로 피폭자들에 대한 기피와 혐오가 수렴되는 대표적 의례가 된다. 피폭자들이 이른바 '결혼 차별'의 대상이 되는 이유다. 이제 혐오 대상이 되어 차별과 소외를 피할 수 없게 된 이들은 일본 사회의 역사적 혐오 존재인 '에타(穢多; エタ)'와 동류·동급의 근대적 천민으로 편입되고 만다. 적어도 인식 레벨에서 그러하다. 유혈병(とまらん病), 유혈 천민(とまらん者), 유혈 부락(とまらん部落) 등의 새롭게 조어된 혐오와 차별 용어에서 명확하게 볼 수 있듯, 오염된 피는 감염의 공포를 촉발해 '신천민(新賤民)'으로 명

---

14) 이 책에서 인용한 네메로프와 로진의 원 논문은 "The contagion concept in adult thinking in the United States: Transmission of germs and interpersonal influence"(1994)이다.

명되어도 하등 이상치 않을 새로운 차별 공동체를 조각해 낸다. 혐오의 정동이 차별로 사회화되는 과정의 일단을 소설 『손의 집』은 이렇게 고발하고 있다. 이노우에의 다음 소설 『지상의 무리들』은 혐오에 기초한 차별화의 내적 구조를 한층 더 구체화·복잡화된 양상으로 소묘한다.

4. 혐오 정동의 증식과 차별의 구조: 『지상의 무리들』의 무리들

『지상의 무리들』(1963)[15]은 말 그대로 '무리들'에 대한 처절한 서사이다. 내용적으로 『손의 집』의 속편 격이라는 일부의 평가도 있지만 장편이라는 스케일, 복수의 상이한 마이너리티 집단이 교차, 갈등하며 직조해 내는 서사의 심도와 치열함을 볼 때, 『손의 집』의 주제 의식을 몇 단계 고양시켰다고 평하는 편이 더 적절할 것이다. 소설은 그 제목에 명시적이듯 차별과 혐오에 크게 노출된 피폭(피폭자), 신분(피차별 부락민), 인종(조선인), 계급(하층민), 섹슈얼리티(여성), 이데올로기(좌파 산촌공작대) 등을 기저로 하는 다양한 마이너리티가 '무리 지어' 등장한다.

상이한 마이너리티 정체성을 지닌 다수의 등장인물이 교차 등장해 서로의 시점을 넘나들며 불규칙적으로 전개되는 서사는 상당히 불친절하다.[16] 주요

---

15) 『지상의 무리들』은 1970년, 구마이 게이(熊井啓) 감독에 의해 영화화되기도 했다. 상당한 수작으로 평가받는 영화의 각본은 구마이 감독과 원작자 이노우에 미쓰하루의 공동집필이다.

16) 총 11장으로 구성된 소설은 장별로 주요 시점 인물이 계속 바뀐다. 물론 같은 장 안에서도 갑작스러운 과거 회상 장면이나 공간 이동 등 맥락이 뚜렷하지 않은 시점 인물의 변동이 없지 않다. 장별 주요 시점 인물을 정리해 보면 다음과 같다. 1장 우난 지카오, 2장 이에유미 야스코, 3장 쓰야마 노부오, 4장 이에유미 야스코, 5장 쓰야마 노부오, 6장 우난 지카오, 7장 후쿠지 도쿠코, 8장 우난 지카오, 이에유미 야스코, 9장 우난 지카오, 10장 다자와 에이코, 11장 우난 지카오. 이를 통해서도 소설의 처음과 끝을 장식하는 우난 지카오가 소설 전체의 중심 시점 인물임을 알 수 있다.

등장인물은 규슈 탄광 섬 광부 출신으로 자수성가해 의사가 된 우난 지카오(宇南親雄)와 그의 아내 에이코(英子), 나가사키 피폭자로 불량한 삶을 살아가는 쓰야마 노부오(津山信夫), 피폭자에게 강간당한 피차별 부락 출신 후쿠지 도쿠코(福地徳子)와 그녀의 어머니 마쓰코(松子), 초경의 출혈이 멈추지 않는 유혈병 증상의 이에유미 야스코(家弓安子)[17]와 피폭자라는 사실을 숨기고 살아온 그녀의 어머니 미쓰코(光子) 등이다. 그중에서도 중심인물을 꼽자면 우난 지카오이다. 실은 어릴 적 헤어진 그의 어머니도 피차별 부락민 출신인데다 그 자신은 힘겹게 살아가던 어린 광부 시절, 조선인 여성(朱宝子)을 겁탈해 그녀가 자살한 데 대한 죄의식을 내내 품고 살아가는 복합적·다층적 정체성을 내재한 인물이다. 소설에 등장하는 상이한 마이너리티 간의 교차 서사가 수렴하는 지점에 위치하는 인물도 바로 그다.

인물관계 파악을 위해 소설의 개략적인 내용을 정리하면 다음과 같다. 소설의 공간적 배경은 나가사키의 피폭 지역인 어느 바닷가 마을이다. 의사 우난 지카오는 유혈병 증상의 이에유미 야스코를 치료하며 원폭증을 의심하지만 야스코의 어머니 미쓰코는 피폭 가능성을 한사코 부인한다. 피차별 부락민 출신 후쿠지 도쿠코는 밤길에 강간을 당하고 우난 지카오에게 상해진단서(폭행증명서) 발급을 요청하지만 명확한 증거가 없다는 이유로 거절당한 후, 범인으로 누명을 쓸 뻔했던 쓰야마 노부오의 도움으로 용의자가 '海塔新田'이라는 피폭자 부락(ピカドン部落)[18] 거주자임을 알게 된다. 쓰야마 노부오

---

17) "초경 이후 1년에 거의 생리를 몇 번 하지 않고, 게다가 피가 나오면 2주 가까이나 엄청난 출혈이 이어지고 의식을 잃을 정도로 극심한 통증이 시도 때도 없이 엄습하는 것이었다"(318쪽). 이에유미 야스코의 증세도 피폭 후 10세에 죽은 소녀의 증상과 유사한 것으로 소설에서는 서술된다.

18) 작가 이노우에는 에세이 「病み犬を連れた老婆: 『地の群れ』の舞台」를 통해 소설의 무대를 다음과 같이 밝히고 있다. "쓰레기 소각장이 있을 뿐 원래는 주택조차 거의 없었던 사세보(佐世保)시의 매립지 大塔新田를 배경으로 선택해 가공의 피폭자 부락인 海塔新田을 마음

또한 피폭자 부락에 사는 처지이지만 천민 신분의 낙인으로 차별받는 도쿠코의 상처를 같은 마이너리티로서 공감하는 바가 있어, 화상으로 인한 켈로이드(ケロイド) 흉터를 감추고자 왼손에 흰 장갑을 낀 남자라는 단서를 근거로 범인의 소재와 정체를 도쿠코에게 알려준 것이다. 이에 도쿠코는 홀로 피폭자 부락을 방문해 범인을 찾아내지만 완강한 부인에 직면한다. 비극은 일단 그 자리를 뜬 도쿠코와 엇갈리며 어머니 마쓰코가 범인의 집을 한밤중에 찾아간 데서 비롯되었다. 용의자의 아버지와 마쓰코가 언쟁하다가 피차별 부락민 출신임을 빌미로 모욕적인 언사를 한 남자에게 마쓰코가 피폭자를 혐오하는 말로 세차게 응수한 것이다. 그 직후 집 밖으로부터 누군가가 던진 돌이 연이어 날아와 마쓰코를 가격하고 결국 그녀는 그 자리에서 숨지고 만다. 그다음 날, 살인사건 소식은 우난 지카오가 근무하는 병원에도 알려지고 처음에는 도쿠코인줄 알았던 피해자가 실은 어머니 마쓰코라는 사실이 드러난다. 더욱 충격적인 것은 마쓰코를 살해한 범인이 도쿠코를 도와준 쓰야마 노부오라는 사실이다. 집 밖에서 두 사람의 언쟁을 엿듣고 있던 쓰야마가 피폭자를 혐오, 모욕하는 마쓰코의 말에 격분해 충동적으로 돌을 던져 살해하고 만 것이다. 쓰야마는 경찰을 피해 도주한다. 이 모든 사실을 전해 들은 우난 지카오는 조선인 여성을 겁탈해 자살에 이르게 한 과거의 자신의 과오를 떠올리며 복잡한 감정에 휩싸이게 된다.

개략적인 내용에서도 알 수 있듯이, 소설 『지상의 무리들』은 상이한 마이너리티 공동체 간의 극심한 갈등과 혐오 행위에서 비롯된 처절한 비극의 서

속에서 구상하였다. 그리고 주인공인 의사 우난 지카오의 병원 진료소 위치를 주저 없이 이 해안으로 결정하였다"(金子章予, 2015: 17에서 재인용). 金子章予에 의하면, 피폭자 부락 이름 海塔新田의 '海塔'는 '바다의 무덤(海の墓)'이라는 뜻이며, 이상의 내용을 종합하면 원래는 '쓰레기장(ゴミ捨て場)'을 의미하는 것으로 추론할 수 있다고 한다. 즉 海塔新田은 바닷가 쓰레기장과 같은 '불결하고 더러운(穢れ) 공간'으로서, '혐오'의 정동을 내장한 가공의 장소로 구상되었던 것이다.

사이다. "사회의 하층에서 살아가는 사람들은 원래라면 「공동성」을 조성해 고통의 해방을 함께 지향해야 마땅한데, 그 실체를 보면 뿔뿔이 쪼개져서 서로의 발목을 잡아채는 것 같은 삶을 살고 있다"(黒古一夫, 2005: 56)라고 지적한 구로코 가즈오(黒古一夫)의 견해는 기본적으로 타당하다. 하지만 마이너리티라면, 소수자라면 더욱 서로 공감하고 연대해야 할 터인데라고 하는 '당위' 의식이 때론 현실 문제의 복잡성을 오히려 가릴 수도 있다는 우려의 관점에서 본다면, 진정 중요한 것은 그 갈등의 이면에서 혐오와 차별이 심화·가속화하는 구조를 파악하는 일일 것이다. 그런 점에서 『지상의 무리들』은 그 불친절한 서사와는 별개로 매우 유의미한 시사점을 제공한다. 도쿠코와 노부오의 엇갈린 관계에서 보듯, 서로의 상처와 차이를 나눌 수 있는 공감대를 형성하면서도 무엇 때문에 상대에 대한 혐오가 더 촉발되고 심화될 수밖에 없었는지 세심히 살펴볼 필요가 있다.

원폭소설이 우선적으로 초점화하는 것은 역시 피폭자이다. 이에유미 야스코 모녀와 쓰야마 노부오 그리고 피폭자 부락 사람들이 이에 해당한다. 피폭의 공포는 피폭 당사자의 1차적 피해에 그치지 않는 "방사능 유전 돌연변이"(278쪽)의 두려움에 크게 기인한다. 『손의 집』, 이부세 마스지의 『검은 비』에서도 피폭 당사자와 그 자녀를 혼인 대상으로 꺼리는 이른바 '결혼 차별' 양상이 드러나며, 이에 피폭자와 그 가족들이 피폭 사실을 은폐하거나 극도의 자기검열을 행하는 양상이 두루 확인된다. 심지어 야스코의 어머니는 딸에게조차 자신의 피폭 사실을 숨기고 평생을 살아왔다. '유전 돌연변이'야말로 피해자성의 확산과 예측 불가능성이라는 점에서 피폭 당사자, 비당사자 모두에게 심대한 공포인 동시에 피폭자가 사회로부터 기피·혐오·차별받는 가장 큰 동인이었다. 피폭자 쓰야마 노부오의 절망적 삶, 사회 중심에서 격리되다시피 주변부로 밀려나 조성된 피폭자 부락 등도 피폭자를 인간 이하의 존재, 즉 '비인간' 존재로 취급하는 데서 비롯된 일들이다. 이러한 외부로부터의 소외는 피폭자 자신이 자기혐오를 내면화하는 양상과 맞물리게 된다.

『지상의 무리들』은 피폭자만이 아니라 그들과 다른 마이너리티 존재와의 관계성을 심구하는 소설이라는 점에서 기존의 원폭소설과 차별화된다. 그 첫 번째가 피차별 부락민이다. 메이지유신 이후 사민평등의 신분 해방 정책에도 불구하고 지금조차 채 종식되지 않은 뿌리 깊은 차별이 부락민 차별이다. "전쟁 중이니까 참는 거지 전쟁만 아니면 부락민과 같이 일하는 것은 사절"(306쪽), "우린 너희 집안 내력을 다 알고 있어. 강간 사실을 알리면 네가 부락민이란 걸 폭로할 테다"(308쪽) 등과 같이 부락민이라는 이유만으로 감수해야 할 부조리와 차별이 넘쳐난다. 자신이 은폐하고 함구한 출신, 피폭이라는 결함이 세상에 공개되는 것이야말로 마이너리티 당사자들이 가장 피하고 싶은 상황이다. 공개로 인한 사회의 혐오와 차별은 취약한 존재, 여성들에게 더 가혹하다. 피폭자 무리에게 겁탈당한 도쿠코의 수모가 그것인데, 이는 또 피차별 부락민과 피폭자가 피해/가해 관계로 얽히게 되는 계기로 작동한다.

두 번째는 조선인이다. 지카오가 도지마(戸島) 해저 탄광에서 광부로 일하던 시절, 안전등부(安全灯婦)[19]로 일하던 조선인 여성을 그가 겁탈했음에도 불구하고 공동체의 묵인 아래 단죄받지 않고 정작 불의의 임신을 한 여성이 자살로 생을 마감한 사건은 조선인에 대한 차별을 단적으로 증명하는 사례다. 그 이후 섬을 떠나 자수성가의 가도를 달린 지카오의 내면에 죄의식으로 자리 잡은 이 사건은 조선인이라는 정체성이 피차별 부락민, 피폭자에 못지않은 혐오 조건임을 확인시킨다. 세 번째는 좌파 운동가이다. 통념상 마이너리티로 규정하기에는 무리가 있지만 이 소설에서는 사회의 중심부로 진입하지 못하고 좌절한 존재로 묘사되고 있어서다. 바로 우난 지카오의 요절한 친구 모리쓰기 쇼지(森次庄治)다. 사회주의운동의 일환이었던 산촌(山村)공작대

19) 탄광 내부의 안전등을 점검하는 일을 하던 여성

로에서 산촌의 피차별 부락민과 사회연대 운동을 펼치고자 했으나 외면당한 끝에 영양실조로 요절한 모리쓰기는 지카오의 탄광촌 친구이자 사회주의운동 동지였다. 지카오의 아내 에이코는 다름 아닌 모리쓰기의 애인이었다. 사회주의운동은 친우의 죽음 이후 신념마저 저버린 지카오에게 부채감으로 자리매김한다. 이와 같이 피차별 부락민, 조선인, 좌파 운동가는 피폭민 외의 대표적 마이너리티 존재로 작품 속에 등장하고 있다.

하지만 그중에서도 혐오의 정동이 강렬히 촉발되어 가히 '증식'이라 부를 만한 폭발적 감염 양상을 초래하는 계기는 피폭자와 피차별 부락민 간의 충돌을 통해서다.

> "정말 딸도 딸이지만 부모도 부모다. 갑자기 아무 상관도 없는 집에 강간이니 뭐니 하면서 들이닥치다니. 과연 천민 놈(部落のもの)들은 뭐가 달라도 다르구나."
> "천민 놈……." 후쿠지 마쓰코는 처음엔 들릴락말락하게 같은 말을 되풀이해 중얼거렸다.
> "천민 놈이라고. 그럼 천민 년인 걸 알고 우리 딸을 욕보였단 말이네……."
> 그녀는 스스로에게 들으라는 듯이 다시 되뇌었다.
> 썰물 때의 물소리마저 들릴 것 같은, 이 지방 사람들이 '조개가 운다'라고 표현하는 깊은 침묵이 일순간 주위를 휘감았다. 어둠 속에서 사람들이 내쉬는 숨소리로 다시 술렁술렁해지려 할 때 검은 무언가를 짜내는 듯한 후쿠지 마쓰코의 소리가 주위를 잘라내었다.
> "당신은 이 海塔新田 마을을 세상에서 뭐라 부르는지 알지. 설마 모르진 않겠지. 우리들이 백정(エタ)이라면 너희들은 피가 멈추지 않는 유혈백정(とまらんエタ)이다. 우리 부락의 피는 어디서든 변하지 않지만, 너희들의 피는 안으로부터 썩어서 이제 자자손손 대를 이어 유전될 거야. 원폭(ピカドン)부락 놈들이라 불리며 이제 시집도 못 가고 며느리도 오지 않

을 거야. 그리고 그 끝에는, 끝에는…….”(346쪽)

딸을 대신해 항의 차 피차별 부락을 방문했던 후쿠지 마쓰코는 “천민 놈”이라는 용의자 아버지의 혐오 발언에 억눌렸던 분노의 감정이 폭발한다. 그리고 피폭자들을 자극하는 ‘유혈백정(とまらんエタ)’, ‘원폭부락(ピカドン部落)’ 등의 혐오 발언에 이어 혼인 상대로 꺼려지는 피폭자들의 현재적 상처를 헤집어 놓는 ‘더러운 피의 유전’[20]이라는 저주를 퍼붓는다. 피폭자의 낙인, 즉 오염된 피로 인한 소외와 차별을 강렬히 환기시킨 것이다. 혐오와 분노의 연쇄 작용, 혐오 정동의 증식이 초래한 결과는 처참하기 짝이 없는 것이었다. 마쓰코의 죽음은 집 밖에서 날아든 투석에 의한 것이었지만 그 본질은 혐오 발언에 대한 분노와 증오의 되갚음이었다. 동시에 그것은 원폭이라는 불가항력적 사건으로 말미암아 부락민이라는 역사적 천민과 동급이거나 그 아래의 심급으로 전락하게 된 피폭자들의 절규였다. 이러한 비극적 사태는 실은 “강간 사실을 알리면 네가 부락 출신임을 폭로할 테다”(308쪽), “피폭자 부락(海塔新田)은 피차별 부락보다 더 나쁜 부락이 아닌가”(341쪽) 등과 같이 혐오와 차별을 또 다른 혐오와 차별로 보상받으려 한 마이너리티 당사자의 무의식적 욕망 속에서 이미 준비되고 있었던 것이나 진배없었다. 더러운 피와 오염된 피의 충돌, 하지만 비극의 원인은 보다 본원적인 곳에 있다.

---

20) 피폭과 유전(遺伝)은 그 명확한 인과관계를 긍정과 부정의 양자 모두에서 제대로 규명하기가 어렵기에 더욱 불안과 공포의 언설이 산출되는 토양이 된다. 마쓰나가 교코(松永京子)는 『〈原爆〉を読む事典』의 ‘遺伝’ 항목에서 “〈방사능은 유전에 영향을 미치지 않는다〉는 주장이 실제 백혈병이나 암 혹은 그 외의 질병으로 고통받는 「피폭2세」의 존재를 왜소화하는 한편으로 〈방사능은 유전에 영향을 미친다〉고 강조하는 것도 피폭자의 임신, 출산을 부정적으로 인식하는 경향을 초래할 수 있고 피폭자에 대한 「결혼차별」을 조장하는 위험성을 안고 있다”라고 피폭과 유전의 관련성을 둘러싼 딜레마 상황에 대해 언급하고 있다(川口隆行 編著, 『〈原爆〉を読む事典』, 青弓社, 2017: 296).

"우리 어머니를 죽인 건 쓰야마 씨가 아닙니다."

"어, 그럼 누가 죽였다는 거야?" 전화를 받던 경관이 가까이 다가서며 물었다.

"그건……." 후쿠지 도쿠코는 말문이 막혔다.

쓰야마 씨가 아니야. 어머니는 모두(みんな)가 죽인 거야, 직접 죽인 건 피폭자부락(海塔新田) 사람일지 몰라도 실은 모든 이들에게 죽임을 당한 거야, 라는 생각이 단편적으로 뒤섞여 뇌리를 스쳤지만 그녀는 말로 잘 표현할 수가 없었다(347~348쪽).

경찰과의 대질을 통해 도쿠코가 자각한 것, 그것은 어머니를 살해한 것은 특정인이 아니라 사회 전체라는 깨달음이다. 혐오, 차별의 대상인 마이너리티들끼리 더 갈등할 수밖에 없는 길항 구조로 사회를 구조화하는 권력의 역학과 자각적으로, 때론 무의식적으로 그 역학에 가담하는 불특정 다수의 존재들, 그들이야말로 도쿠코가 떠올린 '모두'이자 '모든 이'에 해당할 것이다. 하지만 이 생각을 도쿠코는 경찰 앞에서 자신의 언어로 발화하지 못한다. 그렇다면 과연 '모든 이'는 구체적으로 누구인가?

소설의 중심인물 우난 지카오를 소환하지 않을 수 없다. 그는 혐오 양상의 관찰자로 보이지만 실은 방관자이자 개입자이며, 모든 혐오 양상을 자기혐오와 자기 연민으로 수렴하는 나르시시즘적 인물이다. 왜 그런가? 우난 지카오는 외양은 의사라는 직업을 가진 상류층 인텔리이지만, 그 내실을 들여다보면 온갖 마이너 정체성의 복합체다. 피차별 부락 출신 어머니의 피를 이어받았고, 원폭 후의 나가사키에서 아버지를 찾아 헤매다가 얼마간 피폭되었고,[21] 조선인 여성을 강간해 자살케 한 죄과를 지닌 인물이다. 그뿐만 아니

---

21) 원폭 폭발 이후 가족의 생사와 행방 등을 확인하기 위해 피폭지(히로시마 도심 등)에 들어가 얼마간 머물렀던 것으로 인해 방사능에 피폭된 경우를 '직접 피폭'과 구별해서 '입시 피

라 사회주의 운동가 친구와 사회변혁 운동도 결과적으로 저버렸다는 부채감을 자의식으로 내면화하고 있다. 심지어 그는 자신이 태어난 고향조차 만주 여순(旅順)인지, 규슈 사가(佐賀)현인지, 아니면 또 다른 어떤 곳인지도 제대로 알지 못하는[22] 이른바 '근본 없는 놈'이다.[23] 그래서 이 모든 부정 조건을 극복하고자 마침내 의사가 되지만, 정작 의사로서도 그는 무력하다. 유혈병 증세의 원폭증으로 고통받는 소녀를 구원해 줄 수 없는 무력한 지식인일 뿐이다. 그런 의미에서 우난 지카오는 비과학, 야만, 혐오를 내재한 전근대적 요소를 극복했다 믿어 의심치 않았지만 실은 전혀 극복하지 못한 근대성의 무력함, 비루함을 상징하는 인물이라고 할 수 있다. 그야말로 '나쁜 세계', 즉 디스토피아를 체현하는 인물인 것이다. 역설적으로 우난 지카오가 소설의 중심인물일 수밖에 없는 이유가 여기에 있다. 과거도 현재도 무책임과 방관으로 일관해 자기애/자기혐오 양자의 분리 불가능성을 체현하는 인물, 범속하고 비루한 우리 모두를 흡사 거울에 투사하는 듯한 인물. 지카오는 혐오와 차별에서 자신은 무관하다고 믿는 모든 이의 자화상이 아니겠는가.

소설 속 여성혐오에 주목하면 이 모든 것이 더욱 또렷해진다. 간과되기 십상이지만 실은 간과될 수 없는 원폭소설의 혐오 대상이야말로 실은 '여성'이

폭(入市被爆)'이라고 부른다.

22) "우난 지카오는 자신이 여순의 백옥산(白玉山) 아래서 태어났는지, 사가현 이마리(伊万里)의 村沢皿山에서 태어났는지, 그도 아니면 다른 어딘가에서 태어났는지 정확한 사실을 알지 못했다"(292쪽).

23) 흥미로운 것은 우난 지카오의 인물 조형에 작가 이노우에 미쓰하루의 자전적 체험이 상당부분 반영되었다는 사실이다. 실제 이노우에도 만주 여순에서 태어나 네 살 때 어머니와 헤어져 소설 속 지카오와 마찬가지로 할머니, 여동생과 함께 생활하며 규슈 사세보에서 성장하고, 생활의 곤궁으로 인해 나가사키 사키토(崎戸) 탄광에서 일하며 생계를 꾸렸다. 다만, 조선인과 관련해서는 일제강점기 말기 탄광 동료의 조선독립운동을 지원한 혐의로 경찰에 구금된 이력이 있는 것 등으로 볼 때, 소설 속 조선인 여성 강간 설정은 조선인에 대한 죄의식, 부채감 등에서 비롯된 가공의 설정이 아닌가 추론된다. 伊藤整 外編, 『新潮日本文学小事典』(新潮社, 1968: 87) 참고.

다. 『손의 집』의 피폭자 4인이 모두 여성이었던 것은 차치하고라도, 『지상의 무리들』 서사에서의 도쿠코 강간, 지카오의 조선인 여성 강간 등의 사건은 현실 세계의 남녀 비대칭성이 여실히 반영된 설정이라는 점에서 서사의 범주로만 치부하기 어려운 문제이다. 가장 충격적인 것은 아내 에이코에 대한 이 남자의 일련의 범죄적 행동이다. 아이를 절실히 원하는 아내에게 다소 소극적으로 호응하는 정도로만 이해되었던 지카오가 정작은 아내 몰래 유산을 초래하는 약을 줄곧 먹이고 있었다는 진실(336쪽)이 그것이다. 이는 여성 신체와 여성 존재에 대한 은밀하고 가혹한 폭력에 다름 아니다. 어릴 적 헤어진 친모가 피차별 부락 출신이라는 데서 비롯된 신분혐오와 여성혐오의 착종, 조선인 여성을 죽음에까지 이르게 한 자신의 죄과로 말미암은 자기혐오, 자신 또한 피폭에서 완전히 자유로울 수 없다는 두려움 등이 아이를 원하지 않는 남자의 심리적 기제로 추론될 수도 있을 터이다. 하지만 남자의 내적 정신사의 폐기물을 고스란히 여성에게 떠넘기는 서사구조는 이노우에 원폭소설의 기저에 깔린 가장 1차적인 혐오 양상이라 해도 지나침이 없다.[24]

특히 소설 속 여성혐오 양상에서 여성의 '피'가 문제시되는 데 주의할 필요가 있다. 생리혈, 출산 후 출혈 등 여성 신체의 고유 특징들은 여성혐오의 중심 타깃이라는 차원을 넘어 혐오 그 자체의 발원과 맞물려 있다.[25] 주체도

---

24) 그런 의미에서, 소설의 마지막이 이미 모든 진실을 알게 된 아내 에이코가 내심 남편을 조소하면서 도쿠코의 진단서를 거절한 그의 책임을 추궁, 힐난하는 장면으로 마감되는 것은 그나마 최소한의 복수로 칭할 만하다.

25) 소설 속 출혈은 일반적인 피가 아니라 생리혈, 출산 후 출혈 등에 따른 피폭 유혈병 증세가 대부분이다. 이는 혐오와 관련해 유의미한 포인트이다. 혐오는 구강, 항문, 성기 등 신체의 이른바 개공부(開孔部)에서 배출되는 분비물과 주로 관련 있다. 개공부는 혐오와 연관됨으로 인해 신체 중에서도 문화적으로 가장 무시, 소외되어 온 부위이다. 주체와 신체, 즉 내부와 외부를 연결하는 가장 취약한 통로이며, 어떤 면에서는 외부의 물리적 오염에 맞서 방어자의 역할을 하는 문지기라고도 할 수 있는 곳이다. 이런 양의성을 지니고 있음에도 거의 부정적 맥락에서 의미 부여되어 온 것이 개공부인 셈이다. 일례로 혈액 관련 질병으로 유전

객체도 아닌 '비체(卑/非體; abject)'로서의 여성이라는 개념이 여기서 비롯된다. 여기서 비체는 주체도 객체도 될 수 없는 존재, 즉 존재 자체가 지워진 존재이다. 스튜어트 월턴은 "혐오의 촉발이 침, 콧물, 가래, 귀지, 오줌, 똥, 정액, 피(특히 생리혈) 같은 고약한 신체 분비물이나 썩거나 곪는 생물학적 과정의 구체적인 예에 뿌리를 둔 것처럼 보인다"(월턴, 2012: 141)라고 혐오의 진화생물학적 기원에 대해 언급한 바 있는데, 더 나아가 줄리아 크리스테바는 콧물, 침, 분비물 등의 '비체'가 혐오되는 이유는 "동일성이나 체계와 질서를 교란시키는 것"(크리스테바, 2001: 25)이기 때문이라고 주장했다. 혐오가 "사람이나 대상을 서열화해서 특정한 대상을 저열하고 천한 것으로 간주"하고 "특정 계층을 오염되고 혐오스러운 집단으로 단정"하게 하는 기저에는 이러한 심리학적·철학적 배경이 있다. 그 대표적 혐오 집단이 전통적으로 유대인과 여성이었다. 결국 "위계를 세우는 것은 혐오에 내재된 속성"(누스바움, 2015: 159)이며, 혐오가 이렇게 문화적·사회적·집단적으로 작용할 때 그것은 '혐오 정동'[26]이 되는 것이다. 『지상의 무리들』에서 마이너리티 집단의 차이를 불문하고 여성들이 더 핍박받고 더 노골적으로 혐오에 노출되는 것은 이 때문이다.[27]

여기서 '방사능'에 대해 재고할 필요가 있어 보인다. 신체를 교란해 '혐오 물질'인 여성의 '피'를 과잉 노출케 한 방사능 또한 혐오 물질인가? 방사능에 대한 정서는 과연 혐오인가? 『불안』의 저자 조지프 르두(Joseph LeDoux)는 프로이트를 빌려 불안과 공포를 다음과 같이 구별한다. '불안'이란 그것을 유

도 되는 혈우병의 경우, 개공부와 직접적 연관성이 없기에 적어도 혐오의 이미지가 부여되지는 않는 것과 대별된다고 할 수 있다(B.O.オラタンジ·D.マッケイ, 2014: 19 참고).

26) 그런 의미에서 '혐오 정동'이란 '혐오되게끔 하는 힘인 동시에 혐오하게끔 하는 힘'이다. '정동'의 정의에 대해서는 이지형(2021: 55, 각주 10)을 참고.

27) 혐오의 '혐'의 한자 '嫌'에 '女'가 부수로 들어가 있다는 사실을 통해서도 혐오라는 관념의 기원에 애당초 '여성혐오' 인식이 전제되어 있음을 알 수 있다.

발하는 대상과 관계없이 상태 그 자체와 관련되면 반면, '공포'는 정확히 그 대상에 주의를 집중시킨다는 것이다. 불안이 실제 위해의 원천을 모르더라도 위험을 예상하고 두려워하는 상태라면, 공포는 두려워하는 대상이 명확히 존재한다는 차이이다(르두, 2017: 21). 즉, 공포가 대상을 갖는 데 반해 불안은 대상을 갖지 않는다(하이데거, 1998: 253~254). 두려움 대상의 실제 존재 유무에서 양자는 확연히 갈린다. 이런 관점에서 보면 방사능에 대한 두려움은 공포보다는 불안에 더 가깝다. 무색, 무취, 무미한 방사능은 가시화되는 실체로서 존재하지 않기 때문이다. 하지만 그 실체가 없어 보이되 실은 엄존하는 방사능은 그래서 더 두려운 '공포'의 대상일 수밖에 없다. 방사능 피폭으로 인한 신체 오염과 피의 유전을 통해 당사자뿐 아니라 혈연의 자손까지 죽음, 질병, 장애 등으로 그 고통이 재현·재생산될 수도 있다는 그 예측 불가능한 가공할 파급력으로 인해 방사능은 불안을 넘어선 공포 그 자체가 되고, 피폭자들은 혐오의 대상이 된다. 방사능 그 자체는 '감염'될 수 없는 물질이지만 '혐오'는 감염·전파·증식되는 정동임을 『지상의 무리들』은 여실히 증명한다. 유전을 통해 마이너 신체성이 자손에게 전파되는 것을 꺼리는 진화론적 본능과 사회적 차별이 혐오를 통해 매개·접속되는 것이다.

소설 『지상의 무리들』은 일말의 구원의 여지도 남아 있지 않은 묵시록적 소설이다. 모두가 불행하고, 모두가 고통받고, 모두가 혐오를 안팎으로 투척한다. 도쿠코는 어머니마저 잃고, 유혈병으로 고통받는 소녀의 어머니 미쓰코는 피폭당한 자신을 자책하고, 남편의 음모에 신체를 유린당한 에이코는 아이를 가질 수 없으며, 조선인 여성 주보자는 자살로 생을 일찌감치 마감했다. 남자는 어떠한가? 도쿠코를 도운 노부오는 살인 후 도주하는 신세이며, 좌파 운동가 모리쓰기는 영양실조로 죽었고, 우난 지카오는 자기혐오의 매일을 살아간다. 과연 이것이 디스토피아가 아니면 무엇이겠는가? 근대의 이념과 근대성의 물적 조건이 그 이상과는 달리 인간과 세계를 교란·균열·전복하는 디스토피아 양상은 쉬이 종식되지 않을 것이다. 그 누구 하나 행복과는 거리가 먼 삶, 공감과 연대의 실현 불가능성이 확인된 『지상의 무리들』의 세계가 그 단적인 증거다. 왜 '지상'의 '무리들'이라는 암울한 제목이 부여되었는지 비로소 납득이 된다. 피폭자, 피차별 부락민이 아니더라도 새로운 혐오의 조건과 정동은 끊임없이 생성될 것이고 이에 따라 새로운 혐오 대상도 종식 없이 부각될 것이다. 원폭소설의 새로운 가치를 디스토피아 문학과의 관련성 속에서 찾고자 한 것도 그 때문이다. 그 양자가 이어지는 접점은 '불온성', 즉 결과를 예측할 수 없는 어떤 두려움의 예감(이진경, 2011: 28)[28]임이 분명하다.

5. 나가며

이상에서 이노우에 미쓰하루 원폭소설에서의 혐오 정동의 증식과 차별의 구조를 살펴보고, 이를 통해 원폭소설의 디스토피아 문학 가능성을 모색해 보았다. 이를 통해 마이너리티 공동체 간에 혐오에 기초한 폭력성이 노골적으로 표출됨으로써 차별·소외받는 마이너리티 간 공감과 연대의 가능성이 형해화되는 엄정한 현실을 확인할 수 있었다. 이것이 가상 세계가 아니라 리얼한 현실 세계라는 점에서 이노우에 원폭소설은 그 성취와는 별개로 디스토피아 문학과는 일견 거리가 있어 보인다. 하지만 실재하지 않았던 피폭자 마을을 『지상의 무리들』에서 가상의 공간으로 설정한 점, 가쿠레기리스탄이 피폭 고아를 포용하는 공생의 공간으로 고안되었다가 원폭증 발병으로 인해 혐오 정동이 현저해진 『손의 집』의 외딴섬 등은 이노우에 소설이 리얼리즘

28) 다음의 본문을 통해서도 두려움의 불온성의 본질이 예측 불가능성과 맞물려 있음을 확인할 수 있다. "사람의 경우도 그 아버지가 방사능 피폭 후 오랜 시간이 지난 후 가진 아이와 피폭 후 2, 3주 내에 가진 아이가 동일하게 유발된 돌연변이를 이어받는다"(317쪽).

에 바탕해 가상 세계의 폭력성을 표상하는 명확한 증거라는 점에서 디스토피아 문학과의 접점을 인정할 수 있을 것이다.

기실 원폭소설을 디스토피아 문학 범주와 연관해 사유하고자 한 것은, 바로 지금 전 지구적 레벨에서 범람하는 심각한 혐오 양상들을 구조적으로 이해할 수 있는 매개이자 기원의 하나로서 원폭소설에 주목하고, 그 연장선상에서 디스토피아/디스토피아 문학의 본질을 탐구해 보고자 함이었다. 그 결과 확인된 것은 사건 그 자체보다 혐오와 차별을 구조화하는 '그 이후'에 주목해야 한다는 사실, 그런 의미에서 혐오와 디스토피아라는 문제계가 긴밀한 접점으로 연동되어 있다는 점이었다. 원폭문학, 공해병 문학을 이은 자리에 현재진행형의 포스트 3·11 문학을 위치시킬 수 있을 것이라는 잠정적 가설도 이와 무관하지 않다. 혐오가 혐오를 불러일으키고 혐오 존재가 새로운 혐오 대상을 찾아 나서는 '혐오의 시대'를 살아가는 존재들에게 요구되는 새로운 인식이란 무엇일까? 그것은 '인권'이라는 관념에 내재된 인간중심주의를 상대화해 사고할 수 있는 대전환의 인식이 아닐까 생각한다. 인간중심주의가 전제하는 '인간'이란 결국 '정상성(normality)'에 기초하는 관념이다. 피폭자, 피차별 부락민 등이 생물학적 인간임에도 불구하고 인간 취급을 받지 못하는 것은 그들이 정상성에서 일탈한 비정상적 존재, 이른바 '비인간'으로 간주되기 때문이다. 그런 의미에서 동물, 물질 등 생물학적 인간 밖의 '비인간' 존재와의 횡단적 고찰은 혐오 문제를 사유함에 있어서 향후 더욱 착목해야 할 관점이라고 할 수 있다. 혐오를 물질 및 정동의 오염, 감염 관점에서 고찰한 이 글도 그 작은 시작인 셈이다.

참고문헌

누스바움, 마사(Martha Nussbaum). 2015.『혐오와 수치심』. 조계원 옮김. 서울: 민음사.

르두, 조지프(Joseph Ledoux). 2017.『불안』. 임지원 옮김. 서울: 인벤션.

사토 요시유키(佐藤嘉幸)·다구치 다쿠미(田口卓臣). 2021.『탈원전의 철학』. 이신철 옮김. 서울: 도서출판b.

손희정. 2017.『페미니즘 리부트: 혐오의 시대를 뚫고 나온 목소리들』. 서울: 나무연필.

심정명. 2021.「오다 마코토(小田実)『HROSHIMA』가 '히로시마'를 문학화하는 방법」. ≪일본학보≫, 126호.

오미정. 2019a.「고도성장기의 반근대적 상상력: 이시무레 미치코의『고해정토』를 중심으로」. ≪일어일문학연구≫, 109호.

______. 2019b.「『고해정토』에 나타난 공해병과 앙가주망: 1인칭 여성언어로 기록하기」, ≪아시아문화연구≫, 51호.

월턴, 스튜어트(Stuart Walton). 2012.『인간다움의 조건』. 이희재 옮김. 서울: 사이언스북스.

이영진. 2021.「생명정치적 통치성에서 법의 의미: 미나마타병 소송을 중심으로」. ≪일본비평≫, 제24호.

이지형. 2021.「일본 현대소설의 소수자성과 혐오: 노인과 LGBT」. ≪횡단인문학≫, 제7호.

이진경. 2011.『불온한 것들의 존재론』. 서울: 휴머니스트.

이현재. 2016.『여성혐오 그 후, 우리가 만난 비체들』. 서울: 들녘.

정향재. 2017.「해설」.『하라 다미키 단편집』. 서울: 지식을만드는지식.

크리스테바, 줄리아(Julia Kristeva). 2001.『공포의 권력』. 서민원 옮김. 서울: 동문선.

하이데거, 마르틴(Martin Heidegger). 1998.『존재와 시간』. 이기상 옮김. 서울: 까치.

히비 요시타카(日比嘉高). 2018.「배제형 사회와 마이너리티」.『일본 전후문학과 마이너리티문학의 단층』. 보고사.

B.O.オラタンジ・D.マッケイ. 2014.『嫌悪とその関連障害』. 今田純雄・岩佐和典 監訳. 北大路書房.

金子章予. 2015.「井上光晴の原爆文学の現代的意義」. ≪西武文理大学サービス経営学部研究紀要≫, 27号.

李在錫. 2002.「「原爆」「原爆文学」「私」」. ≪原爆文学研究≫, 1号.

成田龍一. 2014.「解説「被爆」と「被曝」をつなぐもの」. 井上光晴.『西部原子力発電所·輸送』. 講談社.

円堂都司昭. 2019.『ディストピア·フィクション論』. 作品社.
伊藤整 外編. 1968.『新潮日本文学小事典』. 新潮社.
長岡弘芳. 1973.『原爆文学史』. 風媒社.
川口隆行 編著. 2017.『〈原爆〉を読む事典』. 青弓社.
村上陽子. 2015.『出来事の残響-原爆文学と沖縄文学』. インパクト出版会.
黒古一夫. 2005.『原爆は文学にどう描かれてきたか』. 八朔社.

05

가이아, 버려진 이름에서 시대의 얼굴이 되기까지*

스텐게르스, 라투르, 해러웨이의 가이아론 또는 가이아 이야기

이지선

1. 인류세와 가이아의 복권

국제지질과학연맹의 공식적인 구분에 따르면, 지구는 신생대의 마지막 빙하기 이후 대략 1만여 년 전부터 홀로세(Holocene)를 구가하고 있다. 홀로세의 비교적 온화하고 안정적인 기후에서 생물학적 다양성은 최고조에 달하고 인류의 영역은 지구 전역으로 확대될 수 있었다. 그런데 1만여 년 지속된 이 기후에 변화가 감지되고 있다. 가축의 생산, 산업화로 인한 대기오염과 아마존 우림과 같은 야생의 파괴, 원자폭탄 실험, 플라스틱 등의 인류의 활동이 지구환경에 영향을 미치고 있음을 보여주는 증거들이 발견되고 있는 것이다. 1980년대 초 미국의 생태학자 유진 스퇴머(Eugene Störmer)는 지구가 홀로세와 구분되는 새로운 지질학적 시대에 접어들었다고 주장하고, 이를 '인류세(Anthropocene)'라 명명함으로써 인류(anthropos)가 지구의 역사에서 주요한 요인으로 작용했다는 점을 부각하고자 했다. 인류세 개념은 2000년 대

* 이 글은 「인류세 시대, 가이아 명명하기, 대면하기, 기거하기: 스텐게르스, 라투르, 해러웨이의 가이아론 또는 가이아 이야기」(≪철학≫, 2022.11)를 수정한 것이다.

기오염과 오존층 파괴의 관계를 밝혀 노벨상을 수상한 대기과학자 파울 크뤼천(Paul Crutzen)에 의해 재천명되면서 학계에서 본격적으로 주목받기 시작했다(인류세에 대한 표준적인 서술로는 앨리스, 2021을 보라).

2024년 3월 국제지질과학연맹은 산하 층서소위원회의 투표를 거쳐 인류세실무단의 제안을 최종적으로 부결시켰다. 그러나 그렇다고 해서 이 개념이 단번에 무효화된 것은 아니다. 기후학, 생태학, 환경과학 등에서 널리 쓰인 바 있고, 그 사이 코로나19 팬데믹과 이상기후 현상 등을 거치면서 환경과 기후에 대한 위기의식이 고조되면서 과학을 넘어 인문·사회과학은 물론 예술을 포함한 다양한 분야를 아우르는 담론으로 자리 잡은 것이다.

인류세의 성공이 낳은 결과 중 하나가 바로 '가이아(Gaia)'의 재발견이다. 가이아는 1972년 대기과학자 제임스 러브록(James Lovelock)이 처음으로 창안한 뒤 진화생물학자 린 마굴리스(Lynn Margulis)와의 공동연구를 통해 발전시킨 이론이다. 이에 따르면, 지구는 행성 차원에서 자체적으로 조절과 규제 기능을 갖춘 복합적인 존재 혹은 체계이고 생명체는 이 계의 일부로, 이때 가이아란, 지구 위 모든 생물들이 무생물과 상호작용하면서 이 전체가 거주 가능한 조건을 유지하도록 하는 자기-규제 체계(self-regulating system)를 일컫는다. 이 이론은 생물과 환경의 관계, 개체 단위의 생명체와 전체의 관계, 진화에 대해 새로운 관점을 제시했고, 지구과학이 생물권과 지구환경을 하나의 체계로 보는 지구 시스템 과학(Earth System Science)으로 발전하는 과정에서 결정적인 역할을 했다. 이러한 관점은 지구와 생명에 대해 기존의 지구과학과 생명과학의 접근은 물론이고 통상적인 이해와도 거리가 있어 신비주의적이고 비과학적이며 심지어 반(反)과학적이라는 비판을 받아왔다. 그런데 이 이론이 인류세 논의와 더불어 지구와 인간을 포함한 생명의 상호작용이 주목받으면서 재발견, 나아가 복권되고 있는 것이다.

가이아 역시 인류세 못지않게 논쟁적이다. 흥미로운 것은 두 논쟁에서 공통적으로 '이름'이 큰 비중을 차지한다는 점이다. 주지하다시피 가이아는 고대 그리스 신화에 등장하는 대지의 여신을 지칭하는데, 이것이 이론에 대한 부정적 평가에 기여한 측면이 없지 않다. 이론으로서의 가이아에 대한 비판 중 상당 부분이 이름에서 비롯되었거나 적어도 무관하지 않다는 것이다. 인류세의 경우에는 좀 더 복잡하다. '인류'를 포함하는 명칭에서부터 인류중심주의(anthropocentrism)를 함축한다는 비판이 있는가 하면, 인류가 지구의 변화와 위기의 원인임을 분명히 적시함으로써 책임 소재를 분명히 하고 나아가 해결책을 모색할 필요가 있다는 지적도 있다. 문제의 원인과 책임을 '인류' 전체에 전가하는 것이 부당하다는 비판에 따라 책임이 자본과 자본가들에 있음을 적시하는 자본세(Capitalocene)나 유럽 제국주의자들의 식민지 개척, 그에 따른 식민지 농업의 산업화와 세계화 그리고 농작물의 대량생산 및 전 세계적 유통으로 보는 '대농장세(Plantationcene)'와 같은 대안들이 제시되기도 했다.

한편으로 인류세와 가이아가 똑같이 이름이 쟁점이 된다 해도 서로 상반된 양상을 보인다는 점에 주목할 필요가 있다. 인류세가 새로이 출현했거나 최소한 최근에 발견되었거나 주목받기 시작한 현상을 기술하기 위해 만들어진 신조어, 말하자면 '새 술'을 담는 '새 포대'라면, 가이아는 그리스 신화에 등장하는, 따라서 상당히 긴 역사를 지닌 고유명사인 '헌 포대'이다. 지구에 대한 새로운 관점이 제시되고 나아가 인류세와 기후 위기로 새로운 측면들이 부각되는 시점에 왜 하필이면 가이아처럼 가장 낡디 낡고 닳고 닳은 이름이 소환된 것인가? 가이아라는 이름에 대체 무엇이 있길래 그토록 큰 관심을 끌었으며 또 그토록 강한 반발을 낳았는가? 이 이론이 가이아가 아닌 다른 이름을 가졌더라면 그에 대한 수용과 이해 또한 달라졌을 것인가?

이 논쟁과 관련해서 이자벨 스텐게르스(Isabelle Stengers, 1949~)와 브뤼노 라투르(Bruno Latour, 1947~2022)의 입장은 주목할 만하다. 동년배 과학철학자들인 이들은 오래전부터 활발히 교류하며 서로를 참조해 왔는데, 최근에는 나란히 기후 위기와 생태 및 환경 문제 전반에 본격적으로 천착하면서,

특히 가이아 이론에 주목함으로써 인문·사회과학에서 이 이론의 (재)발견에 크게 기여했다. 이를 두고 역시 동년배 (과학)철학자이자 두 인물과도 활발히 교류해 온 도나 해러웨이(Donna Haraway, 1944~)는 말한다. "스텐게르스는 각종 인터뷰, 에세이, 강연을 통해 '가이아의 침입'을 논한다. 인류세라는 꼬리표가 과학과 정치, 문화 안팎에서 갈수록 불가피해지고 있다. 이에 대한 불편함이 스텐게르스의 사유 곳곳에서 묻어난다. 라투르와 같은 활동적인 저자들도 마찬가지다. 우리는 다른 용어를 찾으려 고군분투하고 있다"(Haraway, 2016: 180, note 5). 실제로 스텐게르스, 라투르, 해러웨이는 인류세를 둘러싸고 "고군분투"를 벌이면서 예외 없이 가이아를 등장시킨다. 그러나 가이아라는 이론과 이름을 원용하고 그에 의미를 부여하는 방식에 있어서는 미묘한 차이를 보인다. 인류세가 가이아를 복권시켰다면, 거꾸로 가이아는 인류세에 어떤 의미를 갖는가? 복권된 가이아가 결국에는 인류세를 대체할 수 있을 것인가?

이 질문에 답하기 위해 이 글에서는 우선 러브록과 마굴리스에게서 가이아가 어떻게 지시되고 표상되는지, 그리고 이 이름 그리고/또는 이론이 어떤 철학적 쟁점 또는 문제를 부각하는지 살펴보고, 이에 대한 스텐게르스, 라투르 그리고 해러웨이의 논의로부터 가이아에 대한 보다 종합적이고 비판적인 접근을 제시하고자 한다. 특히 이론 또는 이름으로서의 가이아가 갖는 의미와 그 효과가 이들에게서 어떻게 같게 혹은 다르게 드러나는지에 주목하고, 이로부터 오늘날의 생태적 사유에 대해 갖는 함축을 이끌어 내는 것이 이 글의 궁극적인 목표다.

2. 가이아라는 이론 혹은 이름의 탄생

러브록은 화성과 같은 다른 행성과 비교할 때 지구가 특이한 물리적·화학적 조건을 갖추고 있다는 사실에 주목하고, 그 원인이자 결과물로 생물의 존재를 지목했다(러브록, 2004). 지구가 보여주는 대기 중 산소의 농도, 지구 표면의 온도, 바다의 염도 등의 특징이 생물권 혹은 생태계와의 되먹임 혹은 상호작용의 결과라는 것이다. 달리 말하면, 생물의 활동은 지구의 현재 물리적·화학적 상태의 원인이자 결과이며, 그 역도 성립하는데, 러브록은 지구와 생물이 자기를 조절하고 항상성(homeostatis)을 유지하는 하나의 체계를 이룬다고 보고, 이를 가이아라 명명한다. 한편 생물을 이루는 진핵세포(핵을 가진 세포)가 원핵세포(핵을 갖지 않은 세포)인 세균과의 공생에 기원한다고 본 연속세포 내 공생이론(Serial Endosymbiosis Theory: SET)으로 유명한 마굴리스는 러브록과 교신하면서 바로 지구와 생명의 관계에서 공생발생(symbiogenesis)의 특성을 발견한다(마굴리스, 2007). 러브록이 열역학과 사이버네틱스의 관점에서 지구를 자기-규제와 되먹임으로 이루어지는 물리·화학적인 계로 보았다면, 마굴리스는 생물학자의 관점에서 외부와 상호작용하며 자기를 유지하고 또 생성하는 생명의 속성을 지구에서 포착한 것이다. 가이아 이론은 이러한 두 관점의 종합이라 할 수 있다.

러브록의 가이아 정의는 조금씩 변화를 겪지만, 생명체와 대양, 대기, 기후 등 이전까지는 각기 다른 분야에서 독립적으로 다루어졌던 대상들이 서로 긴밀한 관계를 이루며, 특히 무생물인 지질학적 지형과 같이 선험적 조건이라고 생각되던 대상들이 미생물을 포함한 생물과 상호 의존 및 영향 관계에 있다는 직관은 처음부터 일관되게 유지된다. 흥미로운 것은 러브록의 출발점이 '지질학'이 아니라 '천문학'이라는 사실이다. 미 항공우주국(NASA)에서 화성 내 생명체의 존재 가능성에 관한 연구를 수행하던 중에 기존의 "지구 중심적인" 지구과학과는 달리 화성, 즉 지구 밖 행성의 관점을 취함으로써 지구가 살아 있는 생명체를 포함하는 하나의 "실체"라는 "생각"에 이르게 되었다는 것이다.

이 발견의 서사를 더욱 흥미롭게 하는 것은 '가이아'라는 이름이다. 러브록은 이 이름을 택한 이유로 가이아[또는 게(Ge)]가 그리스 신화에 등장하는 대지의 여신으로 지질학(geo-logy), 기하학(geo-metry), 지리학(geo-graphy) 등 지구와 관련된 각종 과학을 지칭하는 말들의 어원이기도 하다는 사실, 그리고 네 글자로 된 간단한 단어로 편리하다는 사실 등을 꼽는다(러브록, 2004: 50~52). 이 이름을 그 자체로 자신이 '발견'한 체계의 특성을 상징적으로 은유적으로 드러내는 수사학적 장치로 보고 이를 통해 자신의 이론에 설득력을 부여하고자 하는 의도를 엿볼 수 있다. 반면에 마굴리스의 가이아 정의는 간결하면서도 구체적이다. 그 정의는 러브록과는 달리 "지구적 규모의 실체"가 아니라 지구라는 행성의 일부, 생명과 환경 사이의 조절이 이루어지는 "행성 표면"이다(마굴리스, 2007: 212~213). 러브록이 가이아를 구성원들의 단순한 합 이상인 전일적 전체로 보았던 반면, 마굴리스에게는 "지구 규모의 현상"이자 생태계들이 상호작용해서 하나의 "거대한 생태계"를 구성한 결과이기는 하지만 그러한 부분들의 단순한 합에 불과하거나 적어도 그 이상의 무엇은 아니다. 그렇다면 왜 가이아라 부르는가? 그저 "편리한 이름"이기 때문일 뿐, 필연적인 이유는 없다. 즉 다른 이름이어도 크게 상관은 없다는 것이다. 명명이라는 사건에 대한 기술도 간략하다. 가이아에 대한 언급은 "지질학, 기하학, 판게아 같은 많은 용어들"에 대한 어원에 국한되어 있다. 이러한 마굴리스의 태도에서 가이아를 인격화하거나 아니면 유기체로 보는 시각을 경계하고 그리스 신화에 대한 참조를 가능한 축소하고 은폐하려는 의향을 엿볼 수 있다.

가이아 이론의 "대명사"인 두 과학자가 이론의 명칭, 정확하게는 가아이라는 '이름'에 대해 갖는 태도 혹은 입장의 차이는 실재론-유명론 혹은 실재론-구성주의 등 철학(사)의 중요한 논쟁들을 연상시킨다. 가이아가 갖는 개념적 쟁점으로 세 가지를 꼽아볼 수 있다. ① 가이아는 무엇에 대한 이름인가? "실체"(러브록)인가 아니면 단지 "편리한 이름"일 뿐(마굴리스)인가? 혹은 다른 말로 하면, 실재하는가(실재론) 아니면 오직 이름일 뿐인가(유명론), 아니면 구성물인가(구성주의)? ② 지구 및 생명을 이루는 부분들의 합보다 큰 하나의 전체인가 아니면 부분들의 단순한 합인가? 달리 말해 "단순한 합으로부터는 상상할 수 없는 특별한 속성을 가진 실체"(러브록)인가, 아니면 "상호작용하는 생태계들의 방대한 집합"(마굴리스)인가? ③ 가이아라는 이름이 갖는 신화적 기원 그리고 서사나 은유로서의 효과가 같은 이름을 차용한 이론에 대해 갖는 함축은 무엇인가? 다음에서는 앞서 언급한 세 철학자가 어떻게 가이아의 이론과 이름을 전유하면서 이 질문들에 답하는지 살펴볼 것이다.

3. 스텐게르스: 가이아 명명하기

스텐게르스의 『파국의 시대(Aux temps des catastrophes)』는 미국의 서브프라임 모기지 사태가 일어난 2008년에 처음으로 출판되었다. 신자유주의와 금융자본주의의 모순을 첨예하게 드러낸 이 사태는 미국만의 경기침체로 끝난 것이 아니라 전 세계적인 경제위기라는 파급을 가져왔다. 사실 스텐게르스가 이 책을 집필하게 된 동기는 2005년 미국 뉴올리언스주를 강타한 태풍 카트리나였다. 역사상으로 손에 꼽히는 강력한 태풍에 주민들이 막대한 피해를 입었는데, 그 피해가 저지대에 기반 시설도 제대로 갖추지 못한 환경의 저소득층에 집중되면서 미국 사회의 불평등과 모순을 적나라하게 드러냈다. 카트리나에서 서브프라임에 이르는 일련의 사태에서 스텐게르스는 기후 위기라는 연결 고리를 찾아낸다. "어떤 문제도 다른 문제와 독립적으로 고려될 수 없다. 왜냐하면 모든 문제들이 기후 온난화를 기본 요소로 포함하기 때문이다. 문제는 세계화에 있다. 무엇보다도 다가올 위협의 관점에서 보면 그러하다"(Stengers, 2013: 11). 오늘날의 위기는 자본, 환경, 사회 등 여러 요인이 복잡하게 얽혀 나타나며 특히 과학, 그중에서도 생태학과 정치가 분리되기 힘든 정치생태학적인 특성을 지닌다. 이러한 위기, "누구도 원하지 않았고 준비하지 않았으나 어떤 것이 닥치고 있는 상황"을 스텐게르스는 '가이아'라 명명한다.

왜 가이아라 명명하는가? 그보다 먼저, 왜 명명을 하는가? 아니 그보다도 먼저, 대체 무엇을 명명한다는 말인가? 스텐게르스는 "가이아를 명명하는, 그리고 재난을 가이아의 침입으로 규정하는 것"은 가이아에 대한 정의나 기술과 다르다는 점을 지적한다. 어떤 상황 혹은 현상이 가이아라 명명됨으로써 '가이아'라는 의미와 그 이름이 갖는 효과, 즉 "이름에서 환기되는 양태를 감각하고 생각하도록 만드는 권력"을 갖게 된다는 점에 주목해야 한다는 것이다. 흥미로운 것은 이 책에서 가이아에 대한 분명한 정의나 기술을 찾아보기 힘들다는 사실이다. 가이아라는 이름은 피정의항이기보다는 정의항으로 쓰인다. 달리 말해, 스텐게르스에게는 '가이아가 무엇인지'보다는, '무엇이 가이아인지', 보다 정확하게는 '무엇이 가이아라고 불리는지'가 중요한 것처럼 보인다.

스텐게르스는 우선 가이아가 하나의 "존재"이되, 엄밀하고 엄연한 과학적 조작을 통해 도출된 "새로운 종류의 과학적 존재(scientific being)"라는 점에 주목한다. 그것은 준안정(quasi-stable) 상태의 존재로, 스텐게르스가 화학자 일리야 프리고진(Ilya Prigogine)과 공동으로 연구한 바 있는 혼돈(카오스) 이론, 즉 "복잡계(complex system)"라 불리는 역학계에 대한 비선형/비가산 동역학의 대상이다. "나비의 작은 날갯짓이 텍사스에 돌풍을 일으킨다"로 요약되는 이른바 나비효과 테제로도 알려져 있는 이러한 계는 초기 조건에의 민감성과 그에 따른 예측 불가능성 등을 특징으로 하며, 대표적인 사례로 나비효과와 같은 기상현상이 거론되곤 한다. 스텐게르스는 온실효과나 지구온난화와 같은 기후 현상이 같은 이론적 기반에 더해 최근 광범위하게 축적된 관측 자료와 컴퓨터 모의(시뮬레이션) 실험을 통해 경험적으로 입증된 사실을 들면서 이로써 가이아의 이미지가 러브록과 마굴리스의 안정과 평형 상태를 추구하는 자기-규제 시스템에서 준안정적이고 예측 불가능한 행태를 보이는 복잡계 모델로의 전회를 이룬다고 지적한다(Stengers, 2015: 137). 이때 가이아는 예측 불가능성, 불가피성, 불가역성 등 복잡계가 갖는 속성을 고스란히 부여받는다. 스텐게르스는 이러한 특성을 "침입(intrusion)"으로 규정한다(Stengers, 2013: 33). 이렇듯 가이아의 명명은 기존의 그 어느 자연의 이미지나 개념으로도 포섭되지 않는 새로운 존재의 출현, 아니 "침입"을 알리는 사건이다.

가이아는 기후(과)학과 지질학의 모델링으로 도출된 과학적 대상(모델)이지만, 그렇다고 결정론·기계론·환원론으로 접근되는 기존 과학의 대상과도 다르고, 근대과학의 탈주술화된 자연 개념 혹은 관념에 완전히 부합하지도 않는다. 그리스 신화 속 대지의 여신이나 살아 있는 유기체라는 기존의 상징과 은유로 포섭되지 않으면서도 신화적 요소를 배제하지 않음으로써 일말의 신인동형론/의인관(anthropomorphism)의 가능성을 남긴다. 이것이 신화적이거나 인격적인 요소를 완전히 걷어낸 카오스 개념과 다르게 가이아라는 이름이 갖는 효과다. 그리고 이것은 스텐게르스가 가이아를 두고 과학적 '대상'이 아닌 '존재'라 일컫는 이유이기도 하다. 가이아는 인간의 과오나 실수 정도는 관대하게 포용하고 그것이 결과한 부작용도 감내하며 자정작용을 통해 조화와 안정 상태로 되돌리며 자신 안에서 모든 것을 통합하는 자애로운 여신 또는 "어머니 자연(Mother Nature)"이 아니다. 작은 실수에도 민감하게 반응해서(초기 조건에의 민감성) 거스르거나 상처를 주지 않도록 각별히 신경을 써야 하는 예민한(chatouilleuse) 존재다. 보통은 인간을 포함한 외부 대상에 무심하고 좀처럼 반응을 보이지 않아 있는 듯 없는 듯하지만, 외부의 작용이 특정한 임계를 넘는 순간 본격적으로 '존재'를 드러낸다. 이때 반응은 위력적이고 무차별적이다. 이러한 가이아의 존재 양식은 최근 기후변화가 그와 아무 상관이 없는 가장 빈곤한 지역에서 가장 큰 피해로 돌아가는 사실에서 뚜렷이 나타난다(Stengers, 2013: 36).

이는 가이아의 또 다른 속성 또는 양태로 이어진다. 초월이 그것이다. 가이아는 우리로서는 범접할 수도 회피할 수도 없는, 기존 표상 체계의 질서에 따른 기술이나 묘사도 불가능한 대상으로 보인다. 이러한 속성을 두고 스텐게르스는 "잊혀진, 유례없는 형식의 초월성"이라 일컫는다. 그것은 근대 이후 인간이 자연의 법칙을 인식하고 자연을 지배하면서 잊혀진 초월성이다. 그런 점에서 여신의 이름이 선택된 것은 우연이 아니다. 그런데 스텐게르스의 가이아는 그리스 신화의 여신보다는 차라리 기독교의 신, 특히 구약의 신을 연상케 한다. 인식은 물론 그 어느 형상화나 우상화도 허용하지 않는, 단지 "야훼"로 명명될 뿐인 존재. 그러나 다른 한편으로 그것은 이전과는 다른 종류의, "유례없는" 초월성이다. 앞서 말한 것처럼 예민하기 때문에 쉽게 모욕을 느끼고 반응하지만, 또 앞서 말한 것처럼 인간에게는 무심하기 때문에 그 모욕이 누구 때문인지, 누구의 책임인지, 우리의 목적과 기획이 무엇인지에도 관심이 없다. 이것이 가이아를 인간에게 이해 불가능하고 불가항력적인 것으로 만든다.

이렇듯 가이아를 명명하는 일은 주어진 사실과 현상을 있는 그대로 받아들이는 것이 아니라 그에 대해 한 번 더 생각하고 또 그 이상을 상상하도록 만든다. 이것이 스텐게르스가 말하는 초월성의 또 다른 의미다. 스텐게르스는 가이아라는 "잊혀진, 유례없는 형식의 초월성"을 소환한 데에 다분히 도발적인 의도가 있음을 인정한다. 가이아는 특히 과학자들 사이에서 반감을 일으켜 왔다. 반감의 원천은 신화적 기원에 있었고, 거기에는 신화가 비과학 또는 반과학을 함축한다는 전제가 함축되어 있다. 나아가 이 반감은 "퇴보에 대한 우려", 다른 말로는 진보, 성장, 개발 등 산업혁명 이후 자본주의가 지향해 온 가치에 대한 과도한 확신을 보여주는 것이기도 하다. 그것은 자연이 인간에게 무한한 자원을 제공하며 따라서 무제한적인 개발은 정당하고 또 가능하며, 이에 따른 생산력의 발전과 경제 성장이 이 모든 문제를 해결해 주리라는, 그 외에 다른 가능성은 없다는 믿음을 의미한다. 가이아의 명명은 그와 다른 새로운 가능성을 모색하게 만든다.

4. 라투르: 가이아 대면하기

행위자-네트워크 이론(Actor-Network Theory: ANT)의 창시자이자 대표 주자인 라투르가 가이아 이론을 받아들인 것은 어쩌면 자연스러운 수순이었다. 가이아를 두고 동물, 식물을 위시한 생물체뿐 아니라 암석, 공기, 대양과 같은 무기물이 이루는 이종적인 연결망, 그야말로 행위자-연결망이요, 나아가 가이아야말로 행위자-네트워크 이론의 어쩌면 가장 성공적이고 상징적인 적용 사례라 해도 지나친 말이 아닐 것이다. 이는 2013년 기포드 강연과 이 강연을 보강하여 2015년 출간한 『가이아 대면하기(Facing Gaia)』에서 집대성된다(Latour, 2017). 여기에서 라투르는 인류세라는 이름의 시대적 위기가 "세계와 우리의 관계에 있어서의 근본적인 변이"를 의미하고 또 요구한다고 진단하고, 주체-객체로 나뉘는 이분법적 사고의 극복과 지구 등 다양한 존재물의 행위 역량 또는 행위성(agency) 개념을 (재)도입하는 한편, 인간 또는 문화 또는 사회가 자연과 맺는 관계를 재정의한다. 이로부터 기존의 자연 및 지구 개념을 대체하는 세계관/우주론으로서 가이아를 제시하는 것이 '가이아 대면하기' 기획의 주요 골자다.

스텐게르스의 가이아론이 라투르에게 중요한 영감의 원천이었음은 분명하다. 그러나 양자의 가이아론에서는 흥미로운 차이가 관찰된다. 『파국의 시대』에서는 '가이아'가 제목에서 빠진 것은 물론, 본문에서도 나중에서야 처음으로 "침입"했다면(Stengers, 2013: 33), 『가이아 대면하기』에서는 제목에서부터 전면에 등장한다. 『가이아 대면하기』에서 러브록의 텍스트나 러브록이 참조한 그리스 신화, 특히 헤시오도스의 「신통기」 중 가이아가 등장하는 부분이 상세하게 분석되고 있는 점 또한 『파국의 시대』와 대조되는 특징이라 하겠다. 스텐게르스의 가이아가 구약의 신처럼 구체적인 형상을 갖지 않고 관념적이고 추상적인 존재였던 반면, 라투르의 가이아는 명명의 대상을 넘어 대면 혹은 직면이 가능한, 그야말로 '얼굴(face)'을 가진 대상으로서, 다양한 비유와 도상을 통해 구체적인 형상으로 드러난 것이다. '대면'을 위한 선행 작업으로서 가이아로부터 초월성을 제거하는, 말하자면 '세속화'를 수행한 점 또한 라투르에게서 주목할 부분이다.

근대 이전에 지구는 인간에게 삶의 터전과 자원을 제공하는 대지이자 세계의 중심이었다. 그러다 코페르니쿠스와 갈릴레오 이후에는 공허하고 균질하고 무한하며 중심이 사라진 우주 안에서는 태양 중심을 도는 여러 행성 중 하나에 불과하게 되었다. 오직 질량과 속도라는 속성만을 지닌 채, 다른 일체의 변화 없이 오직 역학법칙에 의거해서 정해진 궤도에 따른 공전 및 자전 운동만을 지속한다는 점에서 다른 행성은 물론 지구 주위를 도는 위성과 같은 천체, 나아가 지구 위의 사과 같은 물체와 본질적으로 구별되지 않는 대상이 된 것이다. 러브록은 지구가 진공의 공간에서 공전과 자전 운동을 지속하는 물체가 아니라 생명체 못지않게 주위 환경과 상호작용하며 발생, 성장, 죽음, 부패, 변이 등의 다양한 종류의 변형을 겪는 일종의 생명체임을 환기했다. 라투르는 후설을 따라 전자를 "갈릴레오 객체"라 부르고, 후자를 "러브록 객체"라 부른다.

러브록의 발견은 지구의 행위성을 일깨웠다. 라투르는 그레마스의 문법이론과 세르의 준객체(quasi-objet) 이론에서 착안하여 인간 주체 개념을 대체한 행위자(actor) 또는 행위소(actant) 개념을 제시한 바 있다. 이는 앞서 언급한 것처럼 주체-객체 및 인간-비인간 등 근대적 이원론을 넘어서고자 하는 라투르 철학 기획의 일환이자 ANT의 핵심 중 하나다. 이전 저작에서 "행위자", "행위소", "행위/작용명(name of action)" 등으로 지시되었던 것들이 『가이아 대면하기』에서는 "행위성" 개념으로 압축된다. 어떤 실체로서의 행위자가 선재하고 그 행위자가 속성과 의도를 가지고 특정한 행위를 하는 것이라 보는 전통적인 접근은 더 이상 유효하지 않다. 거꾸로 행위로부터 그러한 행위를 효과로 갖는 원인으로서 다양한 행위성들의 연결을 추론하는 것이 핵심이다. 지구가 인간의 작용에 반응하면서 보이는 행태에 대해서도 이러한 관점에서 접근할 필요가 있다.

라투르는 가이아가 최초로 진정한 의미에서 세속적인(secular) 자연 개념을 제공한다고 강조한다(Latour, 2017: 87~94). 여기에서 세속적이라 함은 "어떤 외부 원인이나 종교적 기반도 포함하지 않으며" 오직 "이 세계"에 속한다는 의미다. 라투르는 가이아의 두 가지 "놀라운 특징"에 주목한다. "우선 비활성화되지도 과활성화되지도 않은 행위자들로 구성되어 있다는 것이고, 다음으로는 가이아를 구성하는 행위자들이 사전에 단 하나의 전체 안에 통합되어 있지 않다는 것이다. 가이아는 무법자이자 반체계다." 기존의 자연은 단일한 개체로서의 전체로 보는 전일론(holism)에서는 비활성화되어 있었다. 반면 "살아 있는 유기체"로 보는 생기론(vitalism)에서는 유기체, 세계-영혼, 신 등과 동일시되고 따라서 과활성화되어 있었다. 반면 기계론의 입장에서는 자연을 이루는 모든 부분은 자연법칙에 수동적으로 순종하고, 이때 자연은 부분들이 하나의 전체에 종속되고 통합된 것으로 주어져 있었다. 양자에서 지구는 하나의 통일되고 단일한 전체로서의 '구체(Globe; 또는 전 지구)'로 상정된다. 반면에 가이아는 전일론이나 생기론에서처럼 부분의 합보다 큰 전체도 아니고, 기계론에서처럼 부분으로 환원 가능한, 부분의 합과 동일한 전체도 아닌, 부분들이 전체에 종속되지 않는 연결들로 이루어진다. "러브록의 지구-시스템이 반체계인 것은 이러한 의미에서다. 가이아는 유일하지만, [단일하고 통일된 단위로서의] 일체 또는 일자인 것은 아니다"(Latour, 2017: 97).

어떻게 신화에서 기원한 가이아를 두고 세속성을 말할 수 있는가? 라투르는 그리스 신화에서 가이아가 카오스, 우라노스와 더불어 가장 원초적인 신으로서 올림포스 신들의 시대 이전의 힘임을 상기시킨다. 태초에 카오스가 있었다면, 카오스 다음으로 생성된 것이 바로 가이아다. 가이아는 압도적인 크기와 힘을 지닌 대자연이면서 "불사신들", 즉 후에 탄생하게 될 올림포스 신들의 거처로 묘사된다. 그런데 가이아는 단지 수동적인 거처나 처소가 아니라, 다른 신들과의 육체적 결합으로 신, 자연, 인간에 이르는 모든 것의 기원이자, 지상의 물체나 존재들을 지탱하고 끌어당기는 힘의 원천이자 세계의 중심으로 기능한다. 한편으로 가이아는 만물의 “어머니”이기만 한 것은 아니다. 신들을 생산하는 만큼 그들을 제거하는 데에도 앞장을 서다가 결국 제우스에게 제압당하기에 이른다. 스텐게르스가 지적한 것처럼, 자애로운 여신-성녀가 아니라 예민한 데다가 탐욕적이기까지 한 악녀에 가까운 것이다. 흥미롭게도 라투르는 가이아의 신성에 대해 스텐게르스와 상반되는 관점을 보여준다. 스텐게르스는 가이아라는 이름만 빌려왔을 뿐, 사실 그 이름을 통해 환기하고자 했던 것은 유대교-기독교의 유일하고 인격적이고 초월적인 신이었다. 반면에 라투르의 가이아에게서는 그리스 신화의 이교적이고 다신교적인 신이 보여주는 인격적이면서도 인간적이며 세속적인 면모가 부각된다. 이러한 원형으로서의 가이아의 재발견은 근대적 자연 개념에 은폐되어 있었던 기독교적인 신성(神性)을 제거하고 진정으로 세속적인 자연관을 정초한다는 것이 라투르의 주장이다.

나아가 이는 자연 개념 아니, 자연이라는 관념의 해체를 의미한다. “자연은 통일되고, 무관심(indifferent)하고, 공평하고, 전 지구적인 것으로, 자연의 법칙은 인과 원리에 의해 선험적으로 결정되어 있었다. 반면에 가이아는 통일되어 있지 않고, (…) 우리가 하는 일에 ‘무심(unconcerned)’하지 않으며, 우리의 작용에 ‘무사심(disinterested)’하기는커녕 우리와 이해관계를 갖는다”(Latour, 2017: 238). 여기에서 우리는 라투르가 가브리엘 타르드(Gabriel Tarde)의 사회학에서 착안하여 『자연의 정치학』이나 『사회적인 것의 재조립』부터 일관되게 주장해 온 합성주의(compositionniste) 테제를 재발견한다. 전통적으로 개인이나 개별 생명체와 같은 개체보다 그것으로 이루어진 전체 집합인 사회나 자연이 선험적으로 주어져 있고, 이를 통해 개인이나 각 생명체와 같은 개체가 설명된다고 생각되어 왔다. 라투르는 이 구도를 뒤집고 사회나 자연과 같은 전체 개념은 환원주의자들이 보는 것처럼 부분의 합과 일치하지 않고 전일주의자들이 보는 것처럼 부분의 합보다 크지도 않다고 지적한다. 부분들은 그러한 전체 대신에 모종의 방식으로 배치되고 결합되는 조성물(composition) 또는 배치물(assemblage)을 이룰 뿐이다. 가이아란 바로 그러한 조성물이나 배치물을 일컫는다.

이렇게 해서 라투르의 세속적 가이아는 스텐게르스의 초월자 가이아와는 달리 '대면' 따라서 '재현'의 대상이 된다. 전자의 가이아가 구약의 신에 근거해서 오직 '야훼'라는 이름만을 허용하고 일체의 형상화나 우상화를 금지한 유대 문화를 연상케 한다면, 후자로부터는 그리스 신화 속 신들을 조각, 회화, 희곡 등 다양한 예술 양식으로 재현한 헬레니즘 문화를 떠올릴 수 있다. 실제로 『파국의 시대』에서 가이아에 대한 구체적인 묘사를 찾아보기 힘들다면, 『가이아 대면하기』에는 가이아의 다양한 표상과 도상들이 도판과 더불어 제시된다. 이는 가이아가 어느 하나의 형상과 표상으로 환원되지 않는다는 점을 보여주는 것이기도 하다. 특히 라투르는 인류세에 이르러 지구본이나 인공위성 사진으로 대표되는 전 지구-둥근 행성의 형상이 해체되고, 인간과 다른 생명체 그리고 암석과 바다 등 무생물군의 혼종적 연결망으로 이루어진 지표면과 대기층의 얇은 층, 즉 '임계 영역(critical zone)'의 표상이 두드러지고 있음을 강조한다.

5. 해러웨이: 가이아 또는 툴루세라는 말썽(트러블)에 기거하기

라투르와 스텐게르스는 인류세 개념의 한계와 위험성, 이를테면 인간중심주의의 문제를 인식하고 또 경계하지만, 개념 자체는 인정하고 또 적극 수용한다. 그리고 이로부터 새로운 국면에 접어든 지구에 대한 관점 전환의 필요성을 읽어내고, 이를 가이아라 명명하고(스텐게르스) 또 대면함으로써(라투르), '가이아 이야기(Gaiastory)'라는 새로운 이론 혹은 역사를 제안한다. 지구를 가이아라는 이름으로 개념화·표상화하면서 그 이름이 가진 다양한 효과를 전유하는 전략을 취하는 것이다. 그럼으로써 가이아는 지질학, 철학, 신학, 사회과학 등 여러 학문의 성과들을 조합한 혼종(하이브리드) 용어로서, 근대(화)와 지구 개념에 대한 대안으로서, 자연과 인간 또는 문화, 인간과 비인간이라는 근대적 이분법과 그에 기초한 과학과 정치 사이의 분리를 타파하는 효과를 갖는다. 물론 다른 과학 용어, 이를테면 카오스와 비교할 때 지시대상이 불분명하고 불안정한 개념이고, 따라서 이름의 효과만큼, 아니 어쩌면 그 이상으로, 한계 또한 감수해야 하는 것은 사실이다. 그러나 이것이 가이아라는 이름을 배제할 이유는 되지 못한다는 것이 이들의 공통적이고 특징적인 입장이다.

그런데 가이아라는 이름은 실체론 혹은 본질론적으로 이해될 소지를 안고 있다. 실제로 어떤 대상이나 존재물에 하나의 이름이 부여되는 한 그것을 하나의 '실체'로 이해하지 않기란 어려운 일이다. 명명과 동시에 명명된 대상이 하나의 실체로 상정되고, 이는 그 실체에 여러 속성이 부여되는 실체론적 사고로 이어진다. 더군다나 가이아처럼 그 이름이 그리스 신화에서 온 경우에는 신비주의나 신인동형론적 해석으로 이어지게 마련인 것이다. 스텐게르스와 라투르가 가이아에 대해 각각 초월성과 세속성이라는 서로 상반된 속성을 부여하기는 했지만 공통적으로 '단순한 이름'을 넘어선 어떤 실체로 간주하면서 또 그에 따르는 한계와 위험을 감수한 러브록의 입장을 취했다면, 해러웨이는 이들의 논의에 대체로 호의적이면서도 이 이름에서 특별한 것을 찾지는 않는다는 점에서 마굴리스에 보다 가깝다. 실제로 해러웨이는 가이아를 수많은 가능한 이름 중 하나로서 다른 이름으로 얼마든지 대체할 수 있음을 보이는 재명명의 실험을 시도한다.

그리스어에는 대지를 가리키는 말로 가이아[또는 게(Ge)] 말고도 모두 땅 또는 흙이라는 뜻의 그리스어 '크톤(khthốn/cthon)'이 있었다. 거기에서 파생되어 나온 것이 크토니아(Chtonia)다. 크톤이 지하 혹은 심연의 대지라면, 가이아는 크톤을 덮은 의복 또는 크톤의 얼굴로, '표면'으로서의 가이아와 '지하'에 걸쳐 있는 크톤/크토니아의 대비가 가능하다. 그런가 하면, 가이아와 크토니아의 라틴어 번역인 '테라(terra)'도 있다. 해러웨이는 말한다. "가이아는 인류세에서 비로소 인정을 받았지만 내게는 그보다 테라가 지구스러워(earthly) 보인다. 그렇지만 테라와 가이아는 대립 관계에 있지 않다. 마찬가지로 라투르의 지구인(Earthbound)과 테라인(Terran)도 대립하지 않는다"(Haraway, 2016: 175, note 11). 여기에서 해러웨이가 참조하는 것은 헤시오도스나 오비디우스보다는 H. P. 러브크래프트나 존 발리와 같은 현대 과학소설(SF) 작품들이다. 가에아와 테라는 많은 SF에서 지구를 대체하는 배경으로 등장한다. 이를테면 발리의 가에아(Gaea) 3부작에서 가이아는 도넛 모양으로 토성 주위를 도는 인공위성 정류장으로, 다양한 종이 서식하는 식민지를 가리키는 한편으로 나이 든 여성에 비유된다. 해러웨이는 발리의 "성미 급하고 예측 불허인 가에아"가 라투르가 말하는 "지구인(Terriens)"이나 스텐게르스의 "침입하는 가이아"와 통한다고 본다. 이렇게 해서 가이아는 그리스 신화나 러브록·마굴리스의 이론이라는 기원 바깥으로 외연을 확장한다.

그런데 사실 해러웨이가 보기에 가장 근본적인 문제는 가이아인가 테라인가가 아니라 인류세, 그리고 이 개념이 어쩔 수 없이 내포한 근대주의와 인류중심주의다. "딜레마는 인류세의 관점에서 해결될 수 있지 않"고, 따라서 "함께 생각할" 다른 개념적 도구가 필요하다고 해러웨이는 말한다. 달리 말해 (재)명명과 대면해야 할 대상은 지구가 아니라 인류세라는 것이다.

> 현재 지구는 인간이든 아니든 피난처 없는 난민으로 가득하다.
> 따라서 새로운 이름이 필요하다. 아니 하나 이상의 이름이 필요하다. 강조하건대 인간을 포함하면서 역동적이고 현재진행중(ongoing)이며 공지하적인(symchthonic)[1] 힘과 권력을 위한 이름이 필요하다. (…) 우리가 할 수 있는 유일한 일은 다른 테라인들과의 강한 결속과 공동의 노동과 유희를 통해서 인간을 포함해서 풍부한 다종적 배치물(multispecies assem-

blages)이 증식하는 일인지도 모른다. 이 모든 것을 나는 툴루세(Chthulucene)라 부른다(Haraway, 2016: 100~101).[2]

"툴루세"의 '툴루'는 중북부 캘리포니아에 서식하는 거미 피모아 크툴루(Pimoa cthulhu)에서 왔다. 이 이름에서 속명 '피모아'는 유타주의 원주민 부족 고슈트의 언어로 '긴 다리'라는 뜻이다. 종명 '크툴루'는 러브크래프트의 단편소설 「크툴루의 부름(The Call of Cthulhu)」(1926)에 등장하는 크툴루(Cthulhu)에서 왔는데, 크툴루는 머리는 촉수를 포함하는 문어의 형태를 띠고 등에는 용의 것과 유사한 날개가 달려 있는 신적인 존재 혹은 괴물로 묘사된다. 해러웨이는 'cthulhu(크툴루)'의 첫 자음 'c'와 둘째 자음 't' 사이에 'h'를 추가하는 식으로 약간의 변형을 가해 'chthulu(툴루)'라는 새로운 이름을 주조하고, 이로부터 툴루세라는 새로운 시대 규정을 이끌어 낸다. 이것은 인류세와 자본세를 대체하지만 그렇다고 배제하는 것은 아니다. 인류세가 지질시대로 인정되는지의 여부를 떠나서 어떤 불연속과 단절의 지점을 나타내는 것은 분명하다. 해러웨이는 이것이 홀로세를 잇는 새로운 시대로서의 '세(世)'라기보다는, 홀로세 내부에서 일어난 변화를 나타내는 경계 사건(boundary event)으로서 유효할 수 있다고 본다.

여기에서 또 하나 주목해야 할 것은 '세'다. '툴루세'에 쓰인 '세(世)'는 앞서 살펴본 홀로세, 자본세 등 기존의 시대 구분과 동일한 접미사로, 그리스어 카이노스(kainos)가 그 어원이다. 해러웨이는 이를 "손상된 지구에서 응답-능

---

1) '함께'라는 뜻의 접두사 'sym'과 '크톤(khthôn)'에서 온 단어 'chthonic'를 조합해서 만든 해러웨이의 신조어다.

2) 'Chthulu'는 어원에 해당하는 단어 'chthonic[θάnik]'를 고려하면 '쏠루'라 표기해야 할 것이다. 그러나 러브크래프트의 조어 'Cthulu'의 표기는 '크툴루'로 관례화되었으며, 이것이 해러웨이가 자신의 조어인 'Chthhulu'를 제시하면서 직접적으로 참조한 어원에 해당한다는 점을 고려하여 '툴루'라 표기하기로 한다. 이후 논의 참조.

력을 기르며 삶과 죽음의 말썽거리(트러블)를 안고 살아가는 법을 배우는 일종의 시공간"으로 새롭게 재개념화한다. 크로노스가 과거-현재-미래로 이어지는 점적이고 연대기적인 시간 개념이라면, 카이노스는 현재 진행 중인, 현존하는 현재이면서도 점적인 순간보다는 충분히 두터운 시간이다. 그것은 과거로부터의 유산, 즉 기억으로 충만하여 도래할 미래를 양육하여 가능한 모든 물질성과 시간성을 전파하는 시간이다. "예전에도 있었고, 여전히 있으며, 앞으로 있을지 모를 또 다른 어딘가[공간]와 또 다른 언젠가[시간]를 위한 이름", 이것이 바로 툴루세다. 스텐게르스와 라투르가 인류세로부터 가이아라는 이름을 소환했다면, 해러웨이는 가이아에서 출발하되 크툴루같이 다른 신화적 인물들로 그 이름을 증식시킴으로써 인류세에 함축되어 있었던 근대주의(모더니즘)나 인류중심주의 등을 탈각하고 의미, 나아가 이름을 바꾸기에 이른다. 인류세와 자본세는 물론이고 가이아나 그 외의 수많은 이름들을 포집하고 이들과 얽혀 있는 그물망, 그것이 바로 툴루세다.

* * *

앞서 가이아가 새로운 종류의 과학적 대상이라 하였다. 이 새로움은 이름을 떠나 가이아의 '모(母) 학문'이라 할 수 있는 기후학 및 대기과학의 특성에서 비롯되는 것이기도 하다. 특히 기후학은 오늘날 논쟁의 대상이다. 기후 온난화가 실재하는가? 그리고 그것을 인간의 작용이 지구에 미친 영향에 따른 결과물이라 볼 수 있는가? 기후학은 물리학과 달리 저 너머의 '실재'의 현재 상태를 있는 그대로 기술하고 미래 상태를 예측하는 과학이 아니다. 기후학의 '실재'는 지구와 인간을 포함하며, 단지 현재의 기술과 미래의 예측에서 그치는 것이 아니라, 이 사실에서 출발해서 현재에 개입함으로써 미래의 상태 변화가 가능해지게끔 하는 일종의 수행적 효과를 유도한다. 그런 점에서 지질학과도 다르다.

서두에서 논한 인류세 논쟁은 사실 지질학 내부가 아니라 기후학이 제기한 문제로 시작되었다. 이제 논점은 인류세를 지질시대로 인정할 것인지의 여부를 떠나 이로부터 인간 자신이 지질학적 힘을 자각하고 기후변화에 적극적으로 대응해야 할 필요성과 정당성에 관한 것이 되었다. 이때 인류세는 '단지 이름'에 머무는 대신에 고유의 권력을 발휘하게 된다. 가이아도 마찬가지다. 라투르는 자기-규제 시스템인 가이아에 자기-의식(self-awareness)이 첨가될 때, 달리 말해 가이아가 스스로를 가이아라고 인식할 때, 기존과는 다른 새로운 가이아, 즉 '가이아 2.0'이 가능해진다고 말한다(렌턴·라투르, 2019). 인류세가 가이아라는 이름을 소환했다면, 가이아도 스스로를 가이아로 인식함으로써 스스로는 물론 인류세라는 시대를 바꿀 수 있는 것이다.

이 글에서 나는 가이아라는 이름을 둘러싼 하나의 서사, 가이아 이야기에 대한 또 하나의 이야기를 제시했다. 이야기는 가이아의 침입에서, 정확하게는 침입한 어떤 것을 가이아라 명명한 데에서 시작했다. 가이아는 초월적 존재로 우리에게 무심하면서도 동시에 책임/응답 능력(response-ability)을 요구하고, 언제나 미지의 것으로 남아 있으면서 '생각하고 느낄 것'을 촉구했다. 이어 라투르는 가이아의 침입에 응답하는 방식으로서 '대면'을 말했다. 그리고 스텐게르스에게서 '초월성'으로 남은 모호함을 제거함으로써 전적으로 세속적인 자연관을 정초하는 한편, 완벽한 입체-구체이자 통일체-일체로서의 자연 개념을 대신해서 임계 영역을 새로운 표상으로 제시했다. 이에 해러웨이는 두 동료 철학자들의 관점을 종합하며 가이아를 비롯해서 인류세나 그 밖의 다른 '말썽(트러블)'과 함께 기거(stay with)할 것을 주장했다. 여기에서 가이아와 인류세는 "복잡하고, 역동적이고, 반응적이고, 상황적이고, 역사적인 체계"로서, "자기생성을 포용하고 그것을 생성적으로 펼치고 확장"하는 관계에 있는 것으로 드러났다(Haraway, 2016: 58). 이처럼 가이아를 명명하고, 대면하고, 가이아나 또 다른 이름의 '말썽'에 기거하면서, 계속해서 새로운 가이아 이야기를 직조하는 일은, 기후 위기 앞에서 부정적이고, 비관적이고,

냉소적이며, 때로는 패배주의적인 태도가 팽배한 이 시대에 유의미하고 또 유효한 정치생태학적 실천의 한 방식이라 할 것이다.

참고문헌

러브록, 제임스(James Lovelock). 2004.『가이아: 살아 있는 생명체로서의 지구』. 홍욱희 옮김. 갈라파고스.

렌턴, 티모시·브뤼노 라투르(Timothy M. Lenton·Bruno Latour). 2019.「가이아 2.0: 인간은 지구의 자기-규제에 자기-인식을 더할 수 있을까?」. 우지수 옮김. ≪에피≫, 제9호.

마굴리스, 린(Lynn Margulis). 2007.『공생자 행성』. 이한음 옮김. 사이언스북스.

엘리스, 얼 C(Erle C. Ellis). 2021.『인류세』. 김용진·박범순 옮김. 교유서가.

Haraway, Donna. 2016. *Staying with the Trouble: Making Kin in the Chthulucene*. Durham: Duke University Press.

Latour, Bruno. 2017. *Facing Gaia*. Catherine Porter (trad.). Cambridge: Polity.

Stengers, Isabelle. 2013. *Aux temps des catastrophes*. Resister à la barbarie qui vient. Paris: La découvterte.

_____. 2015. "Accepting the Reality of Gaia: A fundamental shift?" in Clive Hamilton in François Gemenne and Christophe Bonneuil(eds.). *The Anthropocene and the Global Environmental Crisis: Rethinking modernity in a new epoch*. London: Routeledge.

2부

00

재생 버튼

버려진 것들의 귀환을 위한 리-플레이

정은영

2023년 이른 봄 관훈갤러리 1, 2, 3층 전관에서 열린 〈재생 버튼〉(2023.2.28~3.22, 관훈갤러리 기획전)은 버려진 것들을 주워 모으고, 폐기된 존재들을 불러들이는 동시대 작가들의 작업을 집중적으로 조명했다. 버려진 것들은 균질적인 영역을 확보하기 위해 우리가 매일 내다 버리는 쓰레기부터 사회의 주변이나 자연의 끝자락으로 밀어낸 이질적인 존재를 포괄한다. 그것은 더럽고 불쾌하게 여겨져서 내던져진 물건들, 생산력이 부족해서 혹은 그저 호감이 떨어진다는 이유로 배제된 인간들, 훼손된 환경 속에서 절멸의 위기에 처한 생물들을 망라한다. 김순선, 김승현, 김지은, 서인혜, 이종관 등 전시에 참여한 총 다섯 명의 작가는 이렇게 버려진 것들을 다시 들여와 사회적인 폐기 작동에 숨겨진 논리와 부조리한 과정을 주시하도록 이끈다.

유용성의 원리가 지배하는 사회에서 쓸모없는 대상, 비생산적인 존재는 가차 없이 폐기되거나 냉혹하게 평가 절하된다. 날마다 버려지는 사물들만이 아니다. 수익성이 없는 생각은 쓸데없는 잡념으로 폄하되고, 생산력을 상실한 노쇠한 몸은 사회적 잉여나 잔여물로 치부된다. 더 많은 것을 생산할수록 훨씬 더 많은 것들이 버려지는 글로벌 자본주의 사회는 유용하지 않은 것들을 폐기하기 위해, 폐기된 것들을 보이지 않게 감추기 위해, 골머리를 앓는다. 굳이 동남아시아의 도시 외곽에 쌓여 있는 쓰레기 산이나 북태평양 바다 위를 떠다니는 거대한 쓰레기 섬을 떠올릴 필요도 없다. 사물, 인간, 동식물을 막론하고 버려지는 것들의 영역이 걷잡을 수 없이 커지고 있는 현실을 우리는 매일 가까이에서 목격하고 있기 때문이다.

〈재생 버튼〉의 작가들은 글로벌 자본주의의 가치체계를 떠받치는 쓸모있음과 쓸모없음의 분류, 효용성과 무용성의 척도, 포함과 배제의 법칙을 미세하게 흔들며 비틀어 놓는다. 이들은 전 지구적인 산업화와 사회적인 상징구조가 추방한 것들을 상품과 쓰레기, 파괴와 재건, 사멸과 소생 사이의 틈에 옮겨놓고 생의 순환을 꿈꾸며 '재생 버튼'을 누른다. 이들이 시도하는 재생(再生)은 못 쓰게 된 물건에 다시금 쓰임을 부여하는 재활용(re-cycling)을 넘어, 파괴와 죽음으로부터 생성과 생명으로 넘어가는 회생(re-generation)을 유도하고, 언제든 폐기될 수 있는 것들이 주어진 용도에서 벗어나 그 자체로 유희하도록 해방하는 리플레이(re-play)를 실행한다.

김순선의 회화는 지난 15년 동안 오직 하나의 대상에 집중해 왔다. 바로 지구 최초의 생명체인 지의류(地衣類; Lichen)다. 지의류는 수억 년을 살아온 강인한 생물이지만 산업화 이후 급속도로 오염된 환경으로 인해 도시에서는 찾아볼 수 없다. 툰드라나 사막, 화산 분출 지역처럼 혹독한 환경에서 자생하고 도심에서 떨어진 숲속의 바위, 인적 드문 폐허의 벽, 심지어 묘비 표면 등에 기착하여 자라기에, 인간 사회에서 멀리 밀려난 별 '쓸모없는' 생물이다. 그러나 작가는 조류와 균류의 복합 유기체인 이 미천한 생물에서 단독으로는 불가능한 생존을 '공생'의 방식으로 해결해 온 놀라운 생의 원리를 발견한다. 혹독하고 외진 곳에 낯설고 은밀하게 퍼져 있는 '땅의 옷(地衣)'이 바로 그곳의 대기가 깨끗하다는 점을 알려주는 지표생물이라는 점도 놓치지 않는다. 그런 점에서는 인간이 지의류를 버린 것이 아니라 오히려 이 생물이 인간 사회를 버리고 떠났다는 표현이 적절할 것이다. 김순선의 화면은 얼핏 보면 비정형의 모더니즘 추상이라는 시각적 형식을 취하고 있는 듯하지만, 무수한 균열과 이질체의 결합이 헤아릴 수 없는 시간의 지층을 품고 있는 촉각적 표피로 뒤덮여 있어, 모더니즘 회화의 시각적 순수성이나 평면성의 원리를 벗어난다. 한 치의 공간도 한 순간의 시간도 헛되이 쓰지 않아 수억 년을 생존할 수 있었을 그 충만한 생명의 원리를 숙고하기 위해, 우리는 조밀한 표면의 최대한 가까이에서, 동시에 그 표면을 넘어서는 아득하고 먼 시선으로, 그의 회화를 들여다보아야 한다.

흔한 플라스틱 물건들을 재료로 쓰는 김승현은 자신이 '선택한 오브제'에 상징적인 변형이나 개념적인 변용을 가하지 않는다. 그보다 작가는 쌓거나 연결하거나 중첩하거나 집적하는 단순한 '물리적 재배치'를 수행한다. 이러한 '재배치'는 평범한 사물을 비범한 대상으로 끌어올리는 대신 그저 도구적 대상에 부여된 '도구성'을 벗겨냄으로써 그것을 정의 불가능한 사물로, 이상하고 야릇한 존재로 탈바꿈시킨다. 그가 선택한 오브제는 플라스틱 청소 도구들이다. 생분해되지 않는 쓰레기, 지구 전역에 편재해 있는 쓰레기인 바로 그 플라스틱으로 만들어진 빗자루, 먼지떨이, 쓰레받기 등 쓰레기로 만들어진, 쓰레기를 쓸어내는, 언젠가 쓰레기가 될, 화려한 플라스틱 청소 도구들. 모순과 역설로 점철된 그 도구들이 도구성을 벗은 채로 높은 천장에서 유영하거나 샹들리에처럼 드리워져 있고, 하얀 벽에서 솟구쳐 나와 폭죽처럼 폭발하거나 미지의 괴물처럼 꿈틀거리며 튀어나온다. 쓰레기를 청소하는 대신 공중 곡예를 넘고 일사불란한 군무를 추지만 여전히 빗자루는 빗자루이고 먼지떨이는 먼지떨이다. 하지만 동시에 그것은 더 이상 빗자루도 아니고 먼지떨이도 아니다. 김승현의 이 놀라운 '연금술'은 관념의 도움이나 개념의 보충 없이, 오직 탈목적화를 통해, 쓰레기와 쓰레기가 아닌 것의 경계를 없애고 그 자체로 놀이하도록 만든다.

도시사회학, 공간의 정치학, 물질적인 시각문화를 가로지르는 김지은의 작업은 파괴와 개발, 주거와 풍경, (재)건축과 (비)장소성의 문제를 탐구한다.

작가는 드로잉, 회화, 구축, 설치, 콜라주, 라인테이핑 등을 전방위적으로 동원하여 파괴와 건설이 뒤섞인 재개발 현장의 풍경, 그 초현실적인 '비-장소적' 풍경의 일상성을 보여준다. 일찍이 그가 주목한 것은 '도시의 주택난 해소'와 '주거생활의 복지 향상'을 내세운 '택지개발촉진법'이나 '재건축 연한 30년'과 같은 법률들이 어떻게 '파괴와 황폐화'를 일상적인 것으로 만들어 왔는지이다. 끊임없는 개발과 재개발, 변덕스러운 건축과 재건축은 결국 현재의 쓰레기와 미래의 폐기물을 양산하는 '폐허의 건축'과 다를 바 없다. 관련 법규들이 '폐허의 건축'을 지탱하는 지속적이고 끈질긴 소프트웨어라면, 공사 현장에서 사용된 후 '버려지는 것들'은 한시적인 하드웨어의 파편들이다. 공사 기간에 부수적으로 세워지는 컨테이너나 박스형 가건물들, 높은 건물을 지을 때 임시로 설치되는 비계(飛階), 건물의 뼈대에서 떨어져 나온 콘크리트 덩어리들, 파괴와 폐허의 '실재를 가리는 스크린' 역할을 하는 공사장 가림막 등 때로는 언캐니한 풍경이나 기하학적 패턴으로, 때로는 의사-건축적(pseudo-architectural) 구조물로 제시되는 이 파편들은 우리가 살고 있는 폐허의 물리적 증거들이다.

서인혜의 작업은 여성, 노동, 기억, 발화(發話)를 환유적 서사와 신화적 상상으로 엮어낸다. '시간을 견뎌온 몸'은 작가가 서사와 상상을 굽이굽이 연잇는 부드러운 끈이자 단단한 매듭이다. 묵묵히 김치를 담그는 어머니의 노동은 사회적으로 평가 절하된 여성의 노무로 이어지고, 긴 세월 노동으로 인해 나무껍질처럼 딱딱해진 할머니들의 피부는 그 노쇠한 몸을 감싸고 있는 알록달록한 꽃무늬 '몸빼' 일 바지로 연결되며, 노인의 웅얼거리는 노래와 파편적인 발화는 전통악기 연주의 보조음인 '시김새'와 자리 매겨지지 않는 미분음(微分音)으로 나아갔다가, 하늘을 떠받치는 오색 돌에서 떨어져 나와 쓸모없는 존재로 내버려진 고대 보천(補天) 신화 속의 무수한 편린의 모습으로 떠오른다. 시간이 새겨진 노쇠한 몸은 이렇게 끊임없이 미끄러지는 이야기를 관통한다. 작가는 한적한 시골이나 도시 변두리에 사는 할머니들을 인터뷰하며 수집한 민속지학적 자료들을 작업의 주재료로 사용하되, 그들의 이야기에 형상을 부여하는 방식에 있어서는 시적인 도약과 이미지의 변신을 두려워하지 않는다. 그런 의미에서 서인혜는 버려진 존재들의 웅얼거림을 '형상화된 발화'로 펼쳐 보이는 탁월한 이야기꾼이다.

이종관 작가가 멀리 북아프리카와 중앙아메리카 지역을 돌아다니며 수집한 것들, 거주지인 청주와 고향인 보령의 거리에서 주워 모은 것들은 문자 그대로 버려진 물건들, 바로 쓰레기다. 그는 그렇게 수거한 쓰레기들을 작업의 '오브제'로 사용하는데, 적지 않은 이들이 이 오브제를 '그에게 간택된 쓰레기'라 부른다. 18세기 문헌에 처음 등장한다는 '간택하다'라는 말은 본래 '분간(分揀)하여 선택하다'라는 뜻이었으나 조선 후기에 와서 임금, 왕자, 공주의 배우자를 고르는 중요한 행사를 의미하게 되었다고 한다. 왕가의 일원이 될 배우자를 고른다는 뜻을 지닌 '간택'은 일종의 '의식'에 가까운 이종관의 쓰레기 수집 행위에 담긴 '진실'을 참으로 역설적으로, 동시에 놀랍도록 적절하게 표현하는 말이다. 작가는 한갓되이 버려진 쓰레기에 사랑의 눈길과 따뜻한 마음을 내어주고, 섬세한 감각과 기발한 위트를 발휘하거나 흡사 사물의 이치에 통달한 도인과도 같은 직관을 동원하여, 하나하나 가려내어 골라내고, 정성스레 씻어주고 닦아주어, 한껏 스포트라이트를 받을 수 있는 그것들만의 무대에 올린다. 하찮은 쓰레기에게 이것이야말로 간택되는 것이 아니면 무엇이겠는가. 거리를 배회하며 몸을 숙여 줍고 또 줍는 '넝마주이' 작가 이종관은, 그러나, 아마도 버려진 그 모든 것을 간택하고 싶었을 것이다. 일찍이 '넝마주이'와 '시인'을 사라지는 것들의 구원자로 보았던 발터 벤야민을 빌려와 옮겨보자면, '넝마주이 시인' 이종관은 '자본주의가 내던진 모든 것, 그것이 잃어버린 모든 것, 그것이 짓밟았던 모든 것'을 하나하나 모으고 정성스럽게 수집한다.

〈재생 버튼〉에 참여한 다섯 작가는 각기 다른 곳에서 서로 다른 방식으로 버려지고 내던져진 것들을 구제한다. 글로벌 자본주의에서 작동하는 가차 없는 추방 기계에 제동을 거는 그들의 작업을 통해, 버려졌던 존재들은 소생하여 순환하고 되살아나 유희한다. 지금, 함께, 우리로부터 떨어져 나와 폐기된 것들, 하지만 언제나 바로 우리 자신이었던 그들을 맞이하자.

01

이종관, 넝마주이의 브리콜라주

한의정

19세기 프랑스의 시인 샤를 보들레르(Charles Baudelaire)의 데뷔는 문학계가 아니라 미술계였다. 그는 1845년 살롱(Salon) 비평을 시작으로 들라크루아 작가론 등 적잖은 미술비평 글을 남겼다. 특히 1863년 발표한 『현대적 삶의 화가』는 그의 모더니즘 미학을 엿볼 수 있는 중요한 텍스트이다(보들레르, 2014). 보들레르가 이 글에서 "현대적 삶을 그리는 화가"로 내세우는 인물은 화가라기보다 오늘날 신문사 기자나 리포터에 가까운 콩스탕탱 기스(Constantin Guys)였다. 기스는 1843년부터 전 세계를 떠돌아다니면서 크로키 형식으로 온갖 다양한 삶을 묘사한 풍속화를 ≪일러스트레이티드 런던 뉴스≫라는 신문에 기고하고 있었다(그의 요청에 따라 보들레르 글 안에서 'G.씨'로 불린다). 흥미로운 것은 보들레르가 G.씨를 지칭하는 여러 명칭들이다. G.씨는 보들레르의 글에서 종군 사진기자·관찰자·소요객(flâneur)[1]·철학자·시인·소설가·모럴리스트·상황의 화가·병마에서 갓 벗어난 사람·군중 속의 인간·어린아이·댄디 등으로 불리는데, 이 명칭들은 모두 '예술가'라는 이름과는 대립적

---

1) 소요객, 산책자, 활보자 등으로 번역되는 '플라뇌르'는 산업화된 현대사회의 관찰자로서 목적지 없이 도시 거리를 배회하고 경험하고 이해하는 존재이다. 특히 발터 벤야민이 보들레르를 연구하면서 플라뇌르 개념을 대도시 사회의 분석 도구와 삶의 방식으로 여겼다.

인 의미를 갖는다. 보들레르에게 '예술가'는 "전문가로서, 농노가 경작지에 매여 있듯 자신의 팔레트에 매여 있는 사람"이며, "손재간만 뛰어난 무식쟁이, 단순 일꾼, 제 고을에서만 수재, 촌뜨기들"로 폄하된다. 이렇게 예술가가 폄하되는 이유는 보들레르에게 '진정한 예술'은 '현대적 삶(modern life)'을 표현하는 것이기 때문이다. 보들레르는 같은 글에서 "현대성(modernity), 그것은 일시적인 것, 순간적인 것, 우연적인 것으로서 예술의 절반을 차지하며 나머지 절반이 영원한 것, 변하지 않는 것이다"(보들레르, 2014: 31)라고 정의하며 화가들이 '현대적 삶'을 포착해야 함을 주장한다. 보들레르에게는 팔레트만 쥐고 테크닉만 앞세우는 화가들보다, G.씨처럼 각국을 돌아다니며 전쟁터의 현장성을 담아내고 거리의 급변하는 유행 속에서도 시적인 그 무엇을 그릴 줄 아는 사람이 영원성과 동시대성을 동시에 담아내는 진정한 화가인 것이다.

이종관의 작업도 G.씨의 스케치들처럼 자신이 머물고 지나온 곳들의 관찰과 기록이다. 그가 머문 남아메리카, 아프리카, 인도 등에서 직접 수집한 '것들(things)'로 작품을 만들어 내니 말이다. 자신의 작업 반경을 이젤과 팔레트, 학교와 책 안의 지식에 머무르게 하지 않고 동시대 삶의 현장으로, 그것도 세계의 구석구석으로 확장해 나가며, 새롭게 만나는 것들을 모아 작업으로 전환시키려는 그의 자세는 보들레르가 말한 "현대적 삶을 그리는 화가"에 가깝다. 다만 현장에서 마주치는 삶의 순간순간 모습들을 '그림'으로 영원히 잡아두는 방식이 아니라, 쓰고 버려진 현장의 쓰레기들을 줍고, 그 쓰레기들을 조합해 '작품'으로 변환시키는 작업을 한다.

그런데 왜 하필 쓰레기인가? 예술의 재료로 쓰레기가 선택되기 전, 먼저 '폐허(ruin)'에 경도된 사람들은 있었다. 보들레르보다 앞선 시대에 드니 디드로(Denis Diderot)는 1767년 살롱 비평에서 위베르 로베르(Hubert Robert)가 그린 폐허 풍경에서 경이로움과 숭고와 같은 위엄을 발견했고, 이를 "폐허의 시학(Poétique des ruines)"이라 칭하며 칭송했다. 폐허는 인간이 통제할 수 없는 시간의 지속성과 영원함을 보여주는, 장엄하게 쇠락한 아름다움 그 자체였던 것이다. 아마도 이러한 낭만주의적 폐허의 저급한 버전이 쓰레기 폐기물일 것이다. 역사의 위대함과 쇠락의 길을 기억하기 위해 고대 건축물이 있는 폐허 풍경을 낭만적으로 채색하고 문학예술의 차원에서 업그레이드하려 노력한다면, 쓰레기 폐기물은 매장하거나 파괴하여 우리 눈앞에서 사라지기를 간절히 바란다는 점에서 차이가 있다. 보통 사람들에게 쓰레기란 눈에 거슬리는 것이고, 더럽고 냄새나고 유해한 것이다. 그래서 우리는 쓰레기를 우리의 시계(visibility)와 욕망 바깥으로 대단히 빠르게 혹은 은밀하게 내다 버리는 것이다.

그런데 이종관은 이 쓰레기, 폐기물, 잡동사니 사물들을 선별하여 줍고, 소중히 그러모아, 우리의 가시계 안에 다시 펼쳐놓는다. 우리는 순백의 전시장 안에 정갈하게 놓인 쓰레기의 변신을 보면서 적잖이 당황하게 된다. 첫째는 '과테말라의 쓰레기', '지중해 폐항구에서 주운 오브제'와 같은 작품의 출처(origin)에서 흠칫하고, 둘째는 작가가 지구 반대편까지 가서 가져온 쓰레기 잡동사니들이 내가 일상에서 쓰다 버린 것들, 더 이상 사용가치를 찾지 못하고 내버려둔 것들과 크게 다르지 않아 보여서 움찔한다. 브라이언 딜(Brian Thill)이 말한 것처럼 쓰레기는 '고아'와 같은 특성을 갖는 사물이다. 즉 쓰레기는 비록 일시적일지라도 이동 중이지도 매립되지도 않은 채 어딘가 머물러 있는 상태일 때가 있다(딜, 2021: 33~34). 이러한 '고아' 상태의 쓰레기를 예상치 않은 곳에서 마주하게 되면, 혹시 이것이 내가 버린 아이가 아닌가 하는 의구심, 이 아이가 여기를 자기 집처럼 여기며 떠나지 않으려 하면 어쩌나 하는 두려움이 먼저 찾아온다. 그리고는 어쩌면 나도 〈독거〉(2021)의 형상처럼 이 세상에서 홀로 살아가는 고아 같은 존재임을 자각하게 되면서 쓸쓸함이 함께 몰려온다. 그러나 그 어떤 대상도 내재적 특성에 의해 쓰레기로 규정되지는 않으며, 내적 원리에 의해 쓰레기가 되지는 않는다는 사실을 기억해야 한다(더글러스, 1997: 69). 나면서부터 쓰레기인 존재는 없다. 이종

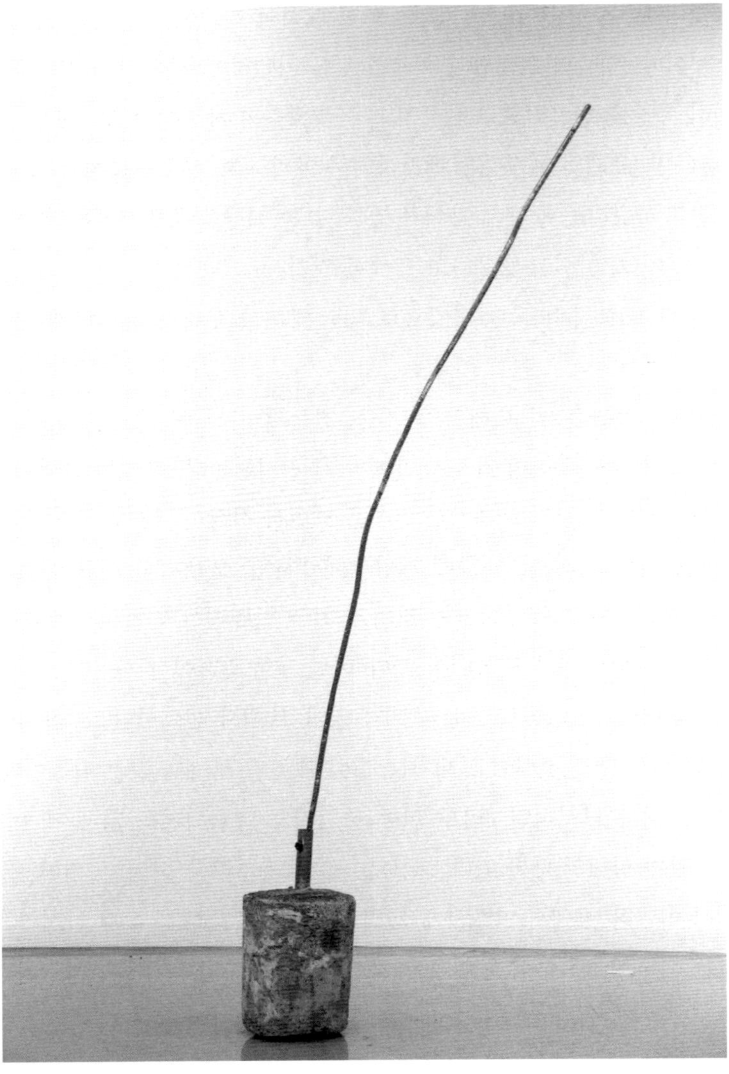

사진 1 〈독거(Living Alone)〉, 2021_시멘트 방지석, 철봉_280xΦ30cm

관은 이렇게 살다가 고아가 된 상태의 쓰레기들을 줍는 넝마주이이다.

필자가 감히 예술가에게 '넝마주이(chiffonnier; rag-picker)'라는 이름을 갖다 붙이는 것은 물론 보들레르의 「넝마주이의 술」이라는 시를 떠올렸기 때문이다(보들레르, 2023: 219~220). 그러나 이것의 의미는 (보들레르의 시에서 영감을 받은) 발터 벤야민이 지그프리트 크라카우어(Siegfried Kracauer)의 글쓰기 방식을 '넝마주이'에 비유했던 것에 더 가깝다. 벤야민은 크라카우어를 "술 취한 듯 구시렁거리며 말의 조각들과 대화의 편린들을 집게로 집어 무덤덤하고 고집스럽게 자기 수레에 던져 넣는, 그러다가 다 해진 천 조각 몇 개—'인간성', '성찰', '몰입' 따위—를 무심한 듯 바람에 날려 보내는, 혁명의 날 이른 새벽의 한 넝마주이"로 칭했다(Benjamin, 2005: 310). 넝마주이는 익숙하고 범상한 탓에 그저 소비되고 버려질 뿐인 삶의 조각들을 수집하고, 거기에서 깊은 사유를 길어 올리는 자다. 벤야민이 묘사한 것처럼 넝마주이는 눈에 띄는 모든 것을 무조건 모으기만 하지 않는다. 무심히 자연에 돌려줄 것은 돌려주고, 자신의 '인상'이라는 집게로 보고 느끼며 걷어 올리는 것이다. 이종관이 다녀온 각 나라별 박스 안에도 체계나 원칙 없이 걷어 올린 인상의 파편들이 가득 차 있다. 그리고 그는 박스의 수많은 것들 중 하나를 끄집어내어 다른 하나 또는 두 개와 툭툭 연결시킨다. 파편들이 연결되어 새로운 형상이 되고 그것을 지금 여기(hic et nunc)에 위치시킨다. 하나의 조각이 존재했던 시공간을 둘러싼 온갖 기억과, 그 이후의 궤적들을 이어 붙이는 작업이다. 우리는 파편들의 '예전'과 '지금'이 번쩍이며 만나 예기치 못한 별자리(constellation)를 형성하는 것을 목격한다. 이것이야말로 벤야민이 말하는 '이미지의 변증법'이자 "사소한 것의 광채"를 드러내는 방법이다(김수환, 2022: 21). 처음 우리가 쓰레기 무리들을 발견했을 때의 당혹감과 씁쓸함은 이 광채 앞에서 놀라움과 즐거움으로 변하게 된다.

그런 면에서 이종관의 쓰레기 활용법은 여타의 에코아트 또는 환경미술과 결을 달리한다. 이종관의 사물들은 버려진 것을 다시 리사이클하자는 환경

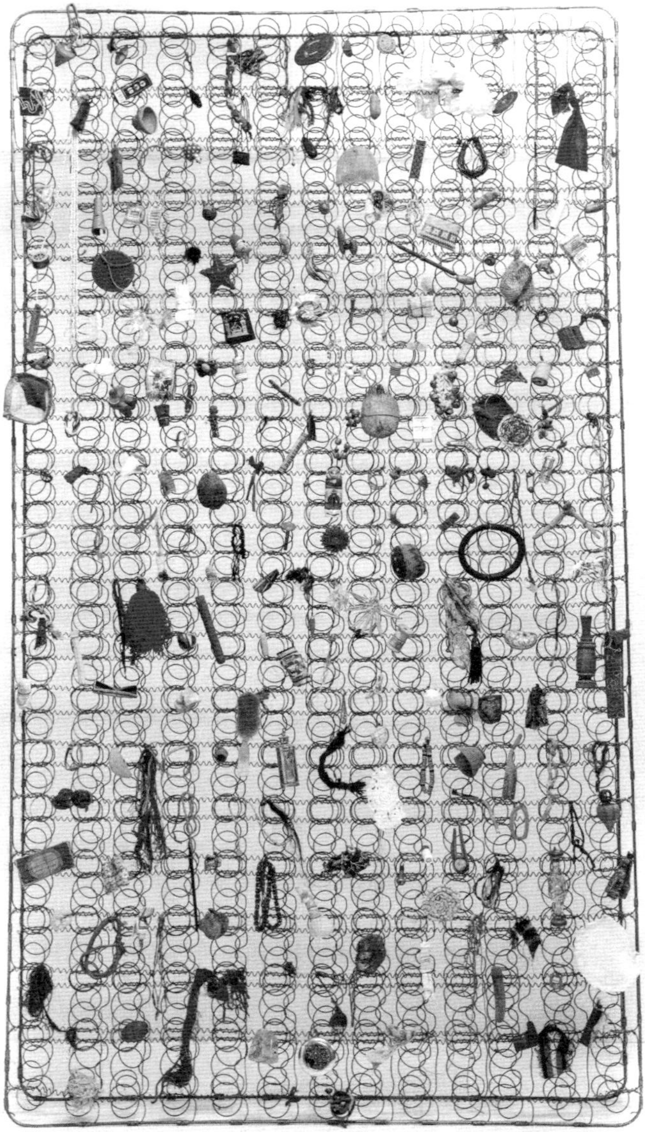

사진 2 〈인도 발품〉, 2018~2019_인도 사물오브제, 침대 스프링_196x106x16cm

보호 정신을 내세우고 있지 않다. 일견 더럽고 추해 보이는 것을 윤색하여 고귀하고 아름다운 예술의 영역으로 편입시키려는 노력도 하지 않는다. 다시 말해서 이종관은 예술의 기능성(사회성)과 순수성(자율성), 양자 사이에서 어느 쪽으로도 기울지 않는다. 그저 "예술가는 예술로써 끊임없이 변하고 운동 중인 자연의 특성, 즉 광범위한 변용(metamorphosis)에 참여"(모라나·우댕, 2013: 93)하는 행위를 지속할 뿐이다. 이종관이 어느 폐기물 처리장에서 골라낸 버려진 사물은 오늘 여기서 다른 오브제와 접속하여 예술의 조각(fragment)이 되었다. 이종관은 하나의 조각을 이질적인 다른 조각과 결합하여 다른 존재로 변모시키고, 새로운 시공간에 재배치함으로써 또 다른 관계 맺음을 기다리는 '잠재 상태'로 만들어 놓은 것이다. 그런데, 이 변용의 행위는 엄청난 기술이나 숙련된 예술적 능력을 필요로 하는 것이 아니다. 그 자리에 있는 재료와 도구를 가지고 뚝딱뚝딱 손으로 만들어 내는 브리콜라주(bricolage)[2) 수준이다. 그가 전시장에서 사물을 재배치하는 방식은 침대 스프링에 작은 잡동사니들을 잔뜩 건다든지[〈인도 발품〉(2019)], 폐어망이나 실크스카프 천들을 천장에 매달아 늘어뜨리는 식이다[〈억류〉(2023), 〈만감〉(2022~2023)]. 〈아티틀란〉(2016)처럼 버려진 상자나 목재 조각이 액자나 좌대의 역할을 해주기도 한다. 또한 (작가의 표현 그대로 옮기면) 장터 가기 전날 밤 만드는 음식처럼 직접 손으로 빚은 몇 천 개의 오브제를 전시장 바닥에 오와 열을 맞추어 진열하기도 한다[〈줍/픽〉(2019~2022), 〈중남미 산산조각〉(2022), 〈아프리카 산산조각〉(2023)]. 이렇게 재배치된 모든 사물들에는 나름의 질서가 있다. 넝마주이가 대충 얼기설기 이어놓은 넝마 같아 보일 수 있지만, 사실 이 '사물의 질서(order of

---

2) 브리콜라주는 프랑스어로 공작, 목공 일, 간단한 작업, 수리 등을 뜻한다. 프랑스 인류학자 클로드 레비스트로스(Claude Lévi-Strauss)가 아마존의 원주민들이 정글에서 뭔가를 발견하면 자루에 담아 보관해 두었다가 나중에 요긴하게 써먹는 능력을 '브리콜라주'라 명명한 이후, 현대 예술, 문화, 철학 영역에서 '손에 닿는 재료들로 가장 값지게 창조적으로 사용하는 기술'이라는 뜻으로 사용되고 있다.

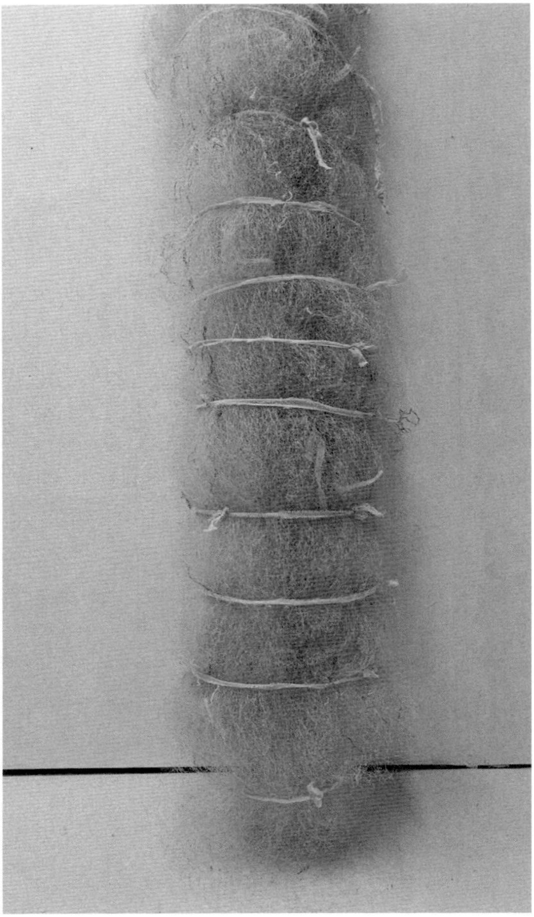

사진 3 〈억류(Detection)〉, 2023_지중해 예티 해변 폐그물, 면사 끈_260xC116cm

things)'는 치밀한 브리콜뢰르(bricoleur)의 몸에 체득된 기술, 테크네(techne)에 의해 부여받은 것이다.

인터뷰에서 이종관은 자신이 '예술가'라고 느꼈던 사람들에 대해 이야기해 주었다. 작업에만 매진하기 위해 교단을 떠나 날아간 남미에서 그는 그곳의 삶을 사는 현지인들, 떠돌이 집시들을 가까이에서 관찰하고 함께 생활하

사진 4 〈만감(Flood of emotion)〉, 2022~2023_세컨핸드 실크스카프_180xC245cm

며 그들과 동화되어 갔다.[3] 그들은 매일 다양한 색깔의 천을 꼬거나 이어서 작은 수공품들을 만들었고, 그것을 팔아 딱 하루 먹을 양식 분량만 벌면 만족하고 더 이상을 탐하지도 남의 것을 욕심내지도 않았다. 그들이 바로 '예술

3) 이 책의 173~174쪽, 이종관 작가 인터뷰 참고

사진 5 〈아티틀란(Atitlan)〉, 2015~2016_과테말라 산페드로 화산 비수라, 폐목재_16.5x34.5x8.5cm

가'라고 이종관은 이야기한다. 이종관의 작업실에도 "그릴 것과 약간의 음식, 이것이 원하는 것의 전부인 사람들, 이들이 바로 예술가다"라는 오스트리아 어느 작가의 말이 붙어 있다. 이종관은 이러한 예술관을 지지하며 그러한 예술가로 살기로 한다. 이종관이 생각하는 예술은 전시장에 진열해 놓고 팔리기를 기대하는 '예술품'이 아니다. 결과물로서 예술품은 하나의 산물(production)에 불과하다. 이종관이 생각하고 지향하는 예술은 '삶을 만들어 가는 방식'에 가깝다. 원래 예술은 제작학(포이에시스; poiesis)에서 비롯되었고, '작품'의 어원인 에르곤(ergon)은 삶을 '제작해 나가는' 방식과 관련 있다(Foucault, 2001: 1202~1230). 즉 예술가는 특별한 직업이 아니다. 자기 자신을 능동적으로 구성해 가며, 자신의 삶을 작품(ergon)으로 만들어 나가는 자가 예술적 주체인 것이다.

이렇게 삶을 작품으로 삼는 것은 반드시 인간의 자유와 선택을 포함하고

사진 6 〈줍/픽(Joup Pick)〉, 2019_쓰레기 오브제 6000개, 지점토_가변 크기

있다. 작품을 만드는 목적이나 욕망, 또는 의지에 따라 테크네를 작동시키는 주체의 자유가 있어야 생(生)이 완성되기 때문이다. 이러한 삶은 규칙(régula)에 따르는 것이 아니라 형식(forma)을 따른다. 이것이 생의 스타일이며, 생에 부여해야 하는 일정한 형식이다. 예를 들어 건축가는 아름다운 사원을 구축하기 위해 필요한 기술적 규칙을 따라야 할 것이다. 하지만 훌륭한 건축가는 사원에 아름다운 형식을 부여하기 위해 충분히 자유를 활용하는 사람이다. 마찬가지로 삶의 작품을 만들려고 하는 사람이 염두에 두어야 할 것은 규칙에의 복종이 아니다(푸코, 2007: 449~450). 자기 자신을 작품화할 때 필요한 기술이 '실존의 기술(arts de l'existence)'이다. 미셸 푸코에 따르면, "이 말은 사람들이 그것을 통해 스스로 행동 규칙을 정하고, 자기 자신을 변형하고 특이한 존재로 스스로를 변화시켜, 그들의 삶을 특정한 미학적 가치를 지닌, 특정한 양식의 기준에 부합하는 하나의 작품으로 만들려고 노력하는 신중하고 자발

적인 실천으로 이해해야 한다"(푸코, 1997: 25). 필자가 만나 이야기를 나눈 이종관은 이러한 실존의 기술을 자신의 삶에 행하며, 삶이 예술이 되는 길을 묵묵히 걸어가고 있었다. 누구든 필자에게 "작품과 삶이 일치하는 예술가"를 묻는다면 이종관이 가장 먼저 떠오를 것이다.

참고문헌

김수환. 2022. 『혁명의 넝마주이: 벤야민의 [모스크바 일기]와 소비에트 아방가르드』. 서울: 문학과지성사.

더글러스, 메리(Mary Douglas). 1997. 『순수와 위험』. 유제분·이훈상 옮김. 서울: 현대미학사.

틸, 브라이언(Brian Thill). 2021. 『쓰레기』. 한유주 옮김. 서울: 플레이타임.

모라나, 시릴·에릭 우댕(Cyril Morana and Eric Oudin). 2013. 『예술철학』. 한의정 옮김. 서울: 미술문화.

보들레르, 샤를(Charles Baudelaire). 2014. 『현대의 삶을 그리는 화가』. 정혜용 옮김. 서울: 은행나무.

_____. 2023. 「넝마주이의 술」. 『악의 꽃』. 황현산 옮김. 파주: 난다.

푸코, 미셸(Michel Foucult). 1997. 『성의 역사 2: 쾌락의 활용』. 문경자·신은영 옮김. 파주: 나남.

_____. 2007. 『주체의 해석학: 1981~1982, 콜레주 드 프랑스에서의 강의』. 심세광 옮김. 서울: 동문사.

Benjamin, Walter. 2005. "An Outsider Makes His Mark." *Walter Benjamin: Selected Writings, Volume 2: Part 1 1927~1930*, translated by Roodney Livingstone and others. Cambridge, Mass.: The Belknap Press of Harvard University.

Foucault, Michel. 2001. "A propos de la généalogie de l'éthique: un aperçu du travil en cours." in *Dits et écrits II 1976~1988*, Paris: Gallimard, pp.1202~1230.

이종관 작가 인터뷰

일시: 2023년 8월 25일

장소: 청주 이종관 작가 작업실

참석자: 이종관, 한의정

(…)

이종관: (…) 교수님 오신다고 해서 내가 어제 인터넷에서 교수님 강의 찾아서 들어봤어요.

한의정: 어떤 걸 들으셨죠?

이종관: 건국대에서 하신 뒤샹 강의요. 저도 97년 정도에 교원대에서 설치미술 전개에 대해 논문을 썼는데 그건 피상적으로 그냥 대지 예술이 어떻고, 60~70년대 이후 일부 작가를 언급하고 한국에서 현대미술 시작한 부분을 건드렸는데, 교수님은 미학적으로 철학적으로 들어가니까 완전히 새로운 내용이던데요. 뒤샹이 알프레드 자리? 그 사람의 영향을 받았다, 그런 접근을 나는 공부해 본 적이 없어요. 그리고 쓰레기 같은 것, 요즘에 뜨는 거를 1912년 이럴 때 이미 다 했던데요.

한의정: 하늘 아래 새것이 없죠. 제아무리 뒤샹이라도. 시대와 사회 분위기 영향이 있기 마련이죠.

이종관: 초현실주의 애들도 그렇고요. 그렇게 보면 저도 유혹을 참 많이 받아요. 2019년도 청주시립미술관 전시를 기획할 때 인도나 남미, 아프리카 등지에서 많이 수집해 온 세컨핸드 실크스카프를 소재로 하려다가 관뒀는데요.

아프리카 이쪽은, 인도도 마찬가지인데, 건물을 다 짓고 입주하는 것이 아니라 건물을 짓다 말고(지으면서) 들어가 살거든요. 돈 벌어서 페인팅하는 거예요. 외관에 시멘트가 막 그대로 있죠. 그런 건물들에다 이 스카프들을, 낡은 거든 새 거든 빨아서 널면 그 색깔이 정말, 그 햇빛과 온도와 기후 때문에 찬란해요. 정말 낡은 것도 찬란해 보이죠.

이런 걸 저는 한 번 가면 몇 백 개씩 갖고 들어오니까 괜찮은 걸 꺼내 갖고 시립미술관 전시 때 어떻게 좀 해보려 했는데, 여기서는 그 느낌이 안 난다고 판단한거야.

한의정: 너무 정돈된 곳에 걸어놓으면서 느낌이 달라진 걸까요?

이종관: 우리나라에는 색동이 있고, 남미도 색채가 있고, 인도도 색채가 있고, 아프리카도 색채가 있고, 유럽도 색채가 다 있잖아요. 전체적으로 저는 같다고 보거든요. 문화도 마찬가지죠. 교수님이 더 잘 아시겠지만, 각황사 이런 오래된 절에 단청이 벗겨진 문양을 보니까 6세기 7세기 이슬람의 건축이 그대로 있더라고요. 진짜 똑같은 문양이 있어요. 꽃창살 문양이요. 어디서부터 어디로 전파되는지는 잘 모르겠지만, 그건 연구하는 사람들이 할 테고, 시기는 언제고, 누가 어떤 영향을 줬는지 모르겠으나, 세계를 돌아다녀 보면 어떤 부분들은 똑같아서 너무 놀라요.

색채도 거의 똑같아요. 저는 많이 돌아다녀 보니 알게 됐죠. 색채든 문양이든 전 세계 어디든 다 같아요. 대신 아까 말했던 그 풍토, 온도, 정서, 삶 이런 것 때문에 색채가 another로 보이는 거지.

이번 관훈갤러리 전시도 인터넷 보니까 누가 내 작품을 보고 나라별 대륙별 쓰레기 시리즈인데 지역성이 안 느껴진다고 써놨더라구요?

한의정: 그럼 그분이 잘 본 거 아닌가요? 같은 장소에 온도와 분위기가 비슷한 곳에 비슷비슷하게 전시되어 있으니, 구별이 안 된다는 거잖아요?

이종관: 나는 웃기다고 생각했어요. 하지만 그렇게 볼 수도 있구나. 사람들은 이렇게 나라마다 다른 부분을 발견하고 싶어 하는구나 했어요. 얼마든지 그럴 수 있죠. 사실 나는 그게 다 같다는 의미로 거기다 갖다 놓은 건데.

한의정: 보통 아카이브, 수집품 전시가 종류별로 '구별'하고, '분류'해서 보여주니까 뭔가 다른 점을 찾으려 하는 것 같아요. 작가님의 분류 기준은 그렇다면 그 쓰레기가 나온 곳, 출처, 그리고 작가님이 수집한 곳을 '기억'하기 위해 분류해 놓는 거지요? 그런데, 쓰레기라고 하는 것이 돌아가는 거잖아요. 물질로, 원래의 상태로 돌아가는 것. 처음 상태로 돌아가는 것이기 때문에 근본적으론 같아지는 게 맞는 것 같아요.

이종관: 그리고 아까 조금 언급하다 말았는데, 그 옛날 뒤샹이나 초현실주의자들 시대만 해도 그 시대는 지금처럼 쓰레기가 많이 없었을 것 같아요. 생활에 필요한 도구들이 지금처럼 많지 않았잖아요. 아직도 인디언들이나 원주민들을 보면 최소한의 자연물 등을 가지고 생활에 꼭 필요한 것만 갖고 쓰잖아요. 그러니까 그때는 당연히 지금의 저처럼 쓰레기 갖다가 창작하거나 순수미술화하는 걸 생각도 못했을 테고, 뒤샹이 창작하는 것들도 그 당시 사람들에게는 '쓸모없는 것들'로 보일 수밖에 없죠. 뒤샹의 방법이 나중에, 지금 우리가 겪을 일들을 선구적으로 보여준 건 맞아요. 근데 지금은 그런 방식은 아니죠. 뒤샹 때보다 100년 지났는데. 근데 그럼에도 불

구하고 왜 자꾸 '환경보호' 하고 막 이거는 제가 왜 거부감이 있는지 모르겠어요.

한의정: 요새 환경 생태 이쪽이 제일 핫하죠. 미술뿐 아니라 인문학, 과학기술 모든 영역에서 지금 이 위기의 순간에 이거를 얘기 안 하면 다음 세대에 물려줄 지구는 없다면서 다들 거기에 매달리고 있는 거죠. 작가님은 이미 오래전부터 하고 계신 건데요, 환경보호 차원은 아니지만요.

이종관: 저는 그냥 가는 거예요. 아까 여행 얘기를 꺼냈듯이 그냥 '놀이' 같아요. 한국에서 다른 곳으로 떠나는 거, 거기서 몇 달이고 사는 거, 한국으로 여행 오는 거, 그리고 지금 이 자리에 내가 있는 거 모두요. 내가 처음 20살 때 페인팅을 사용하면서 테레빈 냄새 맡을 때 그 흥분을 아직 똑같이 갖고 있어요. 60이 돼도. 그 떨림, 흥분이 똑같이 있어서 내가 이걸 계속할 수 있는 거예요. 그래서 난 힘든 게 없어요. (…) 나이 먹으면 사람들이 세 가지가 고민이잖아요. 건강하고 돈하고 나이 먹으면 자식 걱정이 있어. 난 이 세 가지를 걱정을 안 해요. 그런데 걱정이 있다면 제 작업이죠. 제가 공언을 했어요. 70살 때까지는 판매 안 하고, 가만히 지속해 보겠다고. 그 이후는 잘 모르겠다만.

한의정: 처음 작업부터 맨 처음부터 이 쓰레기 작업 하신 건 아니죠?

이종관: 페이팅했고, 물성을 다루거나 개념적인 입체 작업을 주로 했죠.

한의정: 쓰레기에 관심을 가지고 이걸로 작업을 해야겠다 하게 된 어떤 계기가 있었나요?

이종관: 그게 바로 이제, 제가 여러 번 작가 노트에 썼는데 학교하고 강의하고 이런 걸 하다가 2015년, 8년 전에 오십 몇 살에 다 관두고, 그렇게 가고 싶어 했던 남미를 간 거예요. 1년을 그림 그리러 간 거지. 이제 그림 그리겠다. 제가 개인의 역사를 보니까 10여 년을 그림을 안 그린 때가 있었어요. 그래도 언제나 그림 그리고 싶은 욕구가 있었고, 그 욕구 때문에 작업을 하러 남미에 간 거예요.

근데 작업실을 얻고, 그림을 시작했는데 불편했어요. 여러 가지가. 그러고 그림 재료 가격이 너무 비쌌어요. 미국 이런 데서 수입한 것만 파니까. 그런 와중에 하다가 과테말라 산페드로 그러니까 그 아티틀란 호수 근처로 갔어요. 체게바라가 혁명을 포기하고 눌러앉고 싶다고 한 호수예요.

근데 그때 호숫가에 막 쓰레기들이 있는 거야. 그 쓰레기가 너무 생소하고, 이상하더라고. 화산 쓰레기였어요, 그래서 재밌는 것을 주워다가, 숙소 유리창이 조각조각 나 있는 데다가 이렇게 올려놨죠. 순간접착제는 내가 갖고 다니거든. 뭐 이렇게 가방 끈 떨어지거나 할 때 붙이려고. 그렇게 주운 쓰레기들을 붙여서 창가에 올려놨는데, 근데 많은 동네 친구들이 되게 좋아하더라구요. 걔들은 뭘 하냐면, 주로 이렇게 주워다가 뭔가를 만들어, 목걸이 만들고 막 재미있는 거를 그래서 팔아, 싸게. 걔네들은 국적도 없고, 이쪽 남미는 왜 그냥 통과통과야. 이렇게 자전거든 오토바이든 타고 국경 넘어다니니까. 아르헨티나 사람인데 볼리비아에서 그냥 죽어. 살다가 이를테면 국가 뭐 이런 민족 개념이 잘 없더라고.

그런 내가 만난 재미있는 친구들 중 몇 명은 그런 걸 만들어서 팔아요. 소위 말해서 집시들이 그런 걸 많이 만들어 파는데, 내가 걔네들을 숙소로 자주 데려왔어요. 특히 비가 막 폭우로 쏟아지고 하면, 데리고 와서 빵이라도 같이 먹고 했죠. 근데 와도 절대 폐를 안 끼치려고 그래요. 뭔가 만들어서 팔고, 그걸로 살 수 있는 음식만, 그것만 먹고 그렇게 살아요. 그래서 내가 지금 작업실 저쪽에 적어놓은 "그릴 것과 약간의 음식 이것이 원하는 것이 전부인 사람들", 딴 사람이 썼지만, 걔들 떠올리니까 저게 딱 떠오르는 거야. 쟤들이 예술가인 거야. 내가 볼 때. 목걸이라는 걸 만들어서 파는 뜨내기 집시일 뿐인데 그 삶의 태도가 예술가야.

이것이 참 예술가더라고. 그러니까 '나'란 존재는 웃기는 거지. 나는 이상한 거지. 나는 연금 받으니까 카드를 갖고 쓰잖아요. 근데 그게 너무 창피했었어. 걔네들에게, 나는 어느 순간 그게 부끄러웠다고.

그래서 폼을 똑같이 하고 다닌 거야. 걔네들처럼 귀신처럼 하고 다닌 거지. 그래야 애들이 놀아줘. 그래야 걔들이 막 "친구" 막 이렇게 해.

난 이방인이 아닌 척하지. 근데 나는 돈이 있어. 주머니에 카드가 있어. 그건 어쩔 수 없는 거잖아. 내가 이렇게 공직 생활하다가 생긴 연금이 있으니까. 그래서 몰래 가서 뽑아다가 쓰고, 걔들한테 이렇게 음식이든 술이든 쓰고 싶어 하는데, 잘 응하지 않더라고요.

이제 제 느낌은 그래서 괜찮다. 니들이 예술가다. 그러면서 이제 친구들을 사귀었는데 걔들이 보기에 내 작품은 '순수'잖아, 이게. 걔들 건 장식이나 판매용이고. 그래서 되게 관심 있어 하고 좋아라 하고 따라 하더라구. 걔네는 안 해본 거야. 걔들은 그게 참 재밌는지 몰랐던 거야.

그저 앉아서 이렇게 앉아서 막 꼬매고 맨날 이것만 했던 애들이 이렇게 턱 턱턱턱 놓는 거를 호기심 있어 하더라고요. 그러면서 걔네들한테 칭찬받았죠.

한의정: 같이 팔자고는 안 해보셨어요? 작가님 작품이랑 걔네들 거랑 같이 판매용으로.

이종관: 그런 게 팔리는 건 아니지. (…) 이번 전시를 보러 온 사람 중에서도 있었고, 가끔 나한테 내 작품으로 돈을 만들 수 있다면서 좀만 어떻게 해보자는 사람들이 있어. 그럴 때마다 난 딱 잘랐어요.

유튜브도 내 작품으로 움직이는 거 좀만 만들면 금방 만 명은 볼 거라고 생각해. 하지만 안 해. 거기 돈이 따라오니까 안 하는 거야. 그게 없었다면 난 했겠지.
나는 옛날 고리타분한, '예술지상주의'에 빠진 그 뭐지? 독고다이 화가인 거야.

한의정: 근데 작가님 작품 보고 욕심내는 사람도 이해는 돼요. 작품 너무 좋고. 요새 많이들 이야기하는 주제에다가, 조금만 잘 포장하면 의미 부여도 정말 많이 할 수 있는 작품이니까, 조금만 건드리면 돈이 될 것 같은 그런 느낌이 들거든요. 그래서 그런 말들 쉽게 할 것 같아요.
근데 작가님은 진짜 삶의 방식부터 그 모든 것이, 그런 것에서부터 멀리 계시고 싶어 하는 것 같아요. (…)
지금까지 쓰레기 가지고 이렇게 작업하시는 분들이 굉장히 많잖아요. 그런 작업들도 좀 분류를 해볼 수 있을 것 같은데, 제가 보기에는 이렇게 사소하고 버려지고 소소한 것들에 대한 관심에서부터 시작하는 사람들도 있고, 어떤 사람들은 진짜 쓰레기를 리사이클을 해서, 에코아트죠, 뭔가 이렇게 다시 한 번 재활용을 하거나, 아니면 쓰레기의 예술화를 시도하는 사람들도 있고, 작가님이 아까 말씀하셨던 것처럼 기후 문제나 난민 문제 등 이렇게 문제 있는 세상을 재현하기 위해 쓰레기를 선택하는 사람들도 있어요. 그런데 오늘 이렇게 작가님 말씀하시는 거 들으면서 드는 생각은 작가님은 이 쓰레기라는 소재를 가지고 작업하는 이유가 그냥 '삶'이신 것 같아요. 뭐라고 할까요, 작가님의 삶의 태도라고 할까요? 그리고 사람에 대한 관심 이런 것이 이 '쓰레기'라는 소재를 통해서 이렇게 발현된다라고 이렇게 생각을 해도 될까요?

이종관: 네, 정확해요. 쓰레기, 쓸데없는 것에 대해 말했지만, 엊그제 제가 저

기 적어놓은 것도 "사람이 서툴게 살면 안 되냐"예요. 사람들이 막 지적질하는 거에 대해서, 생긴 대로 그냥 봐주지 이런 마음이 들어요. (…) 아까 스카프 얘기했듯이 거기서 수집하는 과정이 일단 너무 재미있는 것 같고요, 그래놓고서 이제 어떻게 보여주느냐에 대한 거는 많이 고민하죠. 부족하진 않지만, 세련되지 못했다고 할까, 그래서 사람들이 좀 많이 아쉬워하기도 하죠.

한의정: 근데 또 막 너무 예쁘게, 막 더 많이 만들고 싶으신 마음은 없으신 거잖아요.
뭔가 조작이 많이 들어가는 거는 원치 않으시잖아요.

이종관: 일단 개수는 정해놨어요. 개수만, 일단 1만 개. 1만 개까지만 채워놓자. 1만 개 박스에 넣어놓고. 지금처럼 그냥 나열하는 방식은 끝내려고요. 천 작업은 굉장히 어려워서 지금 못 하고 있어요.
쓰레기 그냥 갖다 던져놓는 건 하겠는데, 천은 못 건드리겠어요. 내가 아프리카에서 너무 많은 걸 보아왔으니까요. 천을 건들면 다 닮아지는 거예요. 꼬매는 것, 묶는 것, 여러 가지 별 쇼도 이미 누군가는 해본 거죠.
이런 생각이 드는 거야. 재료는 가지고 있으나 바로 어떻게 이거를 내 것화시켜서 전시를 할 수 있을까, 전혀 남들이 하지 않는 걸 할까……. 이번에 배열하는 것도 정은영 선생님 말씀하셨듯이 모심기라고 했잖아요. 우리가 옛날부터 했던 거야. 하지만 오브제가 달라진 거지. 광주비엔날레 1회 때인가 어떤 작가가 왜 쓰레기 엄청 갖다가 낚싯줄로 막 꽉 채워서 묶어놓고 해서 매스컴 많이 타고 환경 쪽으로 접근해서…….

한의정: 1회 광주비엔날레! 대학교 때 갔는데 어떤 작품이었는지 기억이 안 나네요.

이종관: 그때도 아쉬웠지만 꾸며놓고 환경 어쩌고 그랬는데, 그리고 올해도 참고로 제가 베니스비엔날레를 갔다 왔는데요, 거기도 일부 작가들이, 어떤 여성 작가였는데, 실에다가 많은 사물들을 많이 주렁주렁, 천장 높은 데다 달아놨는데 깔끔했고, 좀 뭐랄까 단순했어요. 거칠지 않고 예쁘게 많이 하고, 근데 맛이 하나도 안 나던데요.

그리고 일반 쓰레기는 많지 않았어요, 의외로. 이제 쓰레기는 많이 안 다루더라구요.

한의정: 작가님은 진짜로 사물에 질서를 부여하는 것에 대해서 상당히 의미를 두고 계신 것 같아요. 제가 이 아틀리에 와서 보니 이 질서에 정말 놀랐거든요.

이번 전시 DP 도와드리면서도, 제가 그거 칸칸이 놓으면서도 놀랐어요. 그렇게까지 세밀하게 놓는 건지 몰랐거든요. 작가님은 "우연히 손에 잡히는 대로, 마음에 드는 대로 잡아서 턱턱 놓으세요" 했지만, 놓을 자리를 그리드를 정밀하게 다 긋고, 놓인 사물들의 크기, 색깔 분위기를 보고, 질서를 부여하시잖아요. 하나하나에. 어떤 작가님 나름대로의 배열하는 방식, 전시하는 방식에 굉장히 많은 고민을 하고 계신 것 같아요.

이종관: 거기에서 뭐랄까 좀 부족하죠. 사람들이 아쉽다고 그래요. 근데 그거를 내가 막 자꾸 이렇게 개길려고 그래. 이렇게 넘어서려고, 일부러 그러는 것처럼 하고 있어요. "이종관표 쓰레기"를 부각시키고 있어요. 메시지도 아닌 것이고, 조형만도 아니고, 무언가를 드러내기 위한 어떤 장치랄까. 누구나 할 수 있는 것이지만, 무척 까다로운 거예요. 제가 이렇게 저기 방에 메모해 놓았어요. "좋은 전시하기는 되게 어려운데 좋지 않은 전시하는 것도 어렵다"라고. (…)

02

김지은, 쓰레기 위의 쓰레기 아래의 쓰레기

이재준

1. 거주의 사회

김지은 작업의 프로토콜은 '거주의 사회'다. 여기서 거주는 작가 개인의 삶이 분투하는 문제이자 이로부터 타인의 삶이 얽혀 포착된 현실이다. 거주는 작가의 비판적 시선으로 채 쳐진 사회다. 그렇지만 그것은 또한 작가가 실제로 살았거나 사는 땅이며, 지도상에 표시된 공간, 즉 벽제거나, 화성이고, 디트로이트 교외이며, 타이페이 도심이다. 거주의 사회는 각 장소가 주장한 표현이다.

거주의 사회는 대도시를 향해 빨려드는 현대인의 삶과 긴밀하다. 대도시야말로 사적인 곳이 있을까 싶을 만큼 제도로 촘촘히 제약된 공간이다. 시민사회는 제도가 공정하게 적용되기를 꿈꾸지만, 제도의 실행에서 공정은 힘의 논리에 경도되기 일쑤다. 제도의 발생학이 말하듯, 공정이라는 환상에 힘입은 제도는 누군가에게는 자유를, 다른 누군가에게는 억압을 가한다. 게다가 대도시를 향한 제도란 늘 소비의 스펙터클과 함께 작동하기에, 시민의 사회적 삶은 치열하고 복잡하다. 제도는 거주의 물질성을 목표로 삼는 세속적인 장치다. 그것은 땅과 건물에 대해 소유 권리의 기계처럼 작동하고 이를 바탕으로 사적인 욕망을 배치하며 개인과 집단의 일상을 규율한다. 규율은 물질이든 욕망이든 자연적인 모든 것을 거스르는 무례한 과정을 통해 단단해진다. 한국 현대사의 많은 장면에서 그 거친 과정은 부조리와 함께 실현되었다. 그것의 가장 '현대적인' 형태가 바로 땅의 개발과 재개발이다.

그런데 이 모든 유형의 개발에는 독특한 정동이 작동한다. 1980년대 새로운 독재정권은 국민 저항에 부딪히면서 이전 정권이 썼던 '국토' 개발이라는 각본을 고쳐 썼는데, '10년간 주택 500만 호 건설'과 같은 '주택' 개발 계획이 바로 그것이다. 그 뒤 개발은 소시민의 재테크 욕망을 부추기는 가장 자극적인 말이 되었다. 반복된 그 경험은 더욱더 자극적인 것들의 소비로 눈길을 옮겨놓는다. 주민들의 심장을 벅차게 만든 '안전진단 E 등급 통과 환영' 플래카드 정도가 그런 소비가 눈독 들이는 최신 버전일 것이다. 곧 무너질 수도 있으니 즉시 사용이 금지되어야 합니다! 스릴 만점의 위험한 자극이야말로 부동산 대박의 증표다.

개발을 발전으로 바라보았던 사회적 공감은 오랜 학습의 효과다. '개발=발전'은 행복한 선진국의 미래 이미지가 만든 정동적 현실이라고 해야 할까? 그것은 해방 이후 개발독재 국가를 사는 시민의 보편적 경험이다. 그리고 여기에 '정화(purification)'라는 신화의 정치적 변용이 추가되었다. 이것은 '개발=발전'의 사회적 공감을 숭고하게 만든 또 다른 장치였다. 예컨대 개발독재 시대에는 '쥐 잡는 날' 행사가 있었다. 남녀노소 할 것 없이 자기들이 잡은 쥐의 꼬리를 곳곳에 전시했다. 전염병을 옮기고 식량을 축내는 쥐를 잡아 건강한 가정을 꾸리는 것은 현대 시민으로서 당연한 일이었다. 그리고 사회적 쥐를 잡는 일, 즉 '부정부패 척결' 역시 건강한 사회를 위해 필요할 것이다. 그리고 독재 권력은 정치적 저항을 청소하기 위해 이런 사회적 정동을 적극적으로 활용했다(김근배, 2010: 133). 사회가 이런 정화 의례를 정동적으로 내면화했다고 상상해 보자. 만일 사회적 소수자를 혐오스러운 존재로 보게 만드는 사회적 장치가 있다면, 그들을 향한 정화-정치의 폭력은 너무도 쉽게 이루어질 것이다(Lee and Kim, 2023: 140). 게다가 정화의 미시적 장치들은 시민들의 사적인 영역마저 장악한다. 개인의 실패는 자기 게으름 탓이고, 낡은 물건은 내다 버려야 하며, 인간관계도 그렇게 깨끗하게 되어야 한다. 개발은 낡은 것을 정화해서 새것으로 바꿔놓는 것과 같은 느낌을 준다. 정화가 좋은 것이듯 모든 개발도 좋게 느껴진다. 정화의 사회적 정동이 작동할 때, 개발의 정치도 은연중에 마냥 좋은 것이 된다.

정화, 개발, 발전이 서로 뒤엉킨 정동은 언젠가 한국 사회가 소비자본주의로 물들어 갈 때, 신상품을 무한히 소비해야만 하는 강박으로 변주했다. 김지은은 정화=개발=발전의 사회적 양상을 '계획된 진부화(Planned Obsolescence)'라고 말한다(김지은, 2017). 진부(陳腐)는 더는 쓸모가 없어진 물건의 낡은 상태이다. '계획된 진부화'는 특히 1930년대 경제 대공황 이후 소비자본주의가 구조화될 때 등장한 말이다. 계획된 진부화의 경험 속에서 소비 자체는 시민의 미덕이 되고, 강박적인 기계로 작동한다. 지난 코로나19 팬데믹을 겪으면서 우리는 당면한 사회문제를 성찰하기보다는 억눌린 소비 욕망을 앙갚음하듯 배출하는 일에 더 열중했던 것을 기억한다. 그사이 저금리 혜택 아래 누군가에게는 더없이 복된 시간이었을 것이다. 지그문트 바우만(Zygmunt Bauman)은 소비 강박에 사로잡힌 도시와 시민에 관해 이야기한다. 시민들은 참신한 인공물에 끝없이 현혹되고, 멈출 수 없는 자신의 욕구 덕분에 도시는 항상 새로움으로 넘쳐난다. 하지만 그에 상응하는 쓰레기 더미가 그들의 삶을 더없이 그로테스크하게 만든다(바우만, 2008: 15).

서울도 바우만이 말한 도시들과 다를 바 없는 괴물이 되어가고 있다. 깨끗하고 말쑥하고 선명한 메트로폴리스, 서울의 괴물성은 자신의 덩치에 걸맞은 쓰레기 산을 건설하지만 동시에 엄청난 위력으로 그것을 숨기려는 음흉함이다. 김지은의 〈밤섬 since 1968〉(2013; 그림 1)에서는 서울의 그런 괴물성이 스산하게 드러난다. 초고도 인공물들의 스카이라인으로 이어진 도시는 무척 아름답다. 도시의 깨끗함과 거대함은 그 중심부에서 밀려난 어느 시민들의 지각을 크기와 위력에서 압도해 버린다. 그래서 초월한다. 하지만 도시

그림 1 〈밤섬 since 1968〉, 2013_린넨에 유채_193.9x97cm

의 숭고함은 경외로 채워지지 않고, 오히려 위협적이고, 두려움을 안겨준다. 그것은 혐오스럽다. 도시 맞은편에는 자기의 어머니인 한강이 차가운 회색빛 그림자를, 그 도시가 은폐한 어둠을 무섭게 비추고 있다. 밤섬은 괴물성이 감춰지고 또 폭로되는 경계에 있다. 그 외로운 섬은 개발독재와 소비자본의 폭력에서도 어떻게 살아남은 것일까? 이상하게도 물에는 밤섬의 그림자가 보이질 않는다. 쓰레기 도시의 성공 사례인 상암 미디어시티에 근접한 저 밤섬은 서울의 양심일까? 서울은 낯익지만, 섬뜩하다.

그런데 도시의 괴물성은 버려진 사물들을 은폐하기 때문만이 아니다. 말쑥하고 아름다운 공간이 되려는 도시는 자신이 혐오했던 자들을 마치 자석처럼 끌어들인다. 가난한 이들은 설령 노숙인이 된다 해도 절대 도시를 떠나지 않을 것이다. 버려지고 밀려난 그들의 회귀에는 그만한 이유가 있다.

2. 혐오의 회귀 운동

혐오가 작동할 때 그 물질적인 현실태 중 하나가 쓰레기일 것이다. 그것은 버림/버려짐, 밀어냄/밀려남의 겹-운동을 완수한다. 인간적인 사용성 내지는 도구성이 극도로 위축될 때 쓰레기의 존재가 생성된다. 사용성과 도구성의 소멸, 즉 무언가가 무가치한 것이 될 때 그 사물은 쓰레기가 된다. 그래서 쓰레기는 사용성과 도구성의 변화에서 이쪽과 저쪽, 버린 것과 버려진 것, 밀어낸 것과 밀려난 것을 연결한다. 어찌 보면, 모든 인간적인 것은 인공물로 생산·재생산되며, 모든 인공물은 결국 잠재적인 쓰레기다.

그런데 어째서 우리는 쓰레기가 인간과 가까이해선 안 된다고 여기는 걸까? 쓰레기가 혐오의 현실태인 이유가 거기 있다. 오래되어 부패하고, 더러운 것에서 물질적으로 느껴지는 오염의 공포, 근접성의 공포가 혐오스러운 것들을 저 멀리 밀어낸다. 잠재적인 쓰레기인 모든 인공물 앞에서, 자본주의가 소비를 미덕으로 강조하기 위해서는 이런 오염과의 근접을 매우 잘 은폐해야만 한다. 그래서 소비자본주의가 무한히 생산하려는 소비 상품의 막대한 잔해와 쓰레기를 숨기고 밀어내기 위해서는 지금보다 더 강력하고 매력적인 스펙터클이 필요하다. 예를 들어 우린 항상 올여름이 작년보다 더 덥다고 느끼고 있다. 숨 막힐 듯한 8월 어느 날 서울시는 상암동에 제2의 쓰레기 소각장을 건설하겠다는 결정을 발표했다. 그러면서 주민들의 거센 저항을 무마하려 당근을 들고 나왔다. 주민들이 느끼는 불안과 분노의 크기에 대응할 당근은 반드시 숭고한 스펙터클이어야 한다. 박정희기념관 건너편에 수십 년째 방치된 땅이 있는데, 거기에 상업성을 한껏 높인 100층 이상의 랜드마크 빌딩을 허가한다는 개발 당근이 하나고, 그리고 푸른 잔디로 덮인 쓰레기산 위의 노을공원에는 이니셜 'O'를 자꾸 떠올리게 하는 거대한 원형 대관람차를 만든다는 당근이 다른 하나다. 정화=개발의 사회적 정동이 최근 도시계획에서도 사라지지 않고 강도를 높인다. 이 개발 당근들은 서울에서 발생하는 하루 1000톤에 달하는 생활폐기물에 대한 면죄부일까? 도대체 쓰레기는 이곳이 아니라면 어디로 가야 하는가? 당장 답을 찾을 수 없는 이런 현실 딜레마에서, 어쩐 일인지 쓰레기가 자꾸 우리에게 되돌아오는 것만 같다.

김지은이 '서버비아(suburbia)'라로 부른 것은 이러한 회귀의 거시적인 순환을 표현한다. 서버비아는 도시 외곽을 뜻하는 말이며, 사회적인 현상인 교외화(suburbanization)의 중요한 양상이기도 하다. 최근 작업으로도 이어지는 듯한 서버비아는 작가의 디트로이트 시절을 사로잡았던 고민을 담고 있다. 특히 이것은 땅의 정지에 입각한 거주, 말하자면 부동산 소유 권리에 얽힌 삶의 정주성을 비판하는 시각을 드러낸다. 부동산으로서 거주와 땅의 사회는 점유와 소유 권리, 그리고 그것을 부의 증식 조건으로 삼는 자본 욕망이 상호 교차할 때 성립한다.

원래 디트로이트는 프랑스인이 건설한 항구도시였다. 물류 중심지인 여기에 GM과 포드 같은 굴지의 자동차회사가 몰려들어 한때는 미국 최대 도시 중 하나로 성장했다. 하지만 1970년대 오일쇼크로 자동차 산업이 쇠퇴하자 탈도시화가 급속히 진행되었다. 중산층 이상의 백인들이 디트로이트 중심지를 버리고 교외로 떠나기 시작했을 때부터 이미 교외화가 나타났다. 미시간주의 재정 정책은 징세된 곳에 먼저 적용될 것을 원칙으로 하기에 가난한 도시 중심부는 점점 더 슬럼화되고, 반면에 교외는 점점 더 부유한 신도시가 되었다. 1980년대 디트로이트는 미국에서 가장 끔찍한 도시로 불리게 되었다. 그리고 끔찍한 도시 중심에는 가난한 이들이 남았다(Foroohar, 2015: 129).

그런데 건설된 교외 신도시에서조차 폐기와 폐기됨, 버림과 버려짐, 밀어냄과 밀려남, 즉 혐오의 겹들은 결국은 서로 마주하게 될 것이다. 김지은은 버리려 하지만 버려진 것이 다시 버리는 곳으로 자석처럼 회귀하는 꼴을 직접 본다. 실제로 〈계획된 진부화〉(2009; 그림 2)에서 작가는 멀리 버림의 허구성과 버려진 것들의 회귀를 표현한다. 작품은 디트로이트를 버리고 떠남으로써 자신들의 옛 거주지를 멀리 밀어내어 쓰레기로 만들었던 이들의 현

그림 2 〈계획된 진부화〉, 2009_캔버스에 혼합재료_152x178cm

실 삶을 목격하고 그들의 미래를 예견한다. 〈밤섬 since 1968〉(그림 1)에서처럼 사물들의 대립적인 구도가 다시 등장하는데, 저편 넓은 땅 위쪽으로는 새로 지어진 모듈형 주택들이 있다. 그리고 그 앞에는 쓰레기 더미가 쌓여 있다. 김지은은 쓰레기의 형태를 주택의 지붕과 조응하게 만들어서, 대립의 경계를 모호하게 섞어놓으려는 듯하다. 쓰레기는 새로 이주한 곳 앞마당을 채우고 있는데, 언젠가 이 쓰레기가 저편 새로 지은 집 문 앞에 이르러 완전히 뒤섞이면, 교외는 다시 쓰레기로 버려질 것이다. 임계점에 도달하기까지 쓰레기들은 어딘가 먼 곳으로 옮겨가거나 소각될 것이다. 그렇다 해도 그것들은 공기 속으로 더 자유로이 떠다니며 어디든 다시 돌아올 것이다. 우리는 이제 더는 쓰레기 없는 순진한 땅을 발견하지 못하게 될지 모른다. 어쩌면

그림 3 〈메이휴 케빈-언더그라운드 레일로드 스테이션〉(네브라스카 시티, 외부, 설치된 작품의 연속 장면), 2010_차고 문에 무늬목 시트지_274x229cm

회귀야말로 쓰레기의 독특함일지 모르겠다.

〈메이휴 케빈-언더그라운드 레일로드 스테이션〉(2010; 그림 3)은 움직이는 회화처럼 보이는데, 흥미롭다. 버림과 버려짐의 맞물림 혹은 버려진 것의 회귀, 그것의 강박적인 반복을 설치 형태로 보여준다. 나는 집에 들어올 때마다 차고 셔터를 올린다. 하지만 그 셔터 위에 그려진 '내 집'은 위로 말려 올라가서 사라져 버리고 만다. 나는 집을 이렇게 쉽게 버린다. 내가 차고 안에서 다시 문을 내리면 내가 보지 못하는 집이 나타난다. 그 집은 나와 함께하는 듯하지만 나는 그것을 움켜쥘 수 없기에 집의 소유는 내게서 영원히 실현되지 않는다. 소유로 얽힌 거주의 사회가 소멸한다. 〈과학의 기적〉(2008; 그림 4)은 버림의 허구와 버려진 것이 우리에게 다시 도래할 그 미래를 보여준다. 서버비안이 꿈꾸는 새롭고 풍요로운 삶은 신축 건물로 상징된다. 그것은 듀퐁사의 타이백(Tyvek)이라는 첨단 소재의 과학으로 실현된다. 하지만 조금 더 자세히 들여다보면, 타이백 실링 안쪽으로 집 안 가득히 쓰레기들이 차 있다. 그것들은 이미 여기 와 있다.

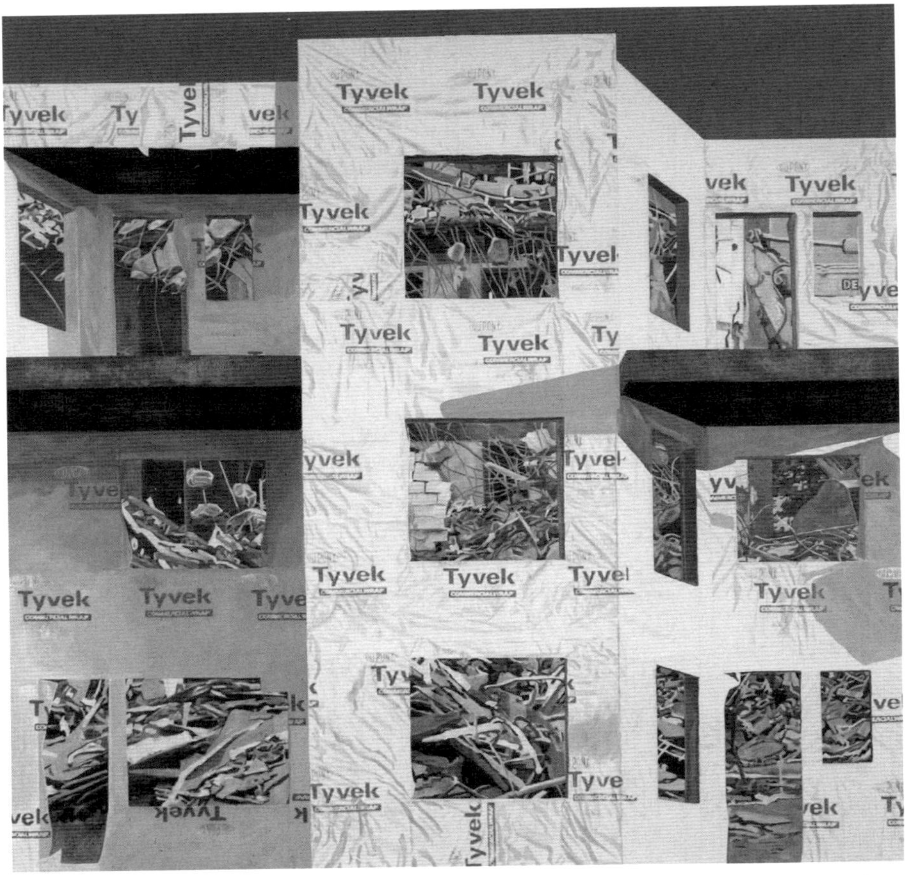

그림 4 〈과학의 기적(Miracles of Science)〉, 2008_캔버스에 유채, 프린트 출력물 콜라주_122x122cm

3. 거주의 임의성

소비자본주의의 충실한 주체인 우리 도시인에게 사물의 진부함은 그것이 선풍기든 볼펜이든 스마트폰이든 자동차든 아파트든 반드시 참신함으로 대체되어야 한다. 진부함에서 참신함으로 쭉 이어지리라는 선형성의 모더니티가 20세기 한국 사회에 이식해 놓은 것은 퇴행의 트라우마다. 하지만 오늘날

의식에도 없는 이런 트라우마는 사실상 가난의 과거 시간을 가리키지 않는다. 그런 분위기는 끝없이 희미해졌고, 산만해졌으며, 이제 새로운 형태로 무리 짓고 있다.

각자도생에 몰두하는 방식으로 우리 사회가 무한히 변주되는 것이야말로 그 새로움이다. 이곳에서 개인은 일상화된 패배와 좌절의 트라우마를 외로이 각인하고 있다. 불안과 그 너머의 분노는 '나의 것'이다. 누가 나의 자리를 빼앗고 나를 패배시키는가? 누가 나의 좌절에 책임을 져야 하나? 불안과 분노는 개체적이지만 감염력이 매우 큰 정동이다. 그렇기에 패배와 좌절은 또한 나의 것이 아니다. 이런 역설은 최근 들끓고 있는 불공정이라는 사회적 표상에서 감지된다. 갑질 학부모에 시달린 교사의 분노, 노인을 향한 취준생 청년의 분노, 부모 찬스 없는 어느 입시생의 분노, 쓰레기 소각장 건설에 집값 폭락을 걱정하는 주민의 분노. 수없이 많은 분노에 얽힌 불공정은 대부분 상호 이해관계가 어긋난 듯 보일 때 나타나는 표어 같은 것이다. 생산, 분배, 소비에서 경제의 불공정, 계약의 불공정, 제도의 불공정, 경쟁의 불공정. 주구장창 불공정을 읊어대는 현실에는 능력주의를 무한히 긍정하는 신자유주의 욕망이 숨어 있다. 불공정으로 들끓는 사회에는 미시적인 패배와 좌절, 불안과 분노가 감염병처럼 만연한다. 불공정은 우리의 일상을 숨 가쁜 다이너미즘으로 채우는 무시무시한 스펙터클이다. 이런 스펙터클에 열광하는 사회적 중독은 항상 그만한 비용을 치른다.

'내집마련'은 그런 매혹적인 스펙터클 중 하나다. 내집마련은 한국의 국토개발 역사에서 비교적 신상품에 해당한다. '대도시에서 내 집'은 성공한 인생과 사회적 지위를 의미할 정도로 한국인의 욕망을 사로잡고 있다. 그것은 경제 상황에 민감할뿐더러 인구절벽과도 관련이 깊어서, 청년으로부터 중장년, 노년에 이르는 생애주기를 망라한다. 그렇기에 내집마련은 모든 정치인의 욕망을 자극하고, 권력은 이것을 적극적으로 이용한다. 내집마련이 우리에게 더없이 매혹적인 스펙터클인 것은 주택이 넘쳐나도 내집마련이 완료되

그림 5 〈제13회 송은미술대상전〉, 2013, 송은아트스페이스, 왼쪽부터,
〈공중누각〉, 2013_대나무 꼬치, 빵 끈, 스티로폼에 혼합재료_88x80x347cm
〈어번 불도저〉, 2013_플라스틱 골판지 위에 시트지_280x435cm
〈조감하는 시선〉, 2013_리넨에 혼합재료_162.2x260.6cm
〈타겟-잠재된 풍경〉, 2013_대나무 꼬치, 빵 끈, 스티로폼에 혼합재료_180x180x120cm

지 않는 사회적 모순 때문이다.

국토교통부 통계자료에 따르면, 지난 10여 년간 한국에서는 매년 50만 호의 주택이 새로이 지어졌고, 2020년 서울에서 주택보급률은 90%를 넘었다. 그런데도 주택을 소유하지 못한 시민의 비율이 50%를 넘는다. 단순 수치만으로도 예상할 수 있듯이, 수도권은 다주택자의 왕국이다. 그 왕국엔 '빌라왕'이 산다. 동화 속 이야기처럼 느껴지는 이 현실은 한국 사회에서 오랜 시간 구조적으로 숙성된 서사이다. 생애 최초 내집마련, 청년 주거 안정, 주택연금 등 모든 내집마련 정책은 도시민이 무주택자에서 유주택자로의 편입되길 적극적으로 권장한다. 그런데 내집마련 서사는 근본적으로 '우리' 집이 아닌 '내' 집을 어필한다. 그래서 시민들은 너나없이 거주의 이런 리터러시를 고도로 습득해서 '내' 집을 갖게 될 때까지 끝없이 분투하고, 그에 걸맞게 도시는 주택을 끝없이 공급하려 한다. 새 집은 무한히 생산될 것이고 진부한 집들은 무한히 쓰레기로 버려질 것이다. 이것은 끔찍한 신화다.

그런데 이런 신화가 더 현실적으로 느껴지는 또 다른 이유가 있다. 무한한 생산과 무한한 폐기를 지탱하는 에너지가 무주택자의 존재에서 나온다. 부동산 정책도 자본도 무주택자에 의해서만 가능하다. 그것들의 끈질긴 생명은 무주택자의 비율이 줄지 않는 한에서만 존속될 것이기 때문이다. 무주택자의 비율은 반드시 일정 수준으로 유지되어야 한다. 그렇지 않으면 주택을 못 짓는 건설사들이 도산할 것이고, 그들에게 돈줄을 댄 금융도 붕괴할 것이다. 정책이 필요 없는 부동산 권력도 힘을 잃을 것이다. 우리 사회의 이런 프로세스가 우리에게서 끝없는 좌절과 탄식을 반복하게 하리라는 것은 뻔한 일이다.

게다가 개발 정책은 '무주택자'라는 표현을 사회적으로 공인하는 기능을 해왔다. 무주택자로 호명된 이들은 부랑인이나 노숙인처럼 '휴거자(휴먼시아 거주자)', '엘사(LH 아파트 거주자)', '월거지(월세 거지)'로 불리며 무능력하고 실패한 시민의 낙인이 찍힌다. 주택을 소유하지 않은 시민들은 유주택자와의 차별 속에서 사회적인 소수자로 배치되는 것이다. 이런 혐오 표현들에서 우리는 소수자를 향한 사회적 폭력의 일면을 다시 보게 된다. 도대체 내집마련의 스펙터클을 어떻게 걷어내야 할까?

내집마련의 스펙터클에 저항하려는 김지은의 시각에 포착된 것은 거주의 임의성인 듯하다. 땅에 대한 배타적 소유 권리에는 정주성이 특징적이다. 반면 낡은 건물이 버려지거나, 허물어지거나, 건물이 지어질 때마다, 배타적 소유 관계로 얽힌 땅의 정주성은 변할 것이다. 거주의 임의성은 근본적으로 거기서 드러난다. 사회적으로 구조화된 내-집-없음을 비판하기 위해 작가는 건물의 완성되지 않음과 유동하는 거주를 거듭해서 표현한다. 이는 '누구도 그 땅의 주인은 아니었다'라는 식의 소유 관계 비판을 우회해서 '나는 그 땅의 주인일 필요가 없었다'라는 식의 더 적극적인 견해를 드러내는 듯하다. 이는 무주택자의 소수자성이 사회 비판의 일반적인 시각으로 쉽게 포섭될 수는 있지만, 반면 이런 비판에서조차 간과되는 소수자의 미시적이고 적극적인 삶의 결들, 즉 무주택자의 삶이 주체적으로 드러내는 거주의 임의성을 표현하기에 더 적합할 수 있기 때문이다.

〈변덕스러운 땅〉(2015~2017) 연작은 개발과 재개발에서 거주의 임의성을 가시화하는데, 작가는 그 연작에서 건물을 짓기 위한 부수적인 건물이나 임시 재료들을 적극적으로 끌어들인다. 컨테이너나 비닐하우스, 조립식 창고 같은 가건물은 우리 일상 주변에서 발견되는 '개발의 풍경'을 이루며, 이것들은 작가가 변덕스러운 자본의 추이에 비판적으로 대응하기 위해 관심을 기울인 미디엄이다. 특히 비계(飛階)는 거주의 임의성을 표현하기 위해 채택되어 다양하게 변용된다(그림 5, 〈공중누각〉, 〈타겟-잠재된 풍경〉). 그것은 이중성을 지닌 건축물이다. 기능적으로 비계는 높은 건물을 짓기 위해 보조적으로 설치된다. 그래서 그것은 구조적으로 건물의 형태를 하고 있지만, 건물이 완성될 때 해체되어야 하기에 온전하지 않은 임시 건물이다. 비계는 접었다 폈다 혹은 풀었다 묶었다를 상황에 따라 반복할 수 있는 임의성이 특징이다. 그리고 이를 위해 비계는 나무 구조재나 금속 파이프 등을 사용해서 뼈대만으로 제작된다.

김지은의 몇몇 작품들에서 비계의 임의성은 망루(望樓)의 형태로까지 확장되는데, 이는 무주택 시민이 처한 삶의 고뇌를 넘어 정규직이 아닌 노동자의 사회적 위치로까지 이른다. 하지만 비계의 존재 자체로도 거주의 사회가 처한 억압적인 구조에 저항할 수 있는 비판적 관점이 드러난다. 그리고 그 관점은 건물을 짓기 위해 지은 또 다른 건물인 비계의 자유로운 설치로 표현된다. 비계는 건물이 지어지기 전에 완성되고 건물이 지어지면 허물어지지만, 언제고 다시 지어진다. 그것은 일종의 임시 건축물이지만 정주성의 구현물인 본 건물보다 먼저 있고 나중에까지 남아 있다. 비계라는 임시 건물에서 정주하지 않는 인간의 삶, 마치 유목민의 그것과 같은 거주의 임의성이 표현된다.

타이페이 예술가 거주 프로그램에 머물렀던 경험은 작가가 거주의 임의성을 어쩌면 더 적극적으로 사유하게 한 것처럼 보인다. 유동하는 이방인의 시각은 땅의 정주성을 비판적으로 대면할 뿐만 아니라 진부한 도시에 대한 '개발=정화'의 논리를 희화한다. 타이완의 수도인 타이페이는 여느 대도시처럼 인구가 밀집한 지역이고 개발과 재개발을 반복해 왔다. 예술가 거주 프로그램이 설치된 보장암국제예술촌(寶藏巖國際藝術村)도 1980년대 재개발 폭풍에 휩쓸렸던 곳이다. 구도심의 일부인 그곳은 예술 문화의 거점 지역이 되면서 낡은 건물들을 그대로 보존할 수 있었는데, 주변으로 빼곡히 들어선 업무용 빌딩과 대조를 이루어 말 그대로 도시 보물처럼 보인다. 이 예술촌은 낡은 것들과 쓸모없는 것들이 개발 압력을 어떻게 견뎌내는지를 잘 보여주는 방식 중 하나다. 그런데 김지은은 이런 상투적인 개발 형식들을 우회하여 거주의 임의성을 탐색한다. 거기엔 동남아시아 도시 문화의 상징인 오토바이가 동원된다. 작가는 자신이 거주하는 낡은 집의 이미지로 오토바이를 장식한다. 건물들이 오토바이의 이동성과 결합하면서 거주의 정주성이 해체되고 임의

그림 6 〈일상의 기념비(타이베이)〉, 2011_스쿠터에 과슈_115x175x146cm

성 내지는 이동성이 표현된다. 오토바이는 낡은 집들을 신도시 곳곳으로 실어 나른다. 〈일상의 기념비〉(2011; 그림 6)에서 오토바이는 단단히 뿌리박은 주거의 일상적 형식에 이의를 제기한다. 거기서는 새로운 주택도 지을 필요가 없고 뿌리내릴 땅을 매입할 필요도 없다. 낡은 집들이 좁은 골목을 따라 이동한다. 거주는 소유 관계에서 풀려난다. 소유 권리로 묶인 땅의 잠재성이란 무엇일까? 여기서 우리는 그 답에 결코 이르지 못하리라는 사실을 깨닫는다.

4. 화성은 화성이다

마르크 오제(Marc Augé)는 누구도 주인이 아닌 공간이 만들어 놓은 현대인의 삶을 비판적으로 묘사한다. 일상을 채우는 공적 공간은 점차 늘어나고 있지만, 그것들은 점유해서 정착하고 흔적을 남기는 어떤 실존적 장소가 아니라 그저 지나치며 서로가 무관심한 비소통의 공간, 즉 비장소(non-lieux)가 되었다(오제, 2017: 97). 비장소는 개체화된 우리들의 투명한 공간이라고 말할 수 있다.

〈집 같은 비장소〉(2018~) 연작은 자기 땅에 정주하고픈 도시민의 소망이 소진된 곳에서 느낀 상실감을 보여준다. 하지만 김지은의 비장소는 오제의 그것이기보다는 오히려 거주의 임의성을 달리 표현한 것처럼 보인다. 오제의 그것은 이미 사적인 소유를 욕망할 수 없거나 은폐된 공적인 장소를 말하는데, 김지은의 소재로 등장하는 한국의 아파트는 철저히 누군가의 소유 권리에 묶여 있고, 그런 권리 바깥에 놓인 수많은 상실과 일치하기 때문이다. 내집마련이라는 한국인의 인생 소망은 현존성 없는 부동산 스펙터클 속에서 더없이 과장되거나 아예 숭고한 것이 된다. 한국에서 내 집은 현세의 일이 아니라 초월적인 내세의 일로 치부될 만큼 부정적인 정동으로 가득한 허구처럼 보인다.

〈모델하우스 화성시 1〉(2020)에서 김지은은 소유 권리와 제도가 실현하는 거주의 정주성과 대면한다. 〈변덕스러운 땅〉을 휘젓고 다녔던 불도저는 그런 제도를 위해 설비된 튼튼한 장치 중 하나다(그림 5). 부동산 소수자의 일상에서 느껴지는 권력의 힘이 불도저의 엔진 마력 수와 일치하는 듯하다. 화성시 신축 아파트 거실에서 바라본 바깥 풍경은 그런 불도저가 밀어낸 쓰레기 더미로 가득하다. 거기선 역사가 오래된 정화 운동이 한창이다. 무주택자가 무한 증식되는 운동의 미래가 암시된다.

그런데 거주의 임의성에서조차 잘 드러나지 않은 것이 소비 욕망이 소진될 때 남는 쓰레기다. 앞에서 말했던 것처럼 소비자본주의 사회가 긍정한 인공물의 무한 증가는 곧 쓰레기의 무한 증가와 같다. 이런 사회에서 모든 사물은 하나의 상품으로서 항상 깨끗해진다. 그것은 투명한 상품이다. 설령 집

그림 7 〈모델하우스 화성시 1〉, 2020_리넨에 유채_130.3x193.9cm

이라 할지라도 말이다. 김지은도 〈어번 불도저〉(2013; 그림 5)에서 진부한 도시를 지탱하던 콘크리트의 생명 주기에서 쓰레기의 증가를 확인한다. 불도저가 콘크리트를 힘차게 밀어내면서 깨끗한 택지가 만들어진다. 그리고 그 위에 새롭고 투명한 '공동' 주택이 들어선다. 오제는 투명한 비장소에서 고독한 개인의 실존적 위기를 보았지만, 그리고 김지은은 이것을 거주의 임의성으로 더 밀고 나갔지만, 그런 곳에서도 잊힌 것은 비인간 쓰레기의 존재다. 혼탁한 장소든 투명한 장소든 거기서 녹아떨어진 건 비인간 쓰레기였다. 인간적인 시선을 뒤집으면 반드시 거기 있는 그 비인간. 거기엔 누구도 주인일 수 없는 사물들이 있다. 비장소, 텅 빈 곳에는 현존하는 자동문과 문턱이 있고, 콘크리트 바닥과 기둥이 있다. 그것들은 고유한 방식으로 인간의 삶을 변형시킴으로써 자기를 증명한다. 쓰레기야말로 그런 비인간을 가장 극명하게 보여주는 듯하다.

이즈음 같은 질문이 자꾸 머리에 떠오른다. 도대체 투명한 장소를 뒤로한 채 콘크리트 쓰레기는 어디로 가는 것일까? 물질적인 견고함으로 인해 콘크리트는 어디서든 소멸하지 않고 마지막까지 쓰레기로 남을 것이다. 국토교통부는 국가의 모든 토지 개발과 재개발을 계획하고 관리한다. 온갖 부동산 제도의 시행 주체가 거기다. 그리고 모든 토지 개발과 재개발의 주체는 그에 비례하는 양의 쓰레기를 생산한다. 그런데 생산물이 폐기물이 되는 순간, 그 사물은 다른 기관의 소관 사항이 된다. 서로 분리된 제도들 사이에 같은 사물이 있다. 예를 들어 재개발 현장에서 조금 전까지 국토교통부 소속이었던 콘크리트 건축물이 허물어지면 그것은 쓰레기로 변하고 환경부로 이관되는 것이다. 그리고 환경부의 제도에 따라, 5톤 이상의 건설 폐기물은 종류와 양, 처리계획을 폐기물이 발생한 관할 지자체에 신고되어야 한다. 이제 제도에서는 그 사물은 투명해진다.

그래서 우리는 콘크리트 폐기물이 쌓인 현장을 눈으로 직접 본 적이 거의 없다. 우리 눈에는 보이지도 않는 그 쓰레기들은 어디에 있는 것일까? 환경

단체들은 민간인 출입 통제 구역 안쪽 수천 평 넘는 땅에 수도권 건설 폐기물과 오염토가 불법으로 매립되었다고 말한다(박경만, 2021.7.15). 합법이든 불법이든 눈에 띄지도 않는 곳, 쓰레기는 아무도 살지 않는 곳으로 이동한다. 언젠가 그곳도 개발될 것이고, 거기 매립된 콘크리트 위로 아스팔트가 깔릴 것이다. 쓰레기는 어디론가 이동해야만 하고 비가시적이어야 한다. 풍요로운 우리 주변에서 사라져야 하고 가난한 저 먼 곳으로 가야만 한다(오닐, 2022). 그러니 쓰레기는 힘들의 유동이며 한없이 정치적이다. 그런데도 진짜 문제는 세상이 온통 쓰레기라는 것을 우리가 모른다는 사실이다. 쓰레기 위에 쓰레기 아래 쓰레기. 여기가 바로 우리가 사는 곳이다.

머지않아 쓰레기의 이동은 행성 단위로 이루어질 것이다. '창어(嫦娥)', 찬드라얀(Chandrayaan), 루나(Луна), 오모테나시(おもてなし), 아르테미스(Artemis). 이 말들의 공통점은 달이다. 최근 세계는 달에 무척 관심이 많다. 그리고 2023년 8월 23일, 인류가 처음 달에 발을 디딘 1969년 7월 20일의 사건과 맞먹는 일이 일어났다. 우주 강국인 미국과 러시아, 그리고 중국을 제치고 인도가 인공위성 찬드라얀(Chandrayaan)을 달의 남극에 착륙시켰다. 달의 새로운 역사를 쓴 인도인들에게 세계가 놀랐다. 그런데 난데없이 왜 달 이야기인가? 그건 이 역사가 우주 개발의 역사이기 때문이다. 인간들의 개발 욕망은 어디서 끝날지 알 수가 없다.

그 옛날 케플러는 노안을 비벼가며 달을 관찰하고는 저편 달의 얼룩에 '고요의 바다(Sea of Tranquility)'라는 아름다운 이름을 남겼다. 아폴로 11호가 바로 거기에 착륙했지만, 바다도 아니고 물도 없었다. 최근의 달 착륙은 이런 낭만과는 거리가 멀다. 달 개발은 거기에 물과 얼음이 있다고 확신하기 때문이다. 물을 분해하면 산소를 만들 수 있고 그 땅에 식물을 재배할 수 있다. 그리고 수소도 분해할 수 있다. 이것을 이용하면 로켓 수소 연료를 만들고 달을 거점으로 더 먼 화성으로 쉽게 날아갈 수 있다. 그래서 달 착륙은 단순히 하나의 완성이 아니라 우주 개발의 또 다른 시작이다. 머스키즘이 점차

그림 8 〈모델하우스 화성 #1〉, 2018_드로잉, 디지털 C 프린트 및 반투명 유포지에 연필_29.7x42cm

현실이 되는 듯하다. 사람들은 스페이스X를 타고 달보다 더 먼 화성으로 갈 것이다. 뜨거워지는 지구가 쓰레기로 가득 차서 더는 내가 더러워지지 않도록 재빨리 화성으로 탈출해야 한다. 이런 계획은 지구를 혐오하는 것과 같다. 하지만 그 화성은 화성이 아닐 것이다. 머스키즘과 모든 우주 개발은 화성을 지구로 만들려는 욕망이기 때문이다. 언제가 화성이 지구가 되는 순간엔 또 다른 머스크 제국이 개발을 계획할 것이다. 인간에게는 화성이란 아예 없었다.

하지만 〈모델하우스 화성〉(2018) 연작에서 김지은은 화성이 화성이라고 말한다. '화성(華城) = 화성(火星)'은 말장난인 것처럼 보이지만, 실제로 화성과 또 다른 화성이 있다. 아직도 개발이 한창인 화성으로 이주한 작가는 붉은 땅이 드러난 그곳에서 저 먼 화성을 머리에 떠올린다. 테라스 바깥의 華城은 火星의 붉은 사막이다. 살고 있던 집들과 소박한 이야기들은 재개발이 이미 휩쓸어 갔다. 火星 개발에서는 소형 로봇 패스파인더가 붉은 사막 위에 바큇자국을 좁고 길게 남긴다. 華城 개발에서는 커다란 불도저가 낡은 콘크리트 건물을 무자비하게 무너뜨리고 붉은 흙더미 위에 굵고 짧은 길을 낸다. 그리고 개발을 완수하기 위해 질주하는 나의 화성은 새로 지어진 아파트 거실을 멀리까지 투명하게 만든다. 거주의 실존은 뜨거운 화성의 열기와 함께 조만간 사라질 것만 같다. 거실에서 누리는 소박한 일상의 안락함과 행복도 위태롭다. 마침내 또 다른 재개발은 언제가 화성의 아파트도 삼키고 말 것이다. 그리고 마침내 화성에는 다시 쓰레기가 넘쳐날 것이다. 레오니아인들의 새로운 도시가 김지은의 거실 창밖에 있다. 그들은 쓰레기 분지가 된 자기들의 도시에서 미친 듯이 행복해지고 싶다. 레오니아에서는 청소부들이 매일 쓰레기를 어디로 가져가는지 궁금해하는 사람은 아무도 없다. 저 멀리 축조되고 있는 쓰레기 성을 바라본 이방인 폴로만이 걱정하며 이렇게 말한다(칼비노, 2016: 144).

> "결과는 이렇습니다. 레오니아에서 물건들을 내버리면 버릴수록 쓰레기는 더 많이 쌓입니다. 과거의 파편들이 벗을 수 없는 갑옷으로 단단하게 굳습니다. 도시는 매일 새로워지면서 단 하나의 결정적인 형태로 스스로를 완전히 보존해 갑니다. 바로 그저께의, 그리고 매달, 매년, 십 년 전의 쓰레기들 위에 쌓이는 어제의 쓰레기 더미의 형태로 말입니다."

참고문헌

김근배. 2010. 「생태적 약자에 드리운 인간권력의 자취: 박정희시대의 쥐잡기운동」. ≪사회와 역사≫, 제87집, 121~161쪽.

김지은. 2013. 『소라게 살이』. 미디어버스.

______. 2019. 『궤적의 재구성』. 블루메미술관.

바우만, 지그문트(Zygmunt Bauman). 2008. 『쓰레기가 되는 삶들』. 정일준 옮김. 새물결.

박경만. 2021.7.15. "폐기물 매립한 밭에 콩·호박 버젓이…"재개발현장 통째로 퍼 나른 듯"". ≪한겨레≫.

오닐, 케이트(Kate O'Neill) . 2022.『쓰레기의 정치학』. 명선혜 옮김. 북스힐.

오제, 마르크(Marc Augé). 2017.『비장소: 초근대성의 인류학 입문』. 이상길·이윤영 옮김. 아카넷.

칼비노,이탈로(Italo Calvino). 2016.『보이지 않는 도시들』. 민음사.

Foroohar, Rana. 2013. "Broken City: Lessons from Detroit's Fight to Survive." *Time*, Vol.182, No.6(송미경 옮김,「몰락한 도시: 디트로이트의 교훈」, ≪세계와 도시≫, 제3호, 2015, 128~132쪽).

Lee, Jaejoon and Jongwoo Kim. 2023. "Social Exclusion on Vagrants in Modern Korean History: Disgust Behind Institutional Isolation." *Filosofija. Sociologija*, Vol.34, No.2, pp.139~147.

김지은 작가 인터뷰와 작가 노트

일시: 2023년 6월 19일

장소: 온라인 줌

참석자: 김지은, 이재준

사회적 회화

이재준: 작가님은 작업에서 사회비판적 입장을 피력해 오셨는데, 어떤 일관된 정치적 신념이 있으신 건지요?

김지은: 꼭 그런 건 아니지만, 2004년부터 리서치 베이스로 작업을 진행하다가 사회비판적인 시각을 가지게 되었고, 도시계획가의 시선으로 재단되는 도시 공간에 대해서도 그렇게 바라보게 됐습니다. 제도화된 풍경 안에서 우리가 어떻게 주체적으로 살 수 있는지를 고민했습니다.

김지은의 이런 생각은 2007년부터 디트로이트 외곽 크랜브룩대학에서 머물렀던 시간으로도 이어진다. 그리고 자신의 작가 노트에서 이와 관련해서 다음과 같이 쓴다.

> "[나는] (…) 미디어에 의해 매개된 경험의 한계와 관광객으로서의 경험의 한계를 넘어서는 '일상생활의 경험'에 더욱 주목하였다. 실제로 우리가 사는 생활공간이 어떻게 구축되었는지 살펴보고 그 안에 담겨 있는 이데올로기를 되짚어 봄으로써 회화의 사회비판적 기능을 회복시키고자 하였다.

(…) 이러한 일련의 작업은 '사회학적 회화'(sociological painting)라고 부를 수 있을 것이다"(작가 노트, 〈서버비아와 디트로이트〉 연작, 2007~2009)

그리고 이런 생각은 '계획된 진부화'라는 주제에서 더욱 심화된다.

계획된 진부화

이재준: 계획된 진부화는 소비자본주의가 유지되는 주요 전략이자 장치인데, 이런 생각은 어떤 방식으로 작품에 반영되었나요?

김지은: 기획 단계에서부터 언제 노후화될지를 미리 계획해서 상품을 제작하는 것이 '계획된 진부화'입니다. 작품 〈계획된 진부화〉(2009)에 있는 저 집들도 100년 이상 살 수 있는 집이 아니에요. 일정한 시간, 30년 정도 지나면 폐기해야 해요. 그래야 집 짓는 비즈니스를 계속할 수 있거든요. 이건 미국 버전이고, 한국 버전은 〈드림 하우스〉(2009)예요. 그림에서 크랜브룩 어딘가에서 가져온 벽돌과 결합한 작품이죠. 폐허를 딛고 일어선 아파트가 다시 폐허가 되고 마는 그런 사이클이 있어요.

혐오의 회귀 운동

이재준: 이런 사이클을 저는 혐오의 운동에서 확인할 수 있다고 생각하는데요. 혐오는 싫은 것들, 내게 궁극적으로 위협적인 걸 내게서 밀어내는 운동과 같은 것이죠. 그런데 쓰레기가 이런 것일 수 있다는 생각이 듭니다. 작가님께서는 인류세 문제를 어떻게 생각하시는지요?

김지은: 기후변화나 환경오염 자체를 가지고 작업을 하는 건 아니지만 제 작품들에는 계속 폐기물과 관련된 매체들이 포함될 수밖에 없어요. 난지[레지던시 프로그램]에서 작업할 때도 주변에 쓰다 버려진 나무를 노끈 같은 걸로 묶어 망루를 만들었어요. 이 재료들을 자르거나 한 게 아니에요. 주워온 거 그대로 긴 건 긴 거대로 짧은 건 짧은 거대로 이어 붙여 만든 거죠. 브리콜라주가 된 거죠. 리움에서는 이 망루가 시트지로 붙여진 4미터 높이의 망루가 됐죠.

이재준: 저는 정치 내지는 윤리 존재론의 차원에서 이런 쓰레기의 생성과 변화, 말하자면 비인간(nonhuman)이 인간과 어떤 관계에서 억압되거나 배제되거나 아니면 쓸모 있다가 쓸모없는 것으로 변하는지, 그런 프로세스에 관심이 있어요.

거주의 임의성

폐허 위에 폐허. 폐기와 폐기물의 사이클. 한국에서는 새로 지은 주거 공간이 언젠가 다시 투명해지면서 또 다른 재개발 공간으로 태어날 것이다. 주거는 폐기와 폐기물의 이런 사이클 속에서 임의적인 것으로 드러난다. 임시 건물인 '비계'는 한국에서 거주와 땅의 사회가 원래 이런 임의성에서 이탈한 것임을 상징한다. 작가는 다음과 같이 쓴다.

> "건축이라는 단어가 한번 지으면 부수기 어려운 견고한 인상을 갖고 있는 것과 달리 한국 사회에서 대부분의 건축은 '재건축 연한 30년'이 말해주듯이 임시 건축이다. 또한 땅의 용도가 언제 어떻게 변경될지 모르는 상황에서 변덕스러운 자본의 추이에 대응하기 위해 컨테이너나 비닐하우스,

조립식 창고 같은 가건물들이 개발을 기다리고 있는 풍경은 생활 곳곳에서 발견된다. 어쩌면 자본의 필요에 따라 언제 해고될지 모르는 비정규직의 삶을 가건물들이 대변하고 있는지도 모른다. 이러한 가건축에 대한 관심은 '계획된 진부화(Planned Obsolescence)'라는 개념에 빗대어 미래의 폐기물과 다름없는 주택에 관해 이야기했던 작업과 건물을 짓기 위해 반드시 필요하지만 건물이 완성되면 사라지는 비계(飛階)에 관한 작업의 연장선상에 있다"(작가 노트, 〈변덕스러운 땅〉 연작, 2015~2017).

화성은 화성이다

김지은: 흘러 흘러 오다 보니 화성에 이주해 살게 됐어요. 근데 아파트 안은 안락한데, 외부 공간은 반대로 낯설었어요. 어떤 책에서 읽었는데 아파트 바깥 주변 공간이 사막화된다고 표현하더군요. [아파트] 단지 내부는 자족적인 공간이고 쾌적한데. 그리고 딱히 화성에 연고가 있는 건 아니고요. 그러다 보니 화성, 마르스 있잖아요. [여기] 화성이 그 화성처럼 멀게 느껴졌어요. 약간 사막 같기도 하고. [〈갤러리 월 #1〉(2018)에서는] 모델하우스처럼 하얀 거실의 창 바깥으로 폐기물을 그린다든지. 허물어지고 있는 모델하우스도 제가 좋아하는 소재인데, 임시 건물이고 금방 사라질 건물이에요.

그렇게 말하는 작가에게는 자기가 거주하는 화성의 풍경이 다시 비판적 탐구의 소재가 된다.

"(…) 화성이라는 장소가 택지개발이라는 이름으로 과거의 사건을 지우는 과정, 그리고 새롭게 신도시로 이주해 온 사람들이 만들어 갈 새로운 장소성 등을 리서치와 답사를 기반으로 살펴보고자 한다. 장소성이 제거된 신도시(택지개발지구)와 평면 공간으로 제시되는 아파트 공간을 마르크 오제(Marc Augé)의 '비장소'라는 개념과 접목해 비장소와 다름없게 된 집에 관한 이야기를 해보고자 한다. 작업화하는 과정에서는 화성(華城)시를 태양계 네 번째 행성인 화성(火星)으로 재해석해 개발 중인 신도시의 삶을 다양한 방식으로 시각화하고 집 같은 '비장소'에서 살아가기에 대해 사유하고자 한다. (…)"(작가 노트, 〈집 같은 비장소〉, 2018).

03

김승현, 현존의 아상블라주

인간과 비인간 사이에서 진동하기

김보라

1

김승현은 일상 사물이나 이미지를 모아서 쌓는다. 무언가를 새롭게 만들어 내는 대신 본래 있는 것을 조합하여 형태를 구축하고 섬세하게 조율한다. 이러한 그의 행위는 제작보다는 조립 또는 배치에 가깝다. 미술사적으로 아상블라주의 계보를 잇는 것이다. 널리 알려져 있듯 콜라주를 확장한 개념인 아상블라주는 1950년대 중반 이후 부활한 다다(Dada), 다시 말해 네오다다와 누보레알리즘(Nouveau Réalisme)의 방법론을 가리킨다. 상품이 넘치는 소비자본주의를 경험한 첫 번째 세대였을 당시의 미술가들은 아상블라주를 통해 일상과 예술의 결합을 추구하고 전후 추상의 주관적 미학을 넘어서고자 했다. 큐레이터 니콜라 부리오(Nicolas Bourriaud)가 밝힌 바대로 저자성(authorship)이라는 개념이 극복되면 예술가는 공동 생산물의 수집가(collector)가 된다(부리오, 2022: 97). 부리오가 이미 2000년대 초 저서에서 썼듯이 전 지구적 과잉생산 생태계에서 예술가는 DJ 혹은 웹 서퍼처럼 활동한다. 김승현 역시 부리오가 말한 '포스트프로덕션(postproduction)'의 방식을 채택하고 있는 것이다.

현실의 평범한 사물이나 이미지를 집적하여 입체·설치와 평면 작업으로

사진 1 〈Circle-W〉, 2021_오브제 집적_400×400×160cm

구현하는 김승현에게 무엇보다 중요한 것은 일상생활 속 발견술이다. 작품에 대형 빗자루를 본격적으로 도입한 계기도 발견의 순간에서 비롯되었다. 작업실에 세워져 있는 플라스틱 빗자루가 불현듯 시선을 붙든 것이다. 늘 일상의 한구석을 차지하고 있던 빗자루가 초록빛을 발하는 듯 강렬히 다가온 그날 이후 작가는 빗자루, 먼지떨이 등 청소 용구를 모아 〈Circle〉과 〈Plastic World〉 연작을 진행하기에 이른다(사진 1). 그런가 하면 2023년 작품부터 등장한 조화(造花)는 작업실 인근 추모 공원에서 발견한 오브제다(사진 2).

대형 플라스틱 빗자루를 작품에 처음 도입한 사례로 〈강원키즈트리엔날레 2020〉 출품작을 들 수 있지만, 주요 재료로 활용한 것은 2021년부터다. '빗자루로 원을 만들 수 있을까'라는 질문에서 시작했다는 개인전 〈낯선 우아함(Unfamiliar Elegance)〉(2021)의 설치작업을 통해 우리는 매일 사용하는 물건의 색채와 형태에 온전히 집중하고 있는 작가의 접근 태도를 확인한다. 일상

사진 2 〈가덕매화공원〉, 2023_오브제 집적_가변 설치

사물을 작품에 도입하고 있다는 점에서 김승현은 개념미술의 선구자 뒤샹의 후예다. 그러나 미적 구성과 조합에 대한 의지를 드러내고 있다는 측면에서는 뒤샹을 벗어나는 것처럼 보인다. 인터뷰에서 작업 과정 중 장소 특정성에 대한 고려보다 오브제 자체의 형태와 색채의 구성에 비중을 두는 편이라고 밝힌 작가의 발언은 비평가 핼 포스터(Hal Foster)가 사라 제(Sarah Sze)의 작품을 분석하며 'site-sensitive'라고 평한 내용을 연상시킨다. 포스터는 리처드 세라(Richard Serra)와 사라 제를 비교하면서 '장소 특정적(site-specific)'인 세라의 조각에 비해 작품이 위치한 장소에 적응하면서도 그 안에서 절반은 자율적인 상태를 유지하는 제의 구축물들은 장소에 민감하다고 보았던 것이다(포스터, 2022: 209). 제와 유사하게 김승현은 자체 구조를 만들어 내면서 공간에 어우러지는 작업을 제시한다.

2

김승현이 사물을 집적하는 방식을 시작한 시점은 2017년 일본 유학 시절로 거슬러 올라간다. 당시 그는 바닥에 놓인 거대한 사무라이 투구 형상을 수많은 인형으로 덮은 작품과 인형을 천장에 닿을 정도로 높게 쌓아 올린 설치작업을 선보였다. 인형으로 가려진 투구 앞에서 감상자는 겉으로 드러나 있는 장식 일부를 통해 투구의 전체적 형태나 크기를 가늠하는가 하면, 소소한 힘들이 모여 거대 권력을 압도하는 듯한 통쾌한 장면을 상상할 수 있을 것이다. 탑처럼 쌓인 또 다른 인형 설치작품도 작은 것이 모여 형성하는 커다란 힘을 느끼게 한다는 점에서 앞의 작업과 상통한다. 그러나 동시에 뜯겨 나온 솜과 인형이 엉켜 있는 모습에 주목하게 되는데, 이는 작품의 주재료인 인형에 담긴 시간성을 전달하면서 내부에 숨겨져 있던 것이 겉으로 드러나 버린 역전의 현상을 제시한다. 작가가 오랫동안 관심을 가져온 은폐와 노출이라는 주제의 구현이다. 김승현의 오브제 설치작업에서 보이는 두드러지는 특징은 무엇보다 강렬한 에너지로, 은폐와 노출, 집중과 확산이라는 상반된 두 가지 방향성을 통해 긴장감이 유지된다. 다시 말해 수렴을 통해 응축되는 힘과 생생하고 활기차게 뻗어나가는 힘을 동시에 보여준다. 대비를 이루는 표현은 그동안 김승현이 작성한 작가 노트나 작품 제목에서도 발견된다. 구체적 예로 제목에서 확인되는 'camouflaged'와 'revealer', '가장'이나 '치장'과 '드러냄' 등을 들 수 있다.

빗자루나 먼지떨이, 조화로 구성된 형태는 어디론가 향하는 방향성을 지닌 채 휘몰아쳐 나아가거나 힘 있게 수직 상승하는 구조로 제시된다. 여러 개의 오브제가 합쳐서 강력한 에너지를 발생시키는 것이다. 빗자루들이 모여 한 방향으로 향해 가는 모습을 보면 어딘가에 도달하고자 팔을 뻗고 있는 강한 염원을 담은 인간의 형상 같아 보이기도 한다. 전시 〈낯선 우아함〉(2021)에서 벽에 걸린 반구 형태를 향해 위로 솟아오르는 빗자루들이 이어졌다면

사진 3 김승현 개인전 〈낯선 우아함〉(2021) 전시 전경

(사진 3), 작품 〈plastic world: circle〉(2023)에서는 전시장 출입구를 향해 빠져나가려는 먼지떨이의 긴 행렬이 보인다(사진 4). 9미터에 달하는 움직임의 형태는 일찍이 화가 호가스(William Hogarth, 1697~1764)가 우아함의 표현으로 주목했던 사행선(蛇行線)을 그리며 나아간다. 그런가 하면 동부창고 설치 작업인 〈Plastic World〉(2022)의 경우 빗자루들이 천장 중앙의 원형으로부터 여러 갈래로 뻗어나간다(사진 5). 이렇듯 바닥의 원형에서 위로 솟아오르고, 원형으로부터 뿜어져 나오거나, 원형을 향해 가는 힘 있는 구성을 통해 작가는 일상의 미미한 물건을 일으켜 세우고 생명력을 부여한다. 말 그대로 '사물들의 힘'을 드러내고자 하는 것이다.

생명은 생동하고 유동적이며 잠재적이다. '대상'이 고정된 것으로서 나타나는 이유는 그것들의 되기(becoming)가 인간이 식별할 수 없는 수준과 속도로 진행되기 때문이다. 공간의 연장으로 환원시킬 수 없는 물질성에 주의를 기울이는 것, 그리고 강도라는 비실체성과 변별성의 개념을 갖고 살아가는

사진 4 〈plastic world: circle〉, 2023_오브제 집적_200×900×200cm

사진 5 〈Plastic World〉, 2022_오브제 집적_가변 설치

일은 매우 어렵다. 왜냐하면 살아가기 위해 인간은 세계를 일련의 고정된 대상들로 환원시켜 해석해야 하고, 이러한 부분이 물질적이라는 단어에 할당된 수사학적 역할에 반영되었기 때문이다(베넷, 2020: 150~157). 그러나 김승현은 이 방향성을 뒤집는다. 말하자면 고정된 대상에 흐름을 부여하고 사물이 가능한 힘 있게 발화할 수 있도록 돕는 조력자 역할을 하고 있다. 평범하고 낯익은 사물이 '낯선 우아함'의 형태로 탈바꿈하게 만들려는 것이다. 김승현에 의해 활력이 더해진 사물은 다시 인간에게 생기를 전달한다.

미술비평가 데이비드 조슬릿(David Joselit)은 「출구 없음: 비디오와 레디메이드(No Exit: Video and the Readymade)」(2007)에서 레디메이드의 계보학을 고찰한 바 있다. 그에 따르면, '사물로서 레디메이드(readymade as object)'를 제시한 뒤샹 이래로 레디메이드 그림을 손으로 그린 재스퍼 존스의 '행위로서 레디메이드(readymade as action)', 전자와 양성자를 조작한 백남준의 '네트워크로서 레디메이드(readymade as network)'가 이어진다. 나아가 조슬릿은 '일종의 인간 레디메이드'의 등장을 예견하며 글을 마무리하고 있다(Joselit, 2007: 37~45 참조). 나는 조슬릿의 논의에 기대어 김승현의 작업을 '퍼포먼스로서 레디메이드(readymade as performance)' 또는 '행위주체성으로서 레디메이드(readymade as agency)'라고 칭하고자 한다. 빗자루나 먼지떨이 등으로 구성된 설치를 통해 사물에 수행성(performativity)을 부여한 듯 여겨지기 때문이다. 태양처럼 보이는 원 형태를 향하거나 원으로부터 흘러나오는 거대한 선형은 생명체의 움직임을 연상시킨다. 기획 전시 〈재생버튼(Re-play)〉 서문에서 발견할 수 있는 "버려진 것들을 쓸어내는 대신 공중 곡예를 넘듯 군무를 펼치는 플라스틱 청소 도구들"이라는 언급 역시 김승현의 작업에서 보이는 이러한 특징을 밝히고 있다. 또한 이전의 〈Camouflage〉 연작부터 최근작에 이르기까지 작품 세계 전반에 걸쳐 주제와 형식 면에서 인간과 비인간을 수평적으로 바라보는 작가의 시선이 엿보이기에 '행위주체성으로서 레디메이드'라는 개념을 떠올리게 되는 것이다. 김승현의 작업 속에서 자연과 문

사진 6 〈Circle-002〉, 2021_디지털 콜라주_75×55cm

화, 인간과 사물을 가르는 이분법은 희미해진다. 인간과 다른 물질성 사이의 관계를 보다 수평적으로 경험하는 것은, 보다 생태학적인 감수성을 향해 나아가는 것이다(베넷, 2020: 53).

한편 김승현이 입체와 평면을 오가는 점도 주목할 만하다. 화가 에이미 실먼(Amy Sillman)이 작업실을 이원화하여 캔버스 회화를 위한 스튜디오와 디지털 애니메이션 작업 공간을 오가는 것처럼 김승현의 작업실도 둘로 구분된다. 하나는 오브제를 활용한 입체 설치를 위한 공간, 다른 하나는 평면 작업을 위한 공간이다. 예전부터 작가는 작업 과정에서 종이에 펜이나 아크릴로 다양한 드로잉을 진행해 왔다. '디지털 콜라주' 작품은 2020년부터 시작되었으며 인터넷 데이터베이스의 레디메이드 이미지를 조합하여 이루어진다. 포토샵 프로그램을 통해 스케일과 색상 변환 과정을 거치는데, 이를테면 작품 〈Circle-002〉(사진 6)에서 확인할 수 있는 것처럼 초록 빗자루들이 핑크색으로 전환되고 크기가 축소되거나 허공에 흩어져 있으며, 그림자가 더해져 공간감을 창출하기도 한다. 사각형 프레임 안에 제한된 작업이지만 컴퓨터 처리 과정을 거침으로써 실제 공간 설치에서보다 오히려 더 자유자재로 변경, 배치될 수 있는 표현 가능성이 열리는 것이다.

그렇다면 왜 빗자루인가? 일찍이 〈부러진 팔에 앞서(In Advance of the Broken Arm)〉(1915/1964)라는 제목으로 제설용 삽을 선보인 뒤샹 이후 청소도구를 레디메이드로 제시했던 몇몇 작품이 떠오른다. 김구림의 〈빗자루와 걸레〉(1969)나 김범의 〈무제(지평선 위의 업무)〉(2005) 작업이 그 대표 사례다. 물론 김승현의 작업은 사물의 조형성에 초점을 맞추고 있고 아무런 가공 없이 여러 개를 집적시켰다는 점에서 앞선 작업들과 뚜렷한 차별점을 지닌다. 오브제 선택의 기준에 대한 질문에 작가는 특별한 의도는 없다고 답했지만 최근 작에 도입되고 있는 빗자루, 먼지떨이, 쓰레받기, 조화 등은 이른바 미화(美化) 활동에 쓰이는 인공물이라는 공통점이 있다(사진 7). 어딘가를 깨끗이 청소하기 위해서 또는 무언가를 꾸미는 데 사용하는 물건이면서 공장에

사진 7 김승현 개인전 〈낯선 우아함〉(2021) 전시 전경

서 대량생산되는 저렴한 제품인 것이다. 작가는 무엇보다 우리나라 공산품의 선명한 색상에 끌린다고 했다. 2019년 개인전 〈가려진 나·가리는 나(camouflaged)〉에서 제품을 감싸고 보호하는 포장 상자가 작품의 소재로 쓰인 바 있다면(사진 8), 최근 작업에서는 지저분한 것들을 제거하고 먼지를 벗겨내는 데 사용되는 청소 도구가 오브제로 선택되고 있다는 차이점이 보여 흥미롭다. "메시지를 표현하는 데에 있어서 가리는 방법보다는 드러내는 쪽을 택하여 그 의미를 더하고 싶다"라고 했던 작가의 입장이 암암리에 투영되고 있다고 여겨지는 것이다.

작가는 줄곧 일상 사물이 지닌 형태와 색채에 대한 본인의 관심을 밝히고 있지만, 오브제에 담긴 심리적 의미는 없을까? 뚜렷한 의도는 없었을지라도 오브제 선택에 있어 무의식이 작동하지 않았을지 궁금해진다. 지금까지 작

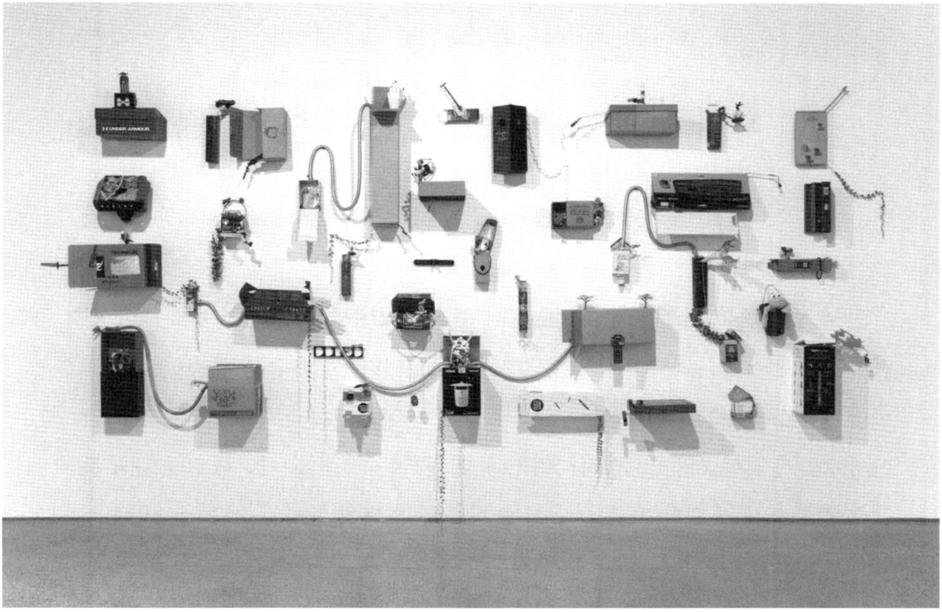

사진 8 〈camouflaged W〉, 2019_오브제 집적_가변 설치

업에 활용해 온 인형, 투구, 청소 도구, 조화 등을 떠올려 볼 때 감상자로서 그 숨겨진 의미를 헤아려 보게 되는 것이다. 정신분석학자 도널드 위니코트(Donald W. Winnicott, 1896~1971)에 의하면, 예술은 항상 다른 무언가를 대신하는 이행 기능(transitional function)을 수행한다. 위니코트의 이론에 따라 김승현 역시 자신과 연관된 물건을 오브제로 선택했으리라 추측해 볼 수 있는 것이다. 그런가 하면 폴리우레탄으로 덮은 착종된 이미지를 제시한 〈Camouflage〉 시리즈는 융(Carl Gustav Jung, 1875~1961)의 '페르소나' 개념, 즉 사회가 개인에게 기대하는 역할이나 외적 자아를 연상하게 만든다. 이렇듯 김승현의 작업에서 물질은 자아의 내부와 외부에 존재하며 내외부를 넘나든다. 물질은 자아의 안과 밖에서 작동하는 생기(vitality)로 간주할 수 있다(베넷, 2020: 169).

3

> "창작은 재료를 대하는 예술가의 진실하고 열정적인
> 태도가 없으면 불가능하다."
> — 안드레이 타르콥스키(Andrei Tarkovsky, 1932~1986)

앞서 언급했듯 2021년 이후 오브제 설치작업에서 확인되는 무엇보다 큰 변화는 사물을 가능한 있는 그대로 사용하고 있다는 점이다. 김승현은 이전 작업인 〈Camouflage〉 또는 〈Camouflaged〉 연작에서 이미 장난감, 플라스틱 용기 등 일상 사물을 집적시키거나 배치하는 방식을 채택했으나 대부분 금색이나 은색 우레탄 안료로 덮어 오브제를 은폐했다(사진 9). 그에 비해 빗자루, 먼지떨이 등을 활용한 최근 작에서는 재료를 날것으로 노출한다. 형태를 구축하기 위해 일종의 뼈대로 활용되는 각목 역시 다듬어지지 않은 상태 그대로 드러낸다. 전체적으로 거대한 원형 또는 원형을 향해 맹렬하게 나아가는 힘 있는 선적 구성을 보여줄 뿐, 작가 스스로 밝히고 있는 바대로 '가리는 방법보다는 드러내는 쪽'을 추구하는 경향이 두드러지는 것이다. "아름다움은 진실스럽다(Beauty is truthy)"(모턴, 2023: 59)라는 의미일까. 전체적으로 보아 꾸밈으로부터 벗어나 실제 자체로, 구심적 형태로부터 원심적 배치로 향해 가는 변화가 확인된다.

다만 이전 〈Camouflage〉 연작에서부터 보이는 일관된 특징은 인간과 사물을 연결하고 인간과 비인간을 대등하게 바라보는 작가의 시선이다. 예를 들어 콜라주 작업 〈Camouflaged 008〉(2019; 사진 10)은 인물 사진에 구두, 가방, 갓난아기 사진을 접합한 것이다. 자동차, 반지, 화장품으로 덮인 인물 머리 위로 구두와 아기가 나뭇가지처럼 뻗어나간다. 김승현의 이미지 조합은 또한 부리오가 "오늘날의 예술가들은 형식이자 내용이며, 주체이자 객체이고, 자연이자 문화인 전체성 속의 물질을 표현해야 한다"라고 말한 내용과

사진 9 〈Camouflage 003〉, 2017_오브제 집적_59×48×45cm

도 연결해 볼 수 있는 것이다(부리오, 2023: 47). 주체를 환경과 독립된 자율적 자아의 관점에서 보면 경계가 조금이라도 침해당할 때 그 무엇도 자아의 완전한 해체를 막을 수 없다는 두려움이 확립될 수밖에 없다. 반대로 인간을 분산 시스템의 일부로 보면 인간 역량의 완전한 실현이 접합 때문에 어려워지는 것이 아니라 바로 접합에 달려 있다고 생각할 수 있다. 주체성은 주어지는 것이 아니라 창발적이고, 의식에만 존재하는 것이 아니라 여러 곳에 분

사진 10 〈camouflaged 008〉, 2019_종이에 콜라주_106×75cm

산되어 있으며 혼돈스러운 세상과 동떨어진 지배와 제어의 위치를 갖는 것이 아니라 바로 혼돈스러운 세상에서 나와서 그 세상과 통합된다(헤일스, 2013: 508~509).

"내가 해야 할 일은 '예술이란 무엇인가' 질문을 던지는 일"이라고 말하는 김승현에게 예술은 무엇보다 변환을 의미한다. 그는 시선과 인식의 전환을 통해 일상용품을 미적 오브제로, 소소한 사물을 거대한 집적물로, 보잘것없는 대상을 강렬한 에너지 덩어리로 바꾼다. 미미한 사물이 응축 또는 확산의 형태로 합쳐져 어떻게 힘을 발휘하게 되는지 '역전이 주는 즐거움'(작가 노트)을 보여주는 것이다. 한동안 '위장'이라는 주제에 천착했던 그는 일상 오브제의 색과 형태 자체에 집중한 '플라스틱 세계'로 이동했고 이제 또 다른 변화를 모색하고 있는 단계다. 오브제 설치와 디지털 평면 작업을 병행하고 있는 김승현은 전 지구적 전염병 이후 많은 활동이 급격하게 온라인 공간으로 옮겨진 상황에서도 물성이 갖는 매력과 물리적 공간에서의 신체 경험을 간과하지 않는다. 앞으로도 그는 자아와 사물, 인간과 비인간 사이를 끊임없이 오가며 예술의 본질과 조형에 대한 탐구를 이어갈 것이다. 열정적 도전 정신의 작가 김승현이 전개할 '현존의 아상블라주(assemblage of presence)'를 기대한다.

참고문헌

모턴, 티머시(Timothy Morton). 2023. 『생태적 삶』. 김태한 옮김. 앨피.

베넷, 제인(Jane Bennett). 2020. 『생동하는 물질』. 문성재 옮김. 현실문화연구.

부리오, 니콜라(Nicolas Bourriaud). 2022. 『엑스폼』. 정은영·김일지 옮김. 현실문화연구.

______. 2016. 『포스트프로덕션』. 정연심·손부경 옮김. 그레파이트 온 핑크.

______. 2023. 『플래닛 B. 기후 변화 그리고 새로운 숭고』. 김한들·노태은·안소현 옮김. 이안북스.

정은영. 2023. 「재생버튼: 폐기된 존재들의 귀환을 위한 리-플레이」. http://www.kwanhoongallery.com/?c=exhibiton&s=2&syear=2023&gp=1&gbn=viewok&ix=232 (검색일: 2023.11.25)

포스터, 핼(Hal Foster). 2022. 『소극 다음은 무엇?』. 조주연 옮김. 워크룸프레스.

헤일스, 캐서린(Katherine Hayles). 2013. 『우리는 어떻게 포스트휴먼이 되었는가』. 허진 옮김. 플래닛.

Joselit, David. 2007. "No Exit: Video and the Readymade." October 119, pp.37~45(「출구 없음: 비디오와 레디메이드」. 김영인 옮김. http://tigersprung.org/?p=2066, 검색일: 2023.11.20)

김승현 작가 인터뷰

일시: 2023년 11월 18일

장소: 김승현 작가 작업실

참석자: 김승현, 김보라

Q1. 작업의 변화

김보라: 전시 〈낯선 우아함〉(2021)부터 작업 세계의 변화가 두드러지는데요. 구체적 전환의 계기에 대해 듣고 싶습니다.

김승현: 2021년 8월 즈음으로 기억합니다. 청주미술창작스튜디오 입주 작가로 활동하고 있었고 개인전을 앞둔 시점이었지요. 전시를 위해 진행 중이던 작품이 마음에 안 들어 고민이 컸어요. 그러던 중 갑자기 작업실 구석에 세워져 있던 빗자루에 시선이 머물렀는데 초록색이 유독 눈에 들어왔습니다. 마치 빗자루가 강렬한 빛을 발하는 것처럼 말이죠. 신기한 경험이었어요. 그날 이후 빗자루 설치작업이 본격적으로 시작되었습니다.

Q2. 장소 특정성

김보라: 구상 단계에서부터 작품이 전시될 장소를 염두에 두고 작업하시는지요?

김승현: 장소를 크게 고려하지는 않는 것 같습니다. 그보다 재료의 물성, 오브제가 지닌 생동감 넘치는 색채나 형태에 비중을 두는 편입니다.

Q3. 협업

김보라: 협업 프로젝트를 진행하신 적 있나요?

김승현: '예술가를 배우다'라는 시민참여 교육 프로그램이 기억납니다. 저의 작품에 대해 프로그램 참가자들과 이야기 나누며 동부창고 설치작업을 함께 진행했습니다. 미술을 통해 취업 준비생, 주부, 대학생 등 다양한 연령대의 분들과 소통할 수 있었던 뜻깊은 시간이었습니다.

Q4. 관심 작가

김보라: 지금까지 작업을 진행해 오면서 관심 가졌던 작가나 영향을 받은 작가가 있을까요?

김승현: 특정 작가를 모범으로 삼거나 선행 작가 연구에 각별한 의미를 두지는 않습니다만, 최정화(1961~) 작가와 함께 작업한 경험이 기억에 남아 있습니다. 일본 유학 시절에 동아시아 문화도시 관련 프로젝트에 참여하셨던 최정화 작가의 어시스턴트로 일한 적 있어요. "물건이 많아야 작업한다"라고 말씀하셨고 평범한 물건이라도 다르게 보는 시각을 강조하셨습니다. 교토의 벼룩시장에도 함께 갔었는데 그곳에서 구입한 투구와 그 투구가 담겨 있던 상자로 〈Camouflage〉 작품을 제작했습니다. 그 밖에 평소

흥미롭게 보았던 몇몇 작가를 더 이야기해 본다면, 우선 서도호(1962~) 작가를 들 수 있겠습니다. 그의 작업에서는 자신이 이야기하고자 하는 바를 시각화하는 탁월함이 돋보인다고 생각합니다. 오브제를 잘 사용한다는 점에서 마틴 크리드(Martin Creed, 1968~)의 예술을, 일상 이미지와 색상 활용 측면에서는 마이클 크레이그 마틴(Michael Craig-Martin, 1941~)의 작업을 주목하고 있습니다.

Q5. 예술가적 태도

김보라: 작가에게 무엇이 가장 중요하다고 보시는지요?

김승현: '수집'과 '자기 생각'입니다. 수집이란 구체적 물성이 있는 사물을 모으는 일만 의미하지는 않습니다. 수집의 대상에는 다양한 관찰 체험도 포함됩니다. 발견을 소중히 여기는 태도와 남다른 시선을 갖고자 하는 노력이 필요하다고 봅니다. 작업하면서 제가 가장 좋아하는 시간이 있는데요. 바로 작품을 110%, 115% 수준으로 끌어올리려 할 때입니다. 남들 눈에는 잘 보이지 않을 수 있지만 디테일을 살리기 위해 나름대로 최선을 다하는 태도가 중요하다고 생각합니다.

Q6. 삶의 가치

김보라: 삶에서 가장 중요하게 생각하는 가치가 있다면 무엇입니까?

김승현: (갑작스럽게 던져진 질문의 무게감에 당황한 듯 잠시 머뭇거리다가) 자유

의지?

Q7. 작업 계획

김보라: 앞으로 어떤 작업을 하고 싶으신지 궁금합니다.

김승현: 작품이 항상 최신 버전의 '나'를 보여줄 수 있었으면 합니다. 작품으로 현재의 '나'를 표현해 내면서 흘러가는 시간을 잘 포착해 내야 한다고 생각합니다. 물질이 갖는 힘과 순간의 에너지를 전달하고 싶습니다.

김승현 작가 노트

최근 몇 년 간 '위장'이라는 주제로 작업을 해왔다. 타인에게는 무의미하지만 나에게만 의미 있는 위장이라는 행위를 통해 나 자신을 숨기고 가리는 작업이었다. 투구나 갑옷 등 구체적인 형태가 있는 것들을 만들었다. 청주미술창작스튜디오에 입주할 당시에도 이러한 작업을 이어갈 계획을 했었다. 항상 무엇을 만들지에 대한 고민이 앞섰다. 내가 전달하고 싶어 하는 메시지를 표현해 낼 구체적인 대상이 필요했던 것이다. 메시지보다 만들 대상에 대한 고민이 깊어지다 보니 '이게 맞는 건가?' 하는 의구심과 함께 회의가 찾아왔다. 내 생각을 잘 전달할 방법을 찾기보다는 메시지를 표현해 내기 적당할 대상을 물색하기 급급했다. 어떤 명확한 대상을 만들겠다는 생각 때문에 내 상상의 폭을 좁히고 작업의 범위를 제한한다는 느낌이 들었다. 시각예술을 하기 때문에 대상이나 형태에 대한 중요성에 대해서도 물론 생각해 봐야 할 문제지만 내 경우에는 주객전도가 된 듯하다. 작업의 연속성이라는 틀에 갇히기가 싫다. '해오던 게 있으니까', '여기서 작업을 바꾸면 안 좋아 보이겠지?' 이런 생각을 하는 것이 싫어졌다. 재료나 표현 방식이 바뀐다고 내가 변하는 것은 아니다. 오히려 연속성이라는 틀에 갇혀 내 자신을 제한하는 것보다 변화의 필요성을 느끼고 작업을 달리하는 시도를 해보는 것이 나에게 더 의미가 있으리라 생각한다.

이번 작업은 '빗자루로 원을 만들 수 있을까?'라는 작은 의문에서 시작되었다. 내가 가지고 있던 빗자루는 직선적인 형태에 딱딱한 성질을 가지고 있는 물체이다. '원'을 그리거나 만들기 위해서는 곡선으로 그린다거나 부드러운 재료로 구를 만들거나 하는 방법이 일반적이라고 할 수 있다. 어떻게 보면 원, 곡선, 구와는 반대되는 성질을 가진 빗자루로 이를 표현할 수 있겠는가, 라는 의문이 들었고 이를 실현할 실험을 시작했다. 그간 다분히 구상적인 작품을 해왔고 그러한 것들에서 의구심과 회의감을 느꼈기 때문에 원이라는 단순하면서도 기하학적인 형태에 매력을 느꼈다. 원의 형태를 기본으로 내 상상과 감각을 더해가는 작업으로 발전시키려는 생각이다.

우리가 주로 사용하는 빗자루나 먼지떨이는 형형색색의 촌스러운 형광색으로 되어 있으면서 화려하기까지 하다는 느낌을 준다. 이것들이 모여 형태를 이루면 거대 조형물과 같은 느낌을 낼 수도 있다고 생각했고 내 작품이 그렇게 보였으면 한다는 생각도 들었다. 플라스틱 빗자루와 먼지떨이 등은 아주 값싼 물건들이다. 편하게 사용하고 약간 망가지거나 훼손되어도 언제든 버려도 괜찮다고 생각할 것들이다. 흔하디 흔하고 가치 있는 물건이 아니다 보니 생활 속에 마주쳐도 존재를 인식하지 못하고 지나쳐 버리기도 한다. 늘 사용하는 물건도 자세히 들여다보면 평소와는 다르게 보일 때가 있다. 내가 작업에서 오브제를 주로 사용하는 이유이기도 한데 평소 보던 물건이 다르게 보일 때 느껴지는 어색함과 신선함이 좋다는 것이다. 가벼운 마음으로 사용하던 빗자루를 내가 재료로 선택하고 작업을 시작하는 순간 싸구려 빗자루는 예술 작품의 일부가 되는 것이다. 내가 가지고 있는 물건들과 대화를 나누고 그 물건이 나에게 의미 있게 다가오는 순간 그것은 물건에서 재료로 바뀐다. 그 순간을 포착하는 것이 예술적 발견이고 그곳에 내 상상을 더해 작품을 내놓는 것이다. 이런 역전이 내게 주는 즐거움이 있고, 오브제를 자주 사용하게 하는 것 같기도 하다.

빗자루나 먼지떨이의 본래 기능이나 역할은 상실하고 그것들이 모양(형태)이나 색, 그 자체를 이용하는 작업이었으면 한다. 커다란 원형의 형태와 촌스럽고 화려한 형광색의 색감이 먼저 관객의 눈에 들어올 것이다. 작품에 점점 다가가면 바닥을 쓸고 청소할 때 쓰는 빗자루와 먼지떨이라는 존재를 확인하고, 관객들에게 이것이 우리가 평소에 쉽게 지나치던 그 물건들이라는 사실을 알았을 때 일종의 쾌감과 재미를 전하고 싶다. (…) 누군가에게는 내 작업이 숲이나 꽃처럼 보일 수도 있고, 코로나바이러스처럼 보일 수도 있다. 작품과 마주했을 때 자신만의 무언가를 떠올리며 한번 웃고 지친 마음을 달랬으면 좋겠다.

예술이란 무엇인가라는 질문을 던지는 것이 내가 해야 할 일이라고 생각한다. '모든 것이 예술이고 누구나 예술가다'라는 어떤 작가의 말을 나는 참 좋아한다. 우리 주변의 어떤 것이든 예술이 될 수 있고 그렇기에 관찰하고 수집하고 대화해야 한다. 앞서 이야기한 일련의 이유로 인해 회의와 의구심이 들었기에 작업에 변화를 주어야겠다고 생각했다. 즉 이번 전시는 회의와 의구심으로부터 시작된 실험이자 시도인 셈이다. 구체적인 대상을 만들기보다는 단순하고 기하학적인 원을 기본 틀로 만들기로 했고 최대한 재료는 가공하지 않고 드러내는 방법을 택했다. 나에게 있어서는 그동안 하지 않았던 것에 대한 시도이자 실험인 것이다.

04

서인혜, 할머니의/와 몸빼

유수정

1. 몸빼 12벌

2층 전시실 한 켠은 화사했다. 정면에 다섯 개, 양옆 벽으로 각각 네 개, 세 개의 사람 키가 넘는 좁고 긴 액자가 삼면 벽에 걸려 있었고, 각 액자마다 꽃무늬, 체크무늬, 넝쿨식물의 잎의 화려한 그림이 가득 그려져 있다. 그 앞에 놓인 바퀴 달린 보행 보조기에도 큰 꽃이 그려진 액자가 놓여 있다(사진 1). 한 폭 한 폭 다른 문양과 컬러의 커텐지 같기도 하고 스카프 디자인 같기도 한 작품의 제목은 〈몸빼 12곡병〉. 이미 알고 있듯이 '몸빼'는 여자들이 일할 때 입는 바지 중 하나를 이르는 일본말이고, '곡병'은 머리맡이나 방구석에 치는 병풍을 말한다. 원래는 벽면에 거는 형태가 아니라 구조물로 짜여져 병풍 형태로 펼쳐 세울 수 있는 설치작품이라고 작가는 설명한다. 제목대로 몸빼 문양으로 만든 12폭 병풍이다.

이화여대에서 동양화를 전공한 서인혜 작가의 이번 전시 작품은 화려한 색감 때문인지 동양화라기보다는 얼핏 오일파스텔화나 텍스타일로 보이기도 했다. 〈몸빼 12곡병〉 작업은 한지에 분채라는 동양화 물감을 썼다. 서 작가는 2019년부터 프로젝트가 진행되는 레지던스에서 1시간가량 떨어진 지역의 할머니들을 인터뷰했고, 그때 만난 할머니들이 입고 있던 몸빼의 옷감

사진 1 〈몸빼 12곡병〉, 2020_장지에 콩땜 채색_나무 구조물_78X330cm_가변 크기

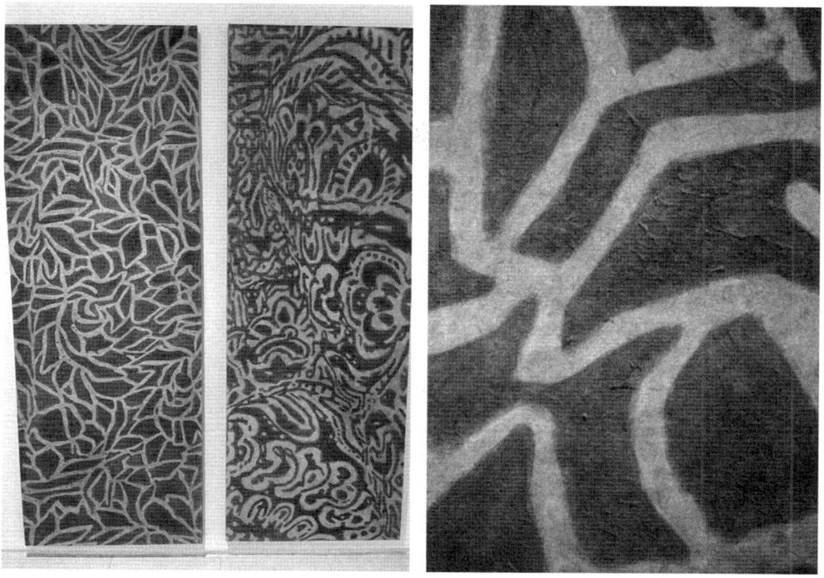

사진 2 〈몸빼 12곡병〉 부분

을 사진으로 찍고 확대해서 작품으로 그렸다. 12개의 액자는 그대로 12벌의 몸빼이고, 12명의 할머니이기도 한 것이다. 당시 인터뷰를 진행한 할머니들은 많게는 86세, 대부분 80대였다. 농촌의 할머니들은 평생을 밖에서 논농사, 밭농사에 집안일까지 하다 보니 피부도 체형도 도시의 할머니들보다 늙어 있다. 그녀들의 구부정한 허리와 만성적인 관절염에 시달리는 다리로 보행 보조기를 끌거나 지팡이를 짚고 느릿하게 걸어 다니는 모습이 서 작가의 인상에 깊게 남았다. 〈몸빼 12곡병〉 앞에 놓인 보행 보조기 모양의 나무틀과 맞은편에 걸린 액자 사이 코너에 세워진 지팡이 모양 나무틀의 몸빼 액자는 별도로 〈세 발로 서 있는 사람들〉이라는 제목이 붙어 있다(사진 3). 아픈 두 다리로 지팡이를 짚고 꽃무늬 몸빼 차림으로 전시실 한 코너에 서 있는 할머니의 모습이 그려진다.[1]

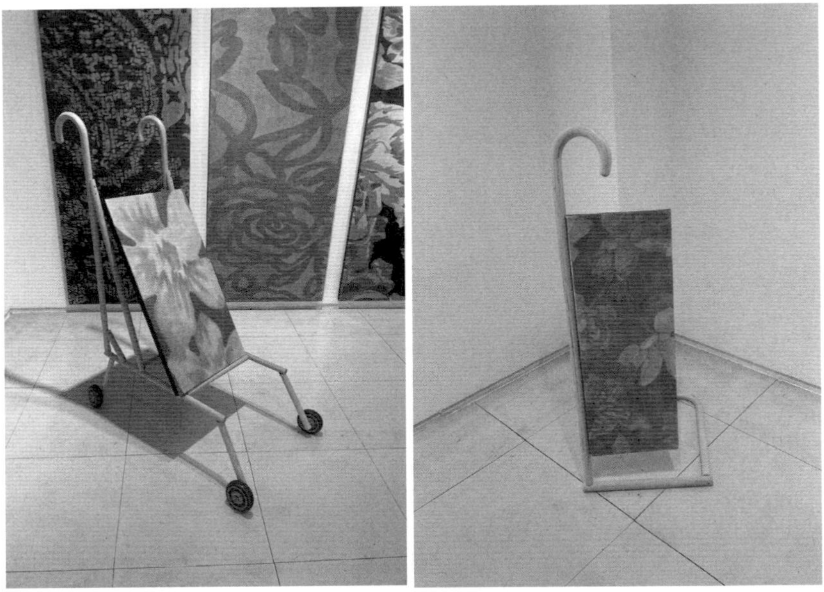

사진 3 〈세 발로 서 있는 사람들〉, 2020_장지에 채색_나무 지팡이_가변 크기

2. 시간의 사물로

〈몸빼 12곡병〉의 원형은 벽면에 거는 형태가 아니라 구조물로 짜여져 병풍 형태로 펼쳐 세울 수 있는 설치작품이라고 한다(사진 4). 전면에는 몸빼의

---

1) 2022년 기준 우리나라 농업인의 업무상 질병의 유병률은 5.3%로, 40대 이하에 비해 50대는 2.75배, 60대는 4.22배, 70대는 6.59배 높으며, 남성에 비해 여성은 1.21배 업무상 질병 위험이 높은 것으로 나타났다(박진우 외, 2023). 남성은 중량물을 들어 올리는 작업, 장시간 서서 하는 작업, 장시간 공구를 사용하는 작업을 많이 하는 반면, 여성은 쪼그려 앉아서 하는 작업, 팔, 손목, 손가락 등을 사용하여 반복적으로 하는 작업 등을 상대적으로 많이 하는 것이 성별 유병률이 차이가 나는 이유로 볼 수 있다(김유창 외, 2010). 농작업 원인 질병의 80% 이상을 차지하는 증상이 근골격계 증상이다(Osborne et al., 2012).

옷감 무늬가 걸려 있고, 합판의 뒷면에는 인터뷰하면서 수집한 할머니들의 소지품이나 일상의 물건들, 대화 내용 등을 전시했다고 설명한다. 이번 전시 〈재생버튼(Re-play)〉에는 뒷면의 실제 물건들 대신, 물건의 그림들이 〈몸빼 12곡병〉 맞은편에 작은 액자로 걸려 있다(사진 5). 〈매우 사랑하고 소중히 하는 모양들〉이라는 제목이다. 한쪽 벽에는 플라스틱 파리채, 원목 다과상에 놓인 주전자와 잔, 팥, 지팡이, 색동 솜이불, 보라색 고무 슬리퍼, 강낭콩 그림이 장지에 색연필로 그려져 있고, 몸빼 옷감의 문양도 비슷한 사이즈의 작은 액자로 그 사이사이에 걸려 있다. 꺾어진 벽에는 플라스틱 바가지, 조선호박, 모종이 심어진 화분, 돋보기안경, 말린 깍지콩 줄기, 꽈리 열매, 아무렇게나 말아놓은 보자기, 한지 위에 놓은 도배붓, 나리꽃 줄기, 싸리 빗자루가 있고, 역시 군데군데 몸빼 문양 액자도 걸려 있다. 특별할 것 없는, 시골에 가면 흔하디 흔하게 볼 수 있는 물건들이다. 서 작가가 할머니들과 인터뷰를 진행하면서 "할머니들이 집에서 보여주셨던 사소한 일상생활에서 쓰이는 용품들, 아니면 할머니들이 직접 농사를 지으시거나 꽃을 가꾸시는 풍경들을 드로잉한 작업"이라고 설명한다. 작은 액자들을 물끄러미 보고 있자니 한 알 한 알 콩을 까는 할머니의 손마디, 귀찮은 파리를 쫓느라 종일 파리채를 들고 있는 손, 마루에서 내려와 슬리퍼를 신고 지팡이를 짚고는 옆집에 마실 가는 할머니가 그려진다. 옆집 할머니는 빗자루를 손에서 놓지 않고 쓸고 닦으면서 돋보기를 쓰고 이제 막 싱그럽게 자라나는 딸기 모종과 어여쁘게 핀 나리꽃에도 틈나는 대로 눈길을 준다. 할머니의 물건 하나하나에는 사랑이 담겨 있고, 오랜 시간과 서로에 대한 보살핌이 담겨 있다. 오래 함께한 돋보기안경도 고무 슬리퍼도 싸리 빗자루도 파리채도 지팡이도 할머니에게는 내 몸과 같다. 강낭콩, 팥, 둥그런 조선호박, 깍지콩은 손은 많이 가지만 든든한 자식들 같다.

할머니와의 작업이 처음부터 순조로웠던 것은 아니었다. 도시에서 찾아온, 그림 그린다는 젊은 처자가 의뭉스럽고 마뜩치 않았을 것이다. 찾아가고

사진 4 〈몸빼 12곡병〉, 2020_장지에 콩땜 채색_나무 구조물_203×72cm×12_가변 크기

사진 4-1 〈몸빼 12곡병〉 후면

사진 4-2 〈몸빼 12곡병〉 후면 부분

또 찾아가고 시간을 쌓으면서 벽이 허물어지고 할머니의 이야기가 시작된다. 관계가 시작된다. 귀가 안 들리는 할머니는 힘없는 흥얼거림으로 이야기한다. 그리고 돌아가는 길에는 직접 농사지은 자식 같은 호박을 들려 주시기도 한다.

서인혜 작가는 할머니의 이름과 나이와 얼굴이 아니라, 몸빼 무늬로 할머니들을 그리고 기록했다. 도시에서는 쉽게 볼 수 없는 화려한 색과 무늬를 왜 선호하는지에 대한 순수한 호기심으로 할머니들에게 질문을 던지면서 가까워졌고, 그녀들의 이야기를 들었다. 놀랍게도 밝고 요란한 몸빼 무늬는 할머니들의 취향이 아니었다. 그저 읍내 장날 며느리나 딸이 사다 주어서 입는, 대량생산되어 쉽게 구할 수 있고 미적 취향이나 가치관이 전혀 반영되지 않은 흔하디 흔한 무늬의 몸빼. "어떻게 보면 이렇게 만들어진 부분 자체가 그들의 정체성을 직접적으로 보여주는 것이 아닌가"라는 작가의 지적은 할머니들의 정체(성)를 정확히 꿰뚫고 있을지도 모른다.

중심에서 주변으로 밀려났으나 분명히 존재하고, '할머니'라고 뭉뚱그려진 따스한 느낌에는 개인의 인생, 개인의 시간, 개인의 무늬가 있고, 대량생산으로 저렴하게 보급되어 그녀들과 함께한 물건들에는 긴 시간과 보살핌이 있다. 서 작가는 주변부적 존재였던 노년의 여성을 가시화하고 할머니가 부재하는 사물들 속에서 할머니를 재현해 낸다. 우리는 그것을 익명적이면서도 개인적인 '추억'이라고 부르지만, 할머니와 사물이 오랜 시간의 흐름 속에서 만들어 낸 관계이자 상호작용이기도 하다. 몸빼는 그렇게 할머니와 오랜 시간에 걸쳐 관계하고 할머니가 되었다. 그 관계 속에 작가가 들어가 시간을 함께하고 관계를 쌓아가며 할머니의 물건, 할머니의 몸빼를 담아내었다.

한지에 작업한 작품들은 덧바르는 과정에서 종이가 보푸라기처럼 일어나 있었다(사진 2). 마치 사물 위에, 몸빼 위에 축적된 시간의 흔적처럼 일어나고 얼룩진 그림은 작가가 의도했든 의도하지 않았든 재현으로서 시간을 담고 있다. 할머니의 물건들과 시간처럼.

3. 여성이 입는 노동, 그 역사까지

서인혜 작가는 노년 여성의 시간과 관계, 그리고 일상과 작용, 즉 노동을 작품에 담아내고 있다. 〈매우 사랑하고 소중히 하는 모양들〉 작품군은 하나

사진 5 〈매우 사랑하고 소중히 하는 모양들〉, 2020_장지에 색연필 및 채색

사진 6 전시장

하나의 사물을 그려낸 프레임이다. 그렇지만 그곳에 할머니를 두면, 고무 슬리퍼를 신고 밭에 나가는 할머니, 탐스럽게 익은 조선호박을 따는 할머니, 바가지로 물을 퍼서 강낭콩을 씻는 할머니, 싸리 빗자루를 들고 방바닥을 쓰는 할머니, 돋보기안경을 끼고 바느질하는 할머니, 마당에 깍지콩 줄기를 말리는 할머니, 파리채로 파리를 잡는 할머니가 된다. 할머니의 사물들은 깨어 있는 동안 계속 이어진 노동으로 할머니와 연결되어 있다. 그리고 그 사이사이에 몸빼가 놓인다.

몸빼는 옷의 명칭에서 알 수 있듯이 일본에서 유래한다.[2] 1938년 5월 일본은 국가총동원법을 내리고 시행한다. 전장뿐 아니라 후방의 국민들까지

2) 일본어에서 '몸빼'의 어원에 관한 설은 여러 가지가 있지만 확정적이지 않다(井上雅人, 2001).

사진 7 전시장

인적·물적 자원을 마음대로 전쟁에 동원하고 통제할 목적이었다. 이후 일제의 태평양전쟁 도발로 모든 자원들이 전쟁 수행에 집중되어 일상적인 물자 부족은 극에 달했고, 전시 사치품 제한령과 복지 배급제가 시행되었다. 일본의 국민들 중 젊은 남성은 전쟁터로 징집되고, 여성과 장년들은 후방에서 군수 물자 생산과 방공호 건설에 동원되었다. 일상의 복장은 세련된 패션이 아니라 간편하고 활동성이 좋은 복식이 주류를 이루고, 국민복(남성)과 표준복(여성)이 제정되기까지 한다. 그러나 여성들은 표준복보다는 척박한 일본 동북지방의 농사 작업복으로 인식되었던 몸빼를 선호했다. 필요에 따라 기모

노나 교복을 몸빼 안에 구겨 넣고, 공장으로 가거나 텃밭을 갈고 방공호로 뛰었다. 몸빼는 그렇게 척박함과 가난, 노동과 편리함의 이미지로 일본 여성들의 복식을 일본식에서 서양식으로 바꾸어 갔다. 여성성의 추구와 미적인 기준에서 실용성과 활동성이 부각되고 효율성이 추구되었다. 그런 의미에서 몸빼는 남자의 몸과 다를 것 없는, 노동하는 여성의 몸을 나타내는 옷이기도 했다(井上雅人, 2001). 아이러니하게도 전쟁이 젠더 규범을 바꾼 것이다. 식민지 조선에서는 같은 해 6월에 국민정신총동원 조선연맹이 총독부의 종용하에 조직되었고, 전시체제에 맞추어 사치품을 제한하고, 개개인의 개성 표현보다는 편리하고 실용적인 간편복과 몸빼가 권장되었다. 그렇게 한국에도 몸빼가 들어왔다.

오늘의 우리에게 몸빼는 농촌 노년 여성의 작업복이자 일상복으로서의 의미가 크다. 몸빼는 '시골'과 '할머니'를 결합시킨다. 아울러 그 안에는 아침에 눈 떠서부터 밤에 잠자리에 누울 때까지 계속되는 할머니의 노동과 돌봄, 일상과 쉼이 모두 들어 있다. 가족을 위해서라면 고생을 마다하지 않고, 출근도 퇴근도 없이 일상이 노동인 할머니들의 고되고 슬프면서도 그리운 작업복이다.[3]

전시장 벽면의 화사한 색과 문양들은 할머니의 노동이면서 일상이고 시간이었다. 그리고 그 안에는 몸빼라는 옷의 역사, 제국 확장을 위해 전쟁을 치르던 일본도, 그 속에 동원되어 여성성을 바꾸어 가던 여인들도, 전쟁 시국에 휩쓸려 가던 식민지의 지식인들도, 고단한 피식민지 여성들의 삶도, 그리고 해방과 한국전의 혼란 속에서 살아남은 억척스러운 여인들의 삶까지 그

---

3) 여성농업인의 가사 노동과 농업 노동 시간은 남성농업인보다 하루 평균 1시간 44분 더 길지만, 여전히 여성농업인은 중요한 기계를 다루는 남성의 보조자, 경영주의 배우자로 인식되는 것이 현실이다(김이선, 2022). 농촌뿐 아니라 60세 이상, 아내의 가사 노동 시간량은 남편의 시간에 4배 이상이며 돌봄 노동은 2배에 가까운 것으로 나타났다(안미영, 2017).

대로 담겨 이어진 시간이 있다. 몸빼는 대량생산 상품이자, 제국 안에서 지배받았던 여성의 역사이자, 개인의 고달픈 삶이기도 한 것이다.

꼬부랑 할머니가 꽃무늬 몸빼 바지를 입고 보행 보조기를 밀면서 집 마당을 나서는 풍경. 이 흔한 시골 풍경이 전시장 안에 펼쳐진다. 도심 한복판의 갤러리에서 무한히 펼쳐지는 공간과 시간을 경험한다. 12명의 할머니와 함께.

4. 여성의 몸, 노동, 시간

서인혜 작가의 이전 작품으로 〈버무려진〉 연작이 있다(사진 8). 국숫집을 운영하는 어머니를 보며, 여성의 노동에 주목하게 되었다고 한다. 어머니가 엄청난 공을 들여 매일 담그시는 김치를 보며, 김치 국물의 색감으로 여성의 노동을 담아낸 작품이 〈버무려진〉 연작이다(≪리포에틱≫, 2020.12.14).

사진 8 〈버무려진〉 전시장(2018)

우리가 매일 먹는 김치에는 매일 아무렇지도 않게 누리는 어머니의 노동이 있고, 어머니의 어머니, 그 어머니의 어머니, 다시 그 어머니로 거슬러 올라가 물려받은 시간이 있고, 당연하게 가정을 돌보느라 어느새 여기저기 아픈 어머니의 몸이 들어 있다. 돌봄과 노동으로 점철된 우리 어머니, 우리 할머니들은 보행 보조기와 지팡이에 몸을 지탱하고 다시 또 노동과 관계를 이어간다.

작품을 바라보는 필자 역시 개인의 삶을 살지만 역사와 사회 속에 놓인 한 명의 여자로서, 서인혜 작가가 주목하는 세상과 개인이 따뜻하면서도 슬프다.

참고문헌

김유창·신용석·김대수·홍창우. 2010.「농작업에서 성별에 따른 근골격계질환 조사」. ≪대한인간공학회학술대회논문집≫, 제7권 3호, 94~98쪽.

김이선. 2022.「성평등한 농업·농촌 환경 조성을 위한 정책과제」. ≪KWDI 이슈페이퍼≫, 한국여성정책연구원. 1~9쪽.

≪리포에틱≫. 2020.12.14. 〈artist 서인혜〉. https://leepoetique.com/

박진우·김진흠·윤간우·이민지. 2023.「한국 농업인의 업무상 질병 유병률 추정 및 특성에 관한 연구」. ≪조사연구≫, 제24권 4호, 27~41쪽.

안미영. 2017.「고령화와 젠더 불평등: 노인 부부의 무급 노동을 중심으로」. ≪여성연구≫, 제93권 2호, 7~34쪽.

이영아. 2011.「일제 강점기 여성 이미지의 변화 과정에 대한 연구」. ≪기초조형학연구≫, 제12권 4호, 263~274쪽.

井上雅人. 2001.『洋服と日本人: 国民服というモード』. 広済堂出版.

서인혜 작가 인터뷰

일시: 2023년 3월 21일

장소: 관훈갤러리 2층 전시실

참석자: 서인혜, 유수정

작품 개요

유수정(이하, 유): 이번 전시 작품에 대한 설명을 간단히 부탁드립니다.

서인혜(이하, 서): 2020년도에 대전에 있는 테미예술창작센터라는 레지던스에서 프로젝트를 진행했는데 대전 지역에 계시는 할머니들과 인터뷰를 진행하고, 그분들이 입고 계시는 옷감 무늬를 수집하는 작업을 진행했습니다. 그때 만난 할머니들이 입고 계셨던 옷감의 무늬를 촬영하여 작품으로 했습니다. 원래는 이 작품의 설치가 이렇게 벽면에 붙는 형태가 아니라 구조물로 짜여져 병풍 형태로 만들어 넣을 수 있는 설치(미술)입니다. 그래서 이 합판 뒤에는 인터뷰했을 때 수집했던 할머니들의 소지품이나 인터뷰 대화 등을 같이 전시했었습니다.

이쪽 작품들(사진 5)의 경우는 그때 할머니들을 만났을 때 할머니들이 집에서 보여주셨던 사소한 일상생활에서 쓰이는 용품들, 아니면 할머니들이 직접 농사를 지으시거나 꽃을 가꾸시는 풍경들을 드로잉한 작업들입니다.

유: 진짜 그냥 시골 가면 볼 수 있는 물건들이군요. 작업은 전부 한지에 하시나요?

서: 네. 한지에 색연필 작업이고, 또 장지라는 한지에 분채라는 동양화 물감으로 작업합니다.

유: 그냥 보면 동양화 느낌으로는 안 보입니다.

서: 아, 그러세요?

유: 이거(사진 5)는 그래도 좀 동양화 느낌인데, (〈몸빼 12곡병〉은) 색이 꽉 차 있어서 그런 것 같습니다.

서: 그럴 수 있겠네요.

세월/시간과 할머니의 몸

유: 작품들 작업은 어떤 식으로 하신 건가요?

서: 옷감을 사진으로 찍고 확대해서 작품으로 그렸습니다.

유: 그래서 그런지 사진 같기도 하고 그림 같기도 한 느낌이네요. (이 옆에 다른 작품들도) 전부 다 그때 같이 한 작업인가요? 저기 할머니들 밀고 다니시는 보조기도 같이 작업하신 건가요?

서: 네. 그해에 작업했습니다. 할머니들과 만나면서 항상 그분들의 걸음걸이라든지 지팡이를 짚고 계시는 모습, 그리고 유모차를 끌고 다니시는 모습이 되게 인상적이어서 (작업을 하게 됐습니다).

유: 인터뷰를 하신 할머니들 연세가 대체로 어느 정도였나요?

서: 많게는 86세도 있으셨고 대부분 80대 할머니 분들이었습니다.

유: 제 어머니가 70대 후반이신데, 도시의 할머니와 농촌에 사는 할머니는 할머니 정도랄까 늙음의 정도가 다른 거 같아요.

서: 네, 맞아요. 체형도 피부도 다르시죠.

옷으로 나타나는 할머니 정체성

유: 할머니들을 직접 인터뷰하는 작업은 언제부터 하셨나요?

서: 제가 그 작업을 처음 시작한 것은 2019년도에 대구에 있는 가창 창작 레지던스라고, 거기는 대구에서도 한 1시간 정도 더 들어간 곳이었고, 삼산리라고 해서 산이 세 개 모여 있는 정말 아주 작은 마을에 있는 레지던스였어요.

그때 제가 주변에서 만날 수 있는 사람들은 할머니들이 많이 계셨어요. 저는 서울 태생이고 한 번도 이렇게 지역에 내려와서 할아버지 할머니를 뵀던 적이 없었지만 자연스럽게 할머니들과 접하게 됐어요. 제가 처음 궁금했던 것은 할머니들이 입고 계시는 저 옷감의 무늬가 너무 화려하고 어떻게 보면 되게 촌스럽고 조금은 그렇지만, 그런 스타일이 도시에서는 쉽게 볼 수 없는 디자인이어서 그게 시각적으로 굉장히 새롭게 다가왔던 것 같아요. 그래서 처음에는 무작정 찾아가서 이 옷감들은 어떻게 구매하시는지, 특별히 더 좋아하시는 색깔이 있으신지 디자인이 있으신지, 그런 게 궁금해서 먼저 찾아가서 여쭤봤어요.

유: 저도 궁금해요. 어떻게 고르시는지.

서: 그런데 할머니들이 그때 해주신 말씀으로는 자기가 직접 고르기보다는 며느리나 딸들이 사다 줘서 입는 경우가 많다고 하셨어요. 처음에 몸빼를 봤을 때 저는 할머니들만의 어떤 정체성이나 미적 취향, 가치관이 있다고 생각했어요. 그렇게 오해를 하고 다가갔는데 할머니들께서 입고 계신 옷의 무늬는 사실은 본인이 선택한 게 아니라 대량생산돼서 시장에서 쉽게 구할 수 있는 옷감의 하나로 선택된 것이라는 거죠. 말씀을 듣고 나서, 어떻게 보면 이렇게 만들어진 부분 자체가 그들의 정체성을 직접적으로 보여주는 것이 아닌가 생각했습니다.

유: 제가 신기하게 생각한 부분이네요. 왜 저렇게 화려한 무늬가 있고, 또 왜 저걸 굳이 사서 입을까 생각했어요. 재질도 할머니들은 하루 종일 입고 계신데, 편안한 면 재질에 심플한 체크무늬나 단색이면 좋겠다 생각하는데, 그런 단순한 디자인은 오히려 구할 수가 없더라구요.

서: 맞아요. 단색이 없어요.

몸빼의 역사성

유: (조금 다른 이야기이지만) 저는 전공이 문학입니다. 문학 중에서도 식민지 시대 문학이요. 만주국이라는 곳의 문학을 전공으로 하다 보니 문학이면서도 역사에 가까운 영역이거든요. 그래서 그런지 '몸빼'라고 하면 저는 역

사성을 먼저 생각하는 편이에요. 그래서 미술, 회화를 전공하는 사람은 같은 '몸빼'라고 해도 무늬에 관심을 갖고, 이렇게 접근 방법이 다르구나 느꼈습니다.

서: (몸빼는) 식민지 전쟁 때 입었던 옷이라고 들었습니다.

유: 맞아요. 전쟁 때 작업복으로 입었던 옷인데, 이름부터 몸빼의 유래는 뭐고 언제부터 있었을까 그런 부분을 생각하는 제 자신에 저도 놀랐어요. 물론 일상적으로 주변에서 입고 있는 몸빼를 보면서는 역사적인 걸 생각하지 않는데, (작가님의) 작품으로 접한다고 생각하니 역사성을 떠올리게 되더라고요. 말하자면 저에게는 일상이 아닌 거죠. 저에게는 (작가님의 작품을 마주하는 게) 일의 연장이 돼버린 건데 이런 게 직업병인가 생각했습니다. (웃음)

서: 제가 할머니들께 들었던 인터뷰 중에는 일제강점기 때 자신이 겪었던 일들을 말씀하신 내용도 있어요. 자기가 학교에 갔는데 일본 선생님께서 가르쳐 주셨고 그래서 일본 이름이 있었다는 얘기도 하셨어요.

세월/역사와 소통하기/기억하기/재현하기

유: 소통은 잘되셨나요? 할머니들과.

서: 그나마 이야기를 들을 수 있었던 할머니들은 어느 정도 의사소통이 가능한 분들이셨고, 제일 건강이 안 좋으셨던 할머니는 귀가 되게 약하시고 말씀을 잘 못하시는 경우도 있었어요. 제가 그분께 들을 수 있었던 것은 힘

없이 흥얼거리는 노랫소리 정도였습니다. 평소 부르시던 노랫가락 몇 마디 정도밖에 없었는데 그게 제일 기억이 나요.

유: 처음부터 무조건 환영받지는 않으셨을 것 같은데…….

서: 아니요, 아니요. 그렇지는 않았습니다. 여러 번 찾아가니까 대체 뭐 하는 사람인지, 되게 뜬금없다고 생각하신 것 같아요. 처음에는 조금 많이 벽이 있었습니다.

유: 인터뷰 잘하는 분들이 저는 제일 신기하더라고요. (웃음) 할머니들이 술은 안 드시나요? 같이 드셔보신 적은 없으신지.

서: 술은 같이 안 먹어봤어요. 할머니들이 술을 드시는 거는 많이 못 봤어요.

유: 그렇군요. (호박 그림을 보며) 왜 할머니들은 항상 호박을 쌓아놓고 계실까요?

서: 그러니까요. 직접 농사지은 거라고 저 보고도 하나 가져다 먹으라고 주셨어요.

유: 저도 호박만 보면 제 할머니가 떠올라요. 할머니가 끓여주시는 호박죽을 좋아해서 호박이 생기면 항상 할머니를 기다렸습니다. 지금은 돌아가셨지만, 여전히 늙은 호박을 보면 할머니가 떠올라요. 작가님도 할머님들과 작업을 하시면 지금이야 삼 사오 년 됐으니 괜찮은데 조금 더 지나면 그중에 소식이 끊긴다거나 하는 경우도 생길 것 같은데…….

서: 실제로 그런 일이 있었습니다.

유: 아, 이런…… 안타깝네요.
한지에 그림 작업을 하다 보면 이렇게 종이가 일어나잖아요.

서: 그냥 어쩔 수 없어서 저는 그대로 두는 편인데 싫어하는 작가들은 떼어내기도 합니다.

유: 약간 옷에 보푸라기 느낌처럼 되니까 이대로도 재밌는 것 같아요. 시간의 흔적처럼 보여서요. 저는 처음에 작품을 보면서 이렇게 돼 있길래 일부러 일어나게 노리신 건가 하는 생각도 했어요.

서: 그림에 좀 얼룩덜룩한 부분이 있는데, 사실 그 부분은 일부러 그랬습니다. 오래되고 낡아 보이는 효과를 생각해서.

유: 역시 그렇군요.
집이 잠실 쪽이라 전에 롯데뮤지엄에서 하는 마르지엘라 전시를 본 적이 있어요. 그의 작품들도 사진을 찍어서 확대해 그린 작품들이 대부분이더라고요. 사진 같지만 그림 같고, 그림인데 오히려 사실적인 부분이 비슷한 느낌을 줍니다.

서: 잠실 어느 쪽이시죠? 엄마가 잠실에서 국숫집을 하고 계세요.

유: 너무 반갑네요. 어디에 있죠? 다음에 가보고 싶어요. (웃음)
이번 전시 제목이 〈재생버튼(Re-play)〉인데, 이 제목에 할머니들의 이야기를 가지고 오려고 한 것은 작가님이 의도하신 부분인가요?

서: 기획자 선생님의 아이디어입니다. 이번 전시는 한편으로 생산성을 다한 존재들의 이야기를 하고 싶다는 의도가 있었고, 이 작업이 괜찮을 것 같다고 했어요.

유: 그랬군요.

사라지는 것들과 남겨진 것들에 대해

유: 전시 공간이 참 멋집니다.

서: 맞아요. 저도 이런 곳인 줄 몰랐는데 관훈갤러리가 정말 오래된 곳이라고 이번에 들었습니다.

유: 저는 20년쯤 전에 와보고 오랜만입니다. 그때 갤러리 위치는 기억이 나는데 건물에 대한 기억이 없어요. 이제 보니 복도와 계단이 정말 매력적입니다(사진 7). 예전에 중앙청 건물, 지금은 조선총독부 건물이라고 없앤 곳을 어렸을 때 들어가 봤는데 계단과 복도가 멋있다고 생각했어요.

서: 들어갈 수가 있었나요?

유: 박물관이었어요. 국립중앙박물관이었던 걸로 기억합니다. 지금 용산에 있는. 초등학교 방학 숙제로 견학을 갔는데, 애들이 박물관이 뭐가 재밌겠어요? 유물들 설명 메모나 좀 하긴 했는데, 그때 저는 사실 그 건물이 너무 멋있다고 생각했어요. 이런 계단이 웅장하게 있고 입구 양쪽으로 돌아서 올라가거든요. 그렇게 (위압적이게) 지은 의도가 있겠지만요.

서: 이제는 볼 수가 없네요.

유: 그래서 저는 한편으로 총독부 건물을 부순 게 안타깝기도 해요. 그렇다고 역사가 없어지는 것도 아닌데 말이에요.

서: 그렇죠.

유: 차라리 한잔하면서 사라지는 것들에 대해 더 이야기하고 싶은데 아쉽네요. 전시 잘 봤습니다.

서: 오늘 와주셔서 감사합니다.

05

김순선, 지구의 옷으로 그린 툴루의 초상*

이지선

지의류, 지구의 '옷'이라는 생물

지의류(地衣類; lichen)란 균류[곰팡이로 주로 자낭균류(ascomycete)]와 조류[녹조류 또는 남조류(cynobacteria)]의 특성이 공존하는 생물군을 일컫는 말이다.[1] 보다 정확한 정의로는 "광합성을 하는 미생물이 균사체의 격자 조직과 얽힌 공생(共生)적 연합체(symbiotic association)"가 될 것이다. 자연계에서 흔히 관찰되는 공생이 서로 다른 독립적인 종 사이에서 후천적으로 나타나는 것과는 달리 지의류는 진화의 어느 단계에서부터 하나의 종처럼 행동하여 개체 또는 개별 유기체와 유사한 '공생체(symbiont)'를 이룬다는 점에서 매우 독특하다.

지의류는 매우 다양한 형태를 띠는데, 균사체가 표면을 높은 밀도로 덮고 있고 그 밑으로 상대적으로 밀도가 낮은 공간에 '파트너'인 조류가 위치하는

---

* 이 글의 초고를 세심하게 읽고 교정 및 보완에 도움을 주신 김순선 작가님께 감사드린다.

1) 지의류의 생태에 관한 내용은 다음을 참조했다. 위키피디아 "지의류" 항목, https://ko.wikipedia.org/wiki/지의류 (검색일: 2023.10.8); Neil A. Campbell, *Biology*, Redwood City: Benjamin/Cummings, 1993, pp.592~593.

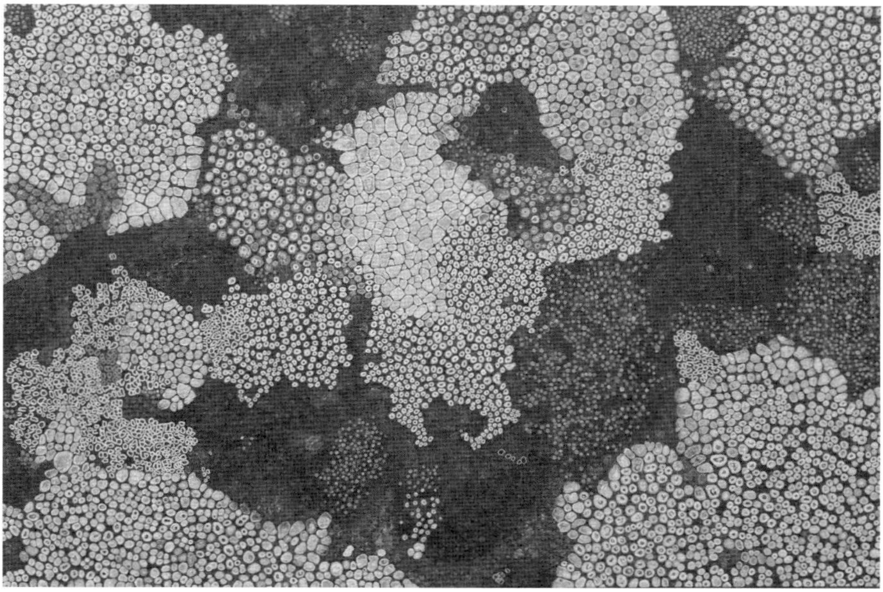

그림 1 〈비에 순응하며, 빛에 적응하며〉, 2014_Lichen Variation Granada1, acrylic and sand on canvas_89x130cm

기본 구조는 대체로 동일하며, 이 때문에 조류와 균류의 특성을 동시에 보인다는 점에서는 공통적이다. 균류에 속하는 부분이 조류를 보호하고 수분을 제공하면, 조류는 광합성 작용으로 양분을 공급한다. 균류가 대기 중의 수분을 흡수해서 수분량이 일정한 수준(65~75%)이 되면 조류 파트너가 광합성을 시작하고, 공기가 다시 건조해지면 광합성은 멈추는 식이다. 이때 각 부분은 고유의 속성을 유지하고, 그럼으로써 상대방과 변별된다.

이러한 특성 덕분에 지의류는 균류나 조류가 단독으로는 살 수 없는 나무껍질이나 묘비 같은 바위에 기착해서 자라는 것은 물론, 북극의 툰드라, 사막, 바닷가에 있는 돌, 유독한 화산암 더미와 같은 극한 환경에서도 서식한다. 그렇게 수천 년까지도 살아남는 경우도 있다. 그런 까닭에 지구상에서 가장 오래된 생물이라고도 불린다. 불에 타서 잿더미만 남은 숲이나 화산 폭발 뒤

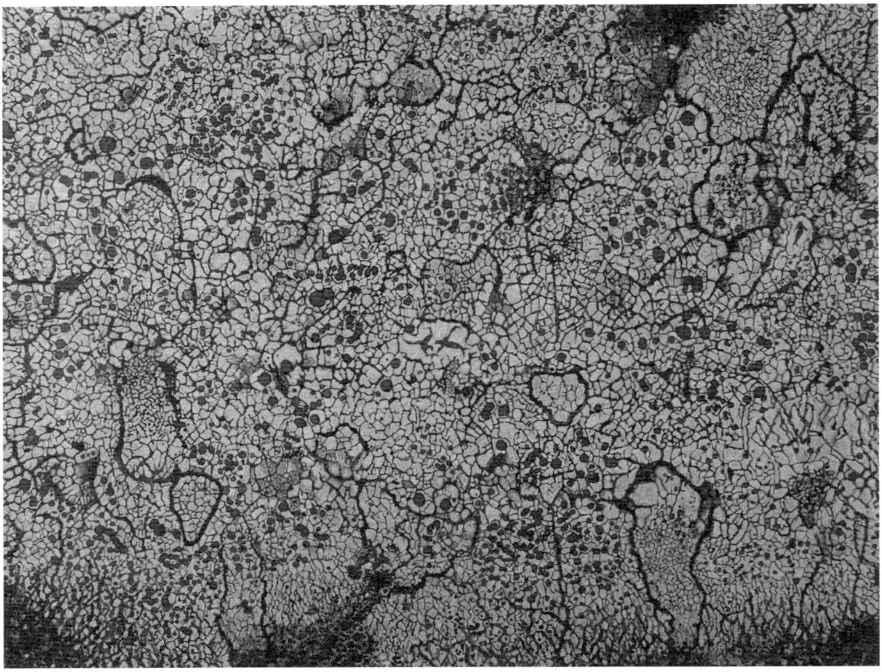

그림 2 〈거제도, 나 여기 널 사랑하고 있다〉, 2017_Lichen Variation_acrylic and sand on canvas_91x117cm

에 남겨진 분화구에서 가장 먼저 생겨나는 생명체도 지의류다. 한 지의류 무리가 산을 배출하고 그로 인해 바위의 광물과 화학 조성에 균열이 생기면 그 틈으로 다른 지의류 무리가 파고들어 자라나면서 다른 식물이 자라날 토양이 마련되는 것이다. '식물 군락의 개척자'라 불리는 것은 이러한 까닭이다. 한편으로 지의류는 대기와 더불어 수분을 흡수하는 특성 때문에 대기의 질에 민감하고 그런 점에서 대기오염의 정도를 나타내는 지표생물로도 불린다. 환경 위기가 갈수록 가시화되고 쟁점화되고 있는 오늘날 지의류가 주목되어야 하고 또 실제로도 주목되고 있는 이유다.

'지의'를 우리말로 풀면 '지구 또는 대지의 옷'이다. 흔히 옷을 두고 '제2의 피부'라 한다. 옷의 가장 기본적인 기능은 몸을 보호하는 데 있다. 물론 거기

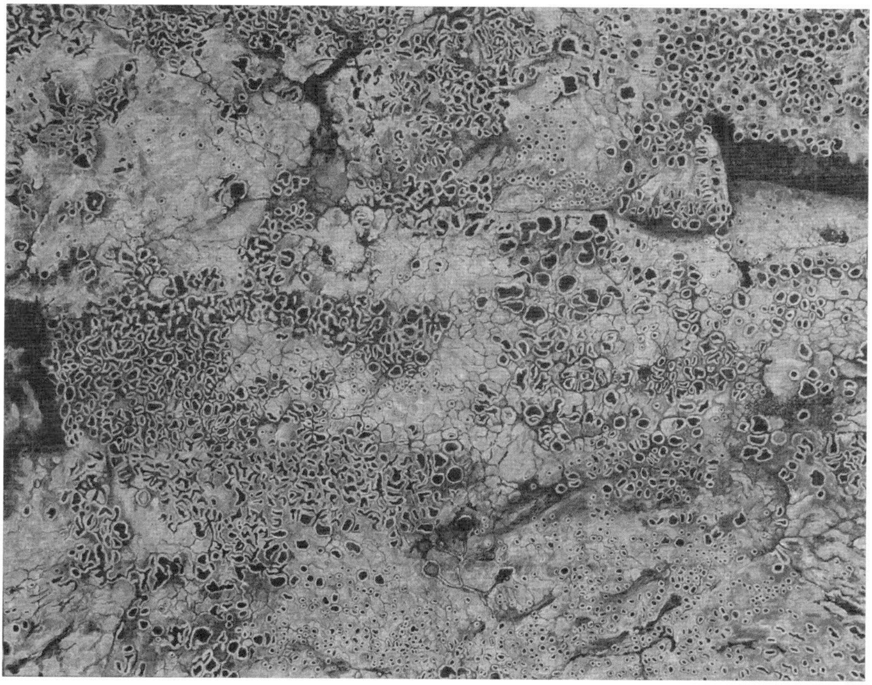

그림 3 〈거제도 1, 여기 온 이유〉, 2016_Lichen Variation_acrylic and sand on canvas_ 72x91cm

에 그치지는 않는다. 몸을 장식하고 표현하는가 하면, 인간 고유의 판단 및 인식의 기능, 나아가 인류의 문명을 상징하기도 한다. 창세기에서 아담과 이브가 선악과를 먹고 나서 가장 먼저 한 일은 나뭇잎으로 몸을 덮어 가리는 것이었다. 이때 나뭇잎은 옷이 지닌 모든 기능을 상징한다. 그러나 옷이 지닌 상징적인 의미를 보여주는 가장 결정적인 사례는 아무래도 벌거벗은 임금님의 우화일 것이다. 이 우화는 옷이 지닌 상징의 기능이란 것이 얼마나 취약한 것인지 (한 아이의 외침으로 곧바로 무너질 만큼) 극명하게 보여준다.

그런데 이 대목에서 모든 생물 중에서 인간만이 옷을 입는다는 사실을 상기할 필요가 있다. 다른 생물에게는 이 '제2의 피부'가 없다. 식물에게는 껍질이라는 피부가 있고 고등 생물의 경우에는 보호에서 장식과 표현까지 옷의

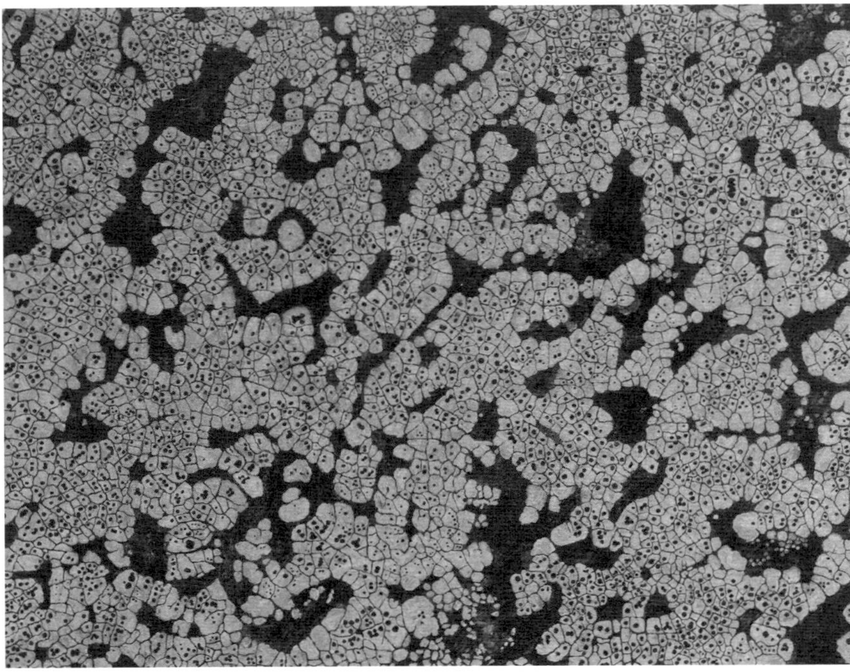

그림 4 〈대마도 1, 항상 새롭게 시작〉, 2016_Lichen Variation_acrylic and sand on canvas_72x91cm

기능을 수행하기에 부족함이 없다. 가죽에 털이 나 있는 경우도 있기는 하지만 하나(한 겹)뿐이지 둘은 없다. 그도 그럴 것이 한 겹의 피부만으로도 몸을 보호하기에 충분하기 때문이다. 그렇지만 인간만이 주어진 피부(피복)에 만들어진 다른 피부(의복)를 덮는다. 이 한 겹의 차이가 바로 인간과 동물의 차이를 대변한다. 동물이 인간처럼 말하고 행동하는 우화의 삽화에서 가장 흔하고 손쉽게 쓰이는 의인화 장치가 바로 옷인 것도 그런 이유에서다. 그렇다면 피복과 의복의 차이는 자명하다. 의복이 의지, 의도 그리고 그를 둘러싼 사회의 관습이나 규범을 반영한다면, 피복은 몸과 직접 맞닿아 있으면서 의지나 의도와는 무관하게 상태(무의식이나 아니면 신체 전반)를 표현한다. 나는 내가 원하는 옷의 색깔이나 종류를 얼마든지 골라서 입을 수 있다. 원한다면

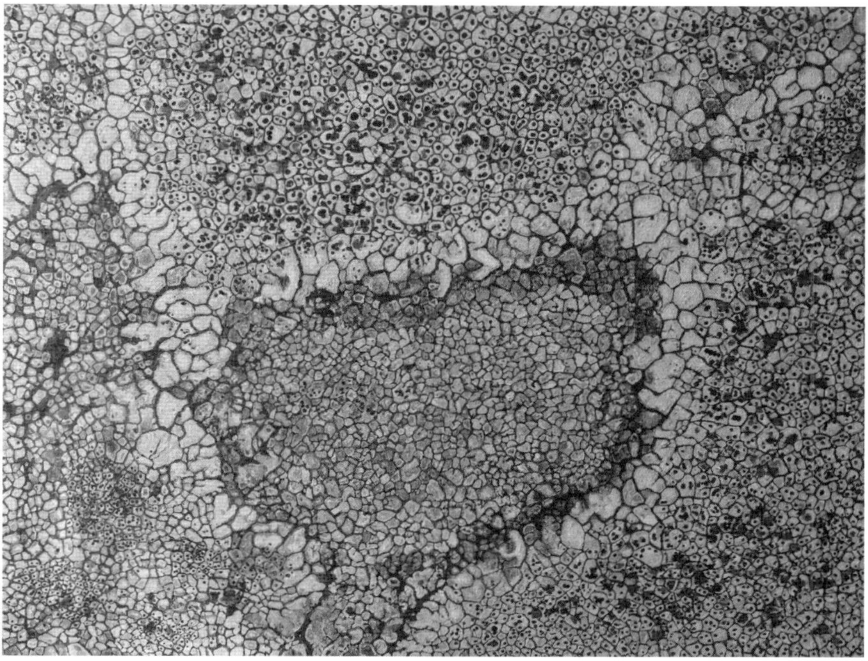

그림 5 〈대전 계족산, 우리가 할 일은 하나씩 이름을 부르는 것〉, 2015_Lichen Variation_acrylic and sand on canvas_91x116.5cm

사회적 관습과 규범을 거스르는 일도 가능하다. 그러나 피부나 털(살갗)은 선택할 수 없다. 공작새의 깃털은 아무리 화려한들 새의 의지나 의도와 무관하며 그 새만이 가진 고유한 특성-개성을 드러내지 못한다.[2)]

그렇다면 '지의'는 의복인가 피복인가? 언뜻 생각하면 우문 같다. 방금 의복은 자유의지를 가지고 자신의 행동을 결정하는 의식적 주체이자 사회적

---

2) 물론 시간, 장소, 상황에 맞출 것을 요구하는 드레스 코드가 사회질서의 유지를 목적으로 행사하는 사회적 압력은 공작새의 화려한 깃털 또한 종 전체의 종족을 유지하기 위한 진화적 압력과 다르지 않을 수 있다. 이렇게 되면 의복과 피복의 차이는 묘연해진다. 벌거벗은 임금님에게 피복은 곧 의복이었다. 그러나 아이의 한 마디로 피복은 의복으로서의 기능을 잃는다.

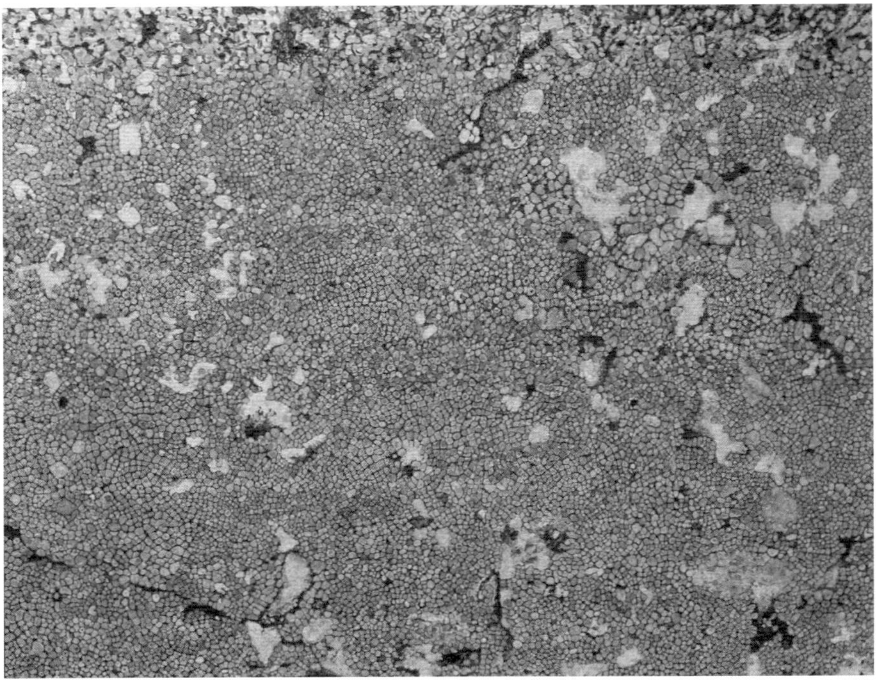

그림 6 〈완도, 나는 너의 망각 속에서 살 것이다〉, 2021_Lichen Variation_acrylic and sand on canvas_112x145cm

존재인 인간 고유의 것이라 말하지 않았는가. 그리고 지구는 인간이 아니지 않은가. 그러나 문제는 그렇게 간단하지 않다. 그렇게 단순히 그리고 순전히 인간이 아니라고 말하고 말 일이 아니다. 지구와 인간의 관계에 대해 말해주는 어떤 것이 있다면 그것이 바로 지의다. 옷은 입은 사람을 말해주며 나아가 그 사람을 만든다고들 한다. 그렇다면 지의도 그것을 입은 지구를 말해주며 나아가 지구를 만들 것이다. 그렇다면 지의가 만든 지구란 무엇, 아니, 누구인가?

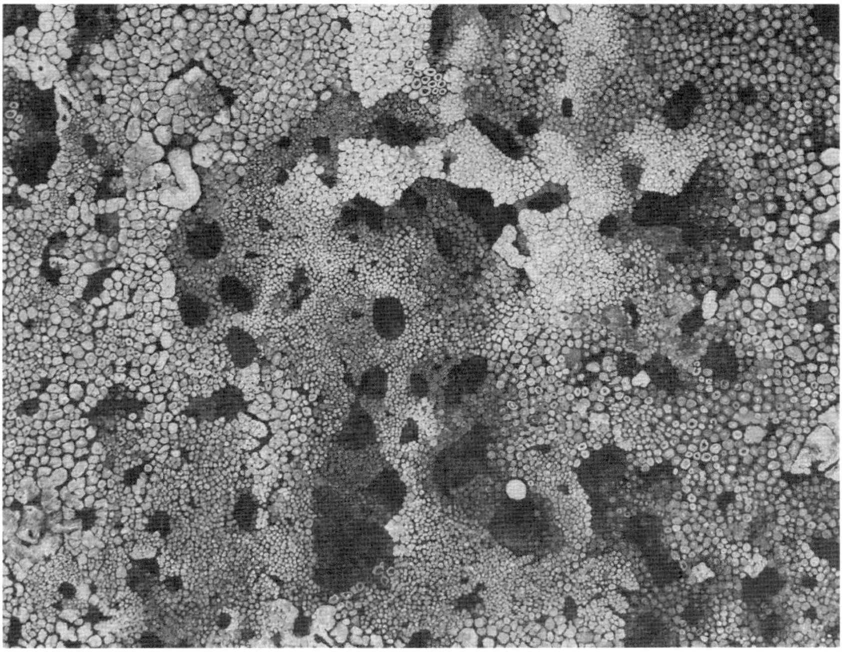

그림 7 〈우도, 좀 전에 말하려던 것〉, 2016_Lichen Variation_acrylic and sand on canvas_72x91cm

지구의 새로운 표상: 가이아와 툴루(세)

지구에게 지의는 그야말로 맞지 않는 옷처럼 보인다. 아무리 지구 전역에 걸쳐서 나타난다 해도 전체를 감싸기에는 턱없이 부족하다. 무엇보다 지구는 거의 완벽한 구에 가깝고 표면의 70%가 물로 덮여 푸르게 빛나는 행성이 아닌가. 태양계 다른 행성들과 다를 바 없이 스스로 그리고 태양의 주위를 "그럼에도 불구하고 도는(e pur si muove)" 둥글고 푸른 행성, 이것이 교황청의 파문에도 갈릴레오가 지켜낸 후 오늘날까지 유지되어 온 지구의 지배적인 이미지이다. 그러나 환경에 대한 위기의식이 고조되면서 새로운 이미지가 대두했으니, 그것이 바로 가이아다.

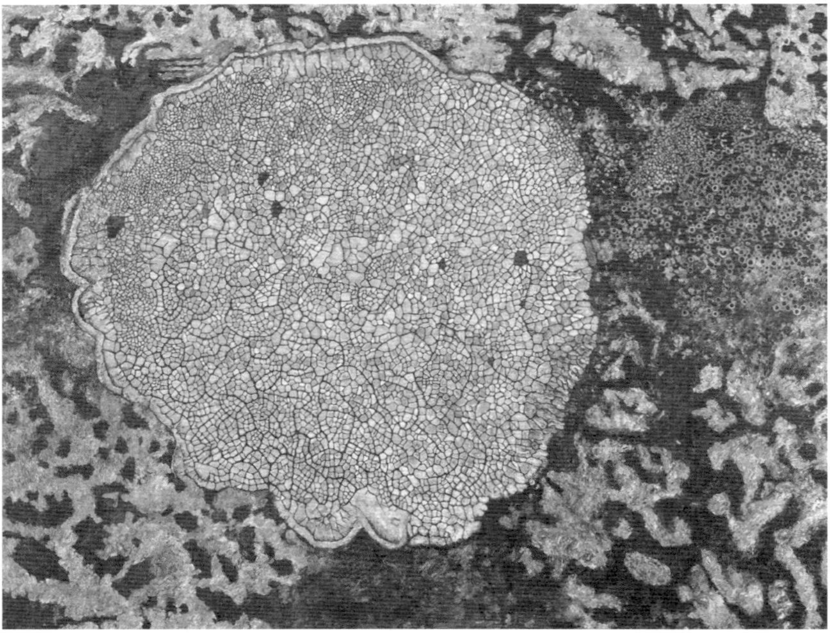

그림 8 〈지리산 화엄사 1, 물질의 온도를 계산하다〉, 2016_Lichen Variation_acrylic and sand on canvas_91x117cm

가이아[또는 게(Ge)]는 그리스 신화에 등장하는 대지의 여신이다. 러브록과 마굴리스는 1970년대 사이버네틱스에서 영향을 받아 지구를 되먹임(feedback)과 자기생성(autopoesis)으로 이루어진 사이버네틱 시스템이라 보고 이를 '가이아'라 이름한다. 지구 시스템은 생명의 기원이자 생명체에게 환경을 제공하는 수동적 공간 이상이다. 그것은 생명과 영향을 주고받으며 자기-규제 및 자기-조절을 통해 자기항상성(homeostasis)을 유지하는 독립된 개체처럼 행동한다. 때로는 초월성을 지닌 인격적 존재(스텐게르스)로, 때로는 인간-비인간의 혼종적 연결망을 주축으로 하는 최초의 세속적 자연 개념(라투르)으로 간주되는데, 어느 경우에나 모종의 개체-실체로서의 속성이 부여된다(Latour, 2017, 앞의 글 참조).

한편, 고대 그리스어에는 대지를 가리키는 말로 게/가이아 외에도 '크톤(khthŏn/cthon)/크토니아(cthonia)'가 있었다.[3] 게가 주로 행성으로서의 지구와 관련된다면 크톤은 주로 땅과 흙에 관련된 단어에 쓰이고 오늘날 영어에서 '지하'라는 뜻의 형용사 'cthonic'으로 남아 있다. 크토니아가 지구의 지하 혹은 심연이라면, 가이아는 크토니아의 표면으로서 크토니아를 덮은 의복 또는 크토니아의 얼굴이라 할 수 있다. 해러웨이는 크톤/크토니아를 원용하되, 이를 통해 전혀 다른 문제를 제시한다. 해러웨이의 관심은 지구라는 행성-공간을 가이아라는 개념이나 표상으로 규정하는 데 있지 않다. 가이아나 인류세를 포괄하며 그 난점을 극복할 새로운 시공간, 해러웨이 자신의 말을 빌리면, "손상된 지구에서 응답-능력을 기르며 삶과 죽음의 말썽을 안고 살아가는 법을 배울 일종의 시공간" 개념을 제시하는 데 있다(Haraway, 2016: 59). '툴루세'는 그러한 문제의식의 결과물이다.

'툴루(Chthulu)'는 캘리포니아에서 발견되는 거미의 일종인 피모아 크툴루(Pimoa Cthulhu)에서 왔다. 거미는 촉수가 달린 여덟 개 다리로 대지를 자유롭게 이동하면서 어느 한곳에 정주하지 않고 끊임없이 새로운 곳을 찾아 집(또는 망)을 만들어 내는 특성이 있다. 해러웨이는 특히 이 거미의 학명 중에서 종명인 '크툴루(Cthulhu)'가 공포 소설의 대가 H. P. 러브크래프트의 단편 「크툴루의 부름(The Call of Cthulhu)」(1926)에서 왔다는 사실에 주목한다. 크툴루는 인간과 용과 문어를 혼합한 괴이한 형태를 지닌 신 또는 괴물로, 이 '크툴루 신화'는 러브크래프트의 작품은 물론 이후에 나온 게임 등 다른 창작물에도 영감을 주었다. 무엇보다 흥미로운 점은 '크툴루'라는 명칭이 '크톤'에서 왔다는 사실이다. 해러웨이는 러브크래프트의 이 피조물이 가진 인종차별적이고 여성혐오적인 측면을 고려해서 개념을 있는 그대로 차용하지 않고

---

3) 한편 아감벤은 코로나19 대유행 기간의 일련의 성찰을 담은 최근작에서 가이아와 크토니아를 대조해서 사유를 전개한 바 있다(아감벤, 2021).

약간의 변형을 가해 'chthulu(툴루)'라는 단어를 주조해 낸다. 그리고 이를 형용사로 써서 인류세를 대체하는 새로운 시대 규정을 제시한다.

툴루의 초상

라투르는 가이아를 형상화한 예로 19세기 풍경화가 카스파르 프리드리히(Caspar David Friedrich)의 1831년 작품 〈(드레스덴 근방) 거대한 야생지(Das grosse Gehege)〉를 꼽는다. 프리드리히는 비바람이 몰아치는 바다나 드높고 험준한 거대한 산과 같이 거대한 자연과 그에 비해 미미한 존재인 인간의 대비를 극대화함으로써 인간이 자연 앞에서 느끼는 '경이' 또는 '숭고'의 감응을 재현한 작품들로 잘 알려져 있다. 〈바닷가의 수도승〉(1808/1810)이나 〈안개의 바다 앞에 선 방랑자〉(1818)와 같은 대표작들은 낭만주의 자연관을 가장 극적이고도 명징하게 보여준다. 그런데 〈거대한 야생지〉는 사뭇 다르다. 거기에 비친 '자연'은 그리 '거대'해 보이지 않을뿐더러 책의 표지를 장식하기도 한 이 그림에서 어쩐지 불규칙하고 불안정한 모습이다. 원경의 활엽수들은 높이가 상대적으로 낮고 또 듬성듬성 나 있는 만큼 인간이 그 안에서 길을 잃거나 생명의 위협을 느낄 정도는 되지 못한다. 근경의 늪지대 또한 조화나 질서와는 거리가 멀고 경이나 숭고의 감응을 자아내기에는 부족해 보인다. 그런가 하면, 이 그림 안에서 '인간'의 흔적은 작은 돛단배로 겨우 표현되는데, 풍경 속으로 사라기라도 한 양 식별이 거의 불가능하다. 앞서 언급한 다른 대표작들에서 인간이 미미하기는 하되 풍경을 이루는 요소와 분명히 구분되고 나아가 중심적인 위치를 차지하는 것과 대조된다. 라투르는 거기에서 인류세 시대 근대적 지구와 구분되는 표상으로서 가이아를 발견한다. 우주비행사나 지도 제작자의 신적인 관점에서 그려질 법한 매끈한 행성이 아닌, 늪지대 어딘가에서 보이는 그대로의, 불규칙하고 불안정한 모습 그대로

그림 9 카스파르 프리드리히의 〈거대한 야생지〉, 1831_캔버스에 유채_73.5x102.5cm. https://en.wikipedia.org/wiki/The_Great_Enclosure#/media/File:Caspar_David_Friedrich_007.jpg (검색일: 2023.10.2)

의 지표면, 이것이 바로 우리 앞에 마주선 가이아의 얼굴이다(Latour, 2017, 앞의 글 참조).

흥미롭게도 해러웨이는 툴루세를 언급한 최초의 텍스트를 "우리는 모두 지의류다(We are all lichens)"라는 생물학자 스캇 길버트의 문장으로 시작한다.[4] 이 말은 우선적으로 우리가 공생체라는 뜻이다.[5] 다른 한편으로는 손쉽게 생명을 잃을 수 있는 취약한 존재라는 뜻이다. 또 다른 한편으로는 그럼에도 불구하고 바위와 미물들 사이의 대사 및 동화 작용을 통해 공동생성

4) Scott Gilbert, "We Are All Lichens Now", Haraway(2016: 30) 에서 재인용.

5) "우리는 언제나 공생체였다. 유전적으로, 발달상으로, 해부학적으로, 생리학적으로, 신경학적으로, 생태학적으로"(Haraway, 2016: 173, Epigraph 1).

(sympoiesis)으로서의 생명과 죽음의 과정에 참여한다는 뜻이기도 하다.

김순선 작가는 지구 최초의 생명체이자, 균류와 조류의 공생체이며, 오늘날에는 특히 지표생물로 인식된다는 점에 주목해서 지의를 소재이자 주제로 택했다고 말한다. 작가에게서 지의는 생물학 혹은 (정치)생태학의 대상에서 미적 대상으로 전환되는데, 그렇다고 양자가 서로를 배척하는 것은 아니다. 오히려 서로에 대해 필요조건으로 작용한다. 작가는 생물학 내에서 지의류에 대한 기존의 연구와 최신 동향을 꾸준히 검토하고 이를 자신의 작업에 적극적으로 활용한다. 이를테면 지의류가 균류의 포자의 형태로 공중을 날아다니다가 바위나 나무껍질에 안착해서 번식한다는 사실에서 착안해서 물감을 떨어뜨리거나 흩뿌리는 등의 기법을 사용하는 식이다.

지의는 생장의 형태에 따라서 바위나 나무에 붙어 있는 형태('고착' 또는 '각상 지의'), 잎의 형태('엽상 지의'), 나뭇가지 형태('수상' 또는 "수지상 지의') 등으로 나뉜다. 이 중에서도 작가는 특히 고착 지의를 그린다. 엽상 지의와 수지상 지의가 보다 구상적인(figurative) 형태를 취한다면, 고착 지의는 추상에 가까운 형태를 보여준다. 때로 원형이나 문자의 형태를 띠기는 하지만 대개는 무정형으로 특별히 규칙적이거나 일관적인 문양을 보여주지는 않는다. 실제로 고착 지의를 옮긴 작가의 작품들은 김환기 화백의 점묘화를 연상시키는 측면이 있다. 나아가 〈Lichen Variation 대전 계족산: 우리가 할 일은 하나씩 이름을 부르는 것〉(2015)은 제목에서부터 자연스럽게 〈어디서 무엇이 되어 다시 만나랴〉(1970)를 떠올리게 된다. 추상적 속성 때문에 보는 사람의 시점과 관점에 따라 전혀 다른 인상을 자아낸다는 점도 유사하다.

이렇듯 지의가 회화적 재현을 통해 생물학적 대상에서 미적 대상으로 변모하는 과정에서 우리 앞에는 인류세와 다른 툴루세의 풍경이 펼쳐진다. 여기에서 툴루세는 "인간을 포함하면서도 역동적이고 현재 진행 중(ongoing)이며 공동-지하적인(symchthonic) 힘과 권력을 위한 또 하나의 이름"이다(Haraway, 2016: 101). 그것은 가이아처럼 자기생성하며 단독으로 존재하는 실체가 아니라 동시대를 이루는 모든 인간-비인간, 생명-비생명이 함께 기거하며(staying with) 공동생성(sympoiesis)하는 시간이자 장소다.[6] 해러웨이는 이 이름을 실체화하거나 본질화하는 것을 극도로 경계하면서도 SF라는 장치를 통한 상상과 허구의 자리는 남겨둔다. 그렇다면 해러웨이의 의도와 방향에서 크게 어긋나지 않는 선에서 새로운 SF를 구상해 볼 수 있을 것이다. 만약에, 만약에 말이다. 러브크래프트의 '크툴루'나 거미 '피모아 크툴루'와 구분되는 '툴루'라는 고유명사가 지칭하는 고유한 존재가 있다면 말이다. 그것은 지의의 모습을 하고 있거나 지의를 입고 있지 않을까. 그리고 그 존재들의 초상은 김순선의 지의들을 닮아 있지 않을까.

참고문헌

아감벤, 조르조(Giorgio Agamben). 2021. 『얼굴 없는 인간』. 박문정 옮김. 효형출판.

Haraway, Donna. 2016. *Staying with the Trouble: Making Kin in the Chthulucene*. Durham: Duke University Press.

Latour, Bruno. 2017. *Facing Gaia*. Catherine Porter (trad.). Cambridge: Polity.

Campbell, Neil A. 1993. *Biology, 3rd edition*, Redwood City: Benjamin/Cummings.

---

6) "현재진행형 툴루세의 지구는 공동생성적이지 자기생성적이지 않다. (…) 생성은 공지하적이고 공생성적이다. 시작하고 그 즉시 상호작용하는 "개체 단위" 없이 언제나 짝을 짓는다/갖는다"(Haraway, 2016: 33).

김순선 작가 인터뷰

인터뷰는 2023년 2월과 3월 관훈갤러리 〈재생버튼〉 전에서 두 차례, 2023년 7월 1일 세종뮤지엄갤러리에서 열린 작가의 개인전에서 한 차례, 총 세 차례에 걸쳐 진행되었다. 아래에 인터뷰 내용을 정리해서 싣는다.

1. 지의류란 무엇인가?

버섯과 곰팡이 등 균류 안에 엽록소를 가지고 광합성을 하는 조류가 포함되어 있는 형태로 조류와 균류의 특성을 동시에 가진다. 4억 5천~5억 년 전부터 지구상에 존재했으며 현재 색깔과 형태가 각기 다른 2만 종이 존재한다. 한국에서는 1천 종이 발견되고 있다. 현재 국내 대학에서는 지의류에 대한 연구가 거의 없고 최근에서야 광릉 국립수목원에서 연구를 시작했다.

환경에 민감한 특성 때문에 서울과 같은 대도시에서는 보기 힘들다. 1970년대까지만 해도 광화문에서 발견되기도 했지만 지금은 인근 인왕산에서도 볼 수 없다. 200년 전 산업혁명 이후 대기오염으로 '지의 사막', 즉 지의류가 없는 사막이 전 세계적으로 늘어났다. 반면 영국의 경우 차량 통제 등 1970년대부터 환경 정책을 실시한 결과 현재는 런던 도심에서, 이를테면 공동묘지나 도심공원에서 관찰되기도 한다. 서울에서도 환경규제가 실시되면서 최근에는 남산에서 초기 지의류가 발견되기도 한다.

광릉 국립수목원만 해도 대도시에 가까운 까닭에 빛깔이 상대적으로 짙은 녹색이거나 회색이다. 국립공원 같은 청정 지역은 지의류의 고유 빛깔을 보인다. 특히 남쪽 바닷가에서 붉거나 황금 빛깔을 띤다. 지의류가 저마다 다른 색깔을 내는 원리에 대해서는 관련 학계에서도 아직까지 의견이 분분하다. 내가 보기에는 균류와 조류가 결합하면서 화학적 변화를 일으켜 색깔이 무궁무진하게 나온다고 보는 편이 타당하다.

지의류는 다른 균류처럼 포자로 번식한다. 한 포자가 날아가서 다른 군집에 도달하기도 하는데 이때 군집으로부터 배척되지 않고 경쟁을 벌여 영역을 내어주거나 공존하기도 한다. 그래서 모양과 색깔이 여러 가지다. 특유의 향이 있어 향수나 위스키의 원료가 되기도 하고 툰드라 지역에서는 순록의 먹이가 되기도 한다. 어떤 종류는 식용 가능해서 구약성서에 나오는 만나도 사실은 지의류라는 것이 거의 정설이다. 아메리카 원주민들은 염료로 쓰기도 했다.

지의류는 엄연한 생물이다. 린 마굴리스는 생명을 원핵생물, 원생생물, 식물, 동물의 네 가지로 나눈다. 지의류는 식물도 아니고 바이러스와 박테리아 같은 원핵생물도 아니며 균류와 조류와 같은 원생생물이다. 사실은 인간도 이러한 균들의 집합체다.

2. 지의류를 소재이자 주제로 택한 이유는?

20년 정도 미술이론을 독자적으로 공부했다. 처음에는 그림을 그릴 마음은 없었다. 그렇게 이론을 공부하면서 일정한 관점을 형성할 즈음 우연히 지의류를 접하게 되었다. 처음에는 이끼인 줄 알았는데 2011년 미국의 국립공원에서 그동안 잘못 알고 있었다는 걸 깨달았다. 공원에서 제공하는 설명을 보고서야 그것이 이끼가 아니라 지의류로 균류와 조류의 결합체이며 공기 오염에 민감한 특성을 갖는다는 사실을 알게 되었다. 아름답기도 하고 (특히 비 온 뒤 산에서 보면 발색이 상당히 현란하다) 생태를 연구해 보니 환경에 대한 함축 등 의미가 있어 보여 연구하고 그리기 시작했다. 이 지의류를 그리기 위해서 데생이나 물감 사용법 등 회화의 기술에 대한 공부를 시작했다. 같은 아파트에서 미술 강좌 수강생을 모집하는 공고를 보고 가서 2년을 사사했다.

폴 세잔느를 통해 소재주의를 극복하고 소재를 주제처럼 다루는, 사물의 본질에 대한 이해로 미술에 접근하는 법을 배웠다. 다른 소재도 관심은 있지만 시간과 능력의 한계상 지의류로 한정하고 있다. 지의류를 대상으로 한 사진 작업은 많지만 이를 소재로 그리는 작가는 내가 알기로 내가 유일하다. 4억 년 전부터 존재한 지의류의 이미지를 통해 현대사회에서 어떻게 문명과 자연이 공존할 수 있는가에 대해 하나의 메시지를 제시하고자 한다. 나는 사물이 말해주는 대로 받는 사람이다. 이론이 경험에 져야 한다고 본다. 경험을 바탕으로 이론을 수정하고 조정할 필요가 있다.

3. 작업 방식은 어떠한가?

처음 지의류를 발견한 것은 우연이었지만 이제는 지의류의 생태를 알기 때문에 어디에 가면 있는지 파악하고 있다. 광합성을 하기 위해서는 빛이 어느 정도 있어야 하고, 통풍이 잘 되어야 하고, 물과 공기가 충분한 곳이어야 한다. 지의류가 숨어 있는 바위나 나무껍질에 물을 뿌리면 살아나 색깔이 환하고 선명해진다. 그때를 기다렸다가 사진을 찍는다. 비가 온 후 2~3일 지난 뒤에 가면 같은 효과로 인해 선명한 모습을 많이 볼 수 있다.

현장에서 발견하면 먼저 사진을 찍는다. 최대한 해상도가 높거나 접사 기능이 있는 사진기로 여러 번 찍는다. 돌아와서 컴퓨터로 사진을 분류하고 선별한 다음, 동일 비율로 인쇄한다. 하나의 지의류 사진이 많게는 A3 용지로 16장이 나오기도 한다. 이를 수백 개의 그리드로 나누어 하나씩 화폭에 그린다. 그릴 때는 아크릴 채색에 모래를 쓰는데, 모래는 해당 지역에서 채집해서 쓰기도 하지만 대개는 화방에서 구할 수 있는 굵은 모래를 쓴다. 작업에 오랜 시간이 걸리는 이유다.

여기까지 보면 사실화에 가까울 것 같은데 막상 결과물을 보면 추상화의 느낌이 나곤 한다. 결국 추상이라는 것도 대상의 한 부분을 집중적으로 바라보거나 그 대상을 아주 멀리서 혹은 아주 가까이서 바라볼 때 생겨난다고 생각한다. 어떤 대상이 초점 안이나 밖으로 나가면 전혀 다른 형상을 취하게 된다.

작품 제목에는 우선적으로 해당 지의류가 관찰된 지역의 이름이 들어간다. 느낌이 생기면 부제를 쓰기도 한다. 이를테면 "물질에서 생명으로"라는 제목의 작품에서는 지의류가 우리처럼 의식적 존재는 아니지만 본능적이고 원초적인 생명을 나타내고자 했다. 대개는 아직 발화되지 않은 잠재적인 상태로 죽어 있는 것처럼 느껴진다. 그러다 비가 오거나 봄이 되고 공기 중에 수증기가 들어차면 수분을 흡수해서 부피가 불어나고 광합성을 하기 시작한다. 그러면서 색깔이 살아난다. 마치 전자가 햇빛이 들어오면 에너지를 받아 움직이고 이온 작용도 하고 결합을 하기도 하는 것과 같다.

최근에는 물질에 대해 많이 생각하고 있다. 서구 사상이 관념론이라지만 사실은 이 또한 경험과 물질에 대한 이해를 바탕으로 하는 것으로 보인다. 내가 일하는 한국전자통신연구원에서는 전자, 다시 말해 물질의 기본 입자를 다룬다. 이는 생물계로 보자면 원시생물체에 해당한다. 그러한 근원성에서 전자와 지의류가 만나는 점이 있다는 생각이 들었다. 이러한 관련성은 처음에 그림을 시작했을 때는 생각하지 못했지만 조금씩 깨달아 가고 있는 중이다.

지은이(수록순)

이재준

숙명여자대학교 인문학연구소 부교수이다. 고려대학교와 홍익대학교에서 심리학, 철학, 미학 등을 연구했으며, 최근에는 비인간주의, 신물질주의, 트랜스/포스트휴머니즘을 배경으로 미학-정치, 미학-생태주의의 쟁점들을 연구하고 있다. 또한 인간이 비인간 사물 및 기계와 맺는 상호 의존적 관계에서 어떻게 예술 표현이 생성되는지에도 관심을 기울이고 있다. 저서로 『물질혐오』(공저, 2023), 『상처 입은 몸』(공저, 2023) 등을 출판했으며, 논문으로 「한국에서 비인간론의 연구 동향」(2024), 「안드로이드 과학과 포스트휴먼 언캐니」(2023), 「과학기술 극장」(2023), 「버려진 것의 겹들」(2023), 「신유물론자의 기계」(2023), 「장애의 물질적 전환과 회집체」(2023), 「혐오의 정동」(2021), 「아브젝트, 혐오와 이질성의 미학」(2021) 등을 발표했다.

한의정

충북대학교 조형예술학과 부교수이다. 파리10대학 낭테르에서 철학 박사를 취득했으며, 주요 저서와 논문으로 『독신자×기계』(2022), 『초연결 사회를 향한 여덟 개의 인문학적 시선』(공저, 2022), 『메를로퐁티 현상학과 예술세계』(공저, 2020), 『모빌리티 테크놀로지와 테크노 미학』(공저, 2020), 「인공지능 활용 예술작품의 권리와 책임 문제」(2025), 「우연과 자율성의 미학: 머스 커닝햄에서 디지털 퍼포먼스까지」(2025), 「기계-예술가의 매혹과 공포」(2024), 「왜 로봇을 두려워하는가: 기계와 예술의 상관성에 관한 연구」(2023), 「도구와 파트너 사이: 시각예술에서 인형의 역할에 대한 연구」(2023), 「광기의 박물관: 이미지가 구성한 타자의 형식 연구」(2022) 등이 있다. 예술과 예술 아닌 것, 예술계 안과 밖을 나누는 경계와 차별적 취향에 관심을 가지고 연구하고 있다.

정은영

한국교원대학교 교수이다. 현대미술사학회, 미술사학연구회 회장을 역임하였다. 미국 일리노이대학교(University of Illinois at Urbana-Champaign)에서 미술사학 석사, 박사 학위를 취득했으며, 주요 논문으로 「아나키와 질서: 허버트 리드의 아나키즘 철학과 현대미술 비평」(2025), 「AI 시스템의 비판적 지형도」(2024), 「논리와 순리: 김용익의 개념미술과 매체의 비은폐성」(2024), 「로버트 스밋슨의 광물학 탐구와 결정 구조의 반향」(2024), 「버려진 것들의 귀환: 동시대 미술의 이질학적 전략과 그 확장」(2023), 「마르셀 뒤샹의 신부: 욕망 기계 혹은 하이퍼스페이스」(2020) 등이 있으며, 니콜라 부리오의 『엑스폼: 미술, 이데올로기, 쓰레기』(2022)를 공역하였다. 현대미술과 신유물론, 폐기물의 역사와 생태적 미술사, 인공지능 시스템과 탈식민주의를 중심으로 예술, 기술, 철학을 가로지르는 연구를 진행하고 있다.

이지형

숙명여자대학교 일본학과 교수이다. 일본 근현대 문학 전공으로 질병, 장애, 성적 지향, 노화, 원폭 등에 기인한 차별 및 혐오와 마이너리티 간 공감과 연대 문제에 관심을 가지고 연구하고 있다. 대표 저서와 논문으로 「정체성의 섬뜩한 계곡과 혐오의 전유법: 무라타 사야카 『편의점 인간』의 윤리」(2022), 『과잉과 결핍의 신체: 일본 문학 속 젠더, 한센병, 그로테스크』(2019), 『일본 전후문학과 마이너리티문학의 단층』(2018, 공저)이 있다.

이지선

전남대학교 철학과 조교수이다. 강원대학교 인문과학연구소 전임연구원, 숙명여자대학교 인문학연구소 HK연구교수를 역임했다. 프랑스 근현대 철학, 과학철학, 과학사를 연구해 왔으며, 최근에는 포스트휴머니즘, 신물질주의, 정치생태학 등도 연구하고 있다. 저서로 『초연결의 철학』(공저, 2021), 『물질혐오』(공저, 2023), 『신유물론×페미니즘』(공저, 2023) 등이 있고, 역서로 프란체스카 페란도의 『철학적 포스트휴머니즘』(2021) 등이 있으며, 논문으로 「인류세 시대, 가이아 명명하기, 대면하기, 기거하기」(2022), 「캐런 버라드의 행위적 실재주의에서 물질과 실재」(2022) 등이 있다.

김보라

미술이론가이며 홍익대학교 회화과 초빙교수를 역임하였다. 연세대학교 독어독문학과를 졸업한 후 홍익대학교 예술학 학사 및 석사, 미술학 박사학위를 취득했다. 대학에서 강의하고 미술 관련 글을 쓰며 이미지와 기억, 매체 확장, 이미지 생태학에 관한 연구를 진행하고 있다. 주요 저서로 『아비 바르부르크』(2024), 주요 역서로 『아트폼스』(공역, 2016), 『꼭 읽어야 할 예술이론과 비평 40선』(공역, 2013), 『개념미술』(2008), 『바실리 칸딘스키』(2007) 등이 있으며, 「세계극장: 아비 바르부르크의 문화이론에 나타난 퍼포먼스 패러다임」(2020), 「디지털 미디어 시대 회화의 확장에 대한 고찰」(2019) 등의 논문을 발표했다. 전시 〈입장들〉, 〈크라프트베어크2019: 호모 심비우스〉 기획에 참여했고, 2021년 호반문화재단 H아트랩 1기 입주 이론가, 2022년과 2023년 캔창작자워크숍 C2A+ 비평가로 선정된 바 있다.

유수정

숙명여자대학교 인문학연구소 연구교수이다. 일본 쓰쿠바대학에서 문학 박사를 취득했으며, 일본 근현대 문학, 만주 국문학, 식민지 문학을 연구해 왔고, 최근에는 문학 속 신체 담론으로 관심을 넓혀 노인·질병·장애와 혐오의 문제를 중심으로 연구하고 있다. 주요 저서와 논문으로 「나가이 미미의 『재봉틀과 금붕어』를 통해 보는 치매와 공존을 위한 상상력」(2025), 「아리요시 사와코가 『복합오염』을 통해 제기하는 환경문제」(2024), 「혐오와 존엄 사이: ≪플랜 75≫와 존엄사를 둘러싼 논의들」(2024), 「'공해의 원점'에서 보는 질병 혐오」(2022) 『만주국 속의 동아시아 문학』(2018, 『일본대중문화의 이해』(2015) 등이 있다.

한울아카데미 2627
숙명여자대학교 인문학연구소 HK + 사업단 학술연구총서 14

버려진 것들과 혐오의 미학

ⓒ 이재준·한의정, 2025

기　획 | 이재준·한의정
지은이 | 이재준·한의정·정은영·이지형·이지선·김보라·유수정
펴낸이 | 김종수
펴낸곳 | 한울엠플러스(주)
책임편집 | 조수임
편　집 | 정은선

초판 1쇄 인쇄 | 2025년 12월 15일
초판 1쇄 발행 | 2025년 12월 31일

주소 | 10881 경기도 파주시 광인사길 153 한울시소빌딩 3층
전화 | 031-955-0655
팩스 | 031-955-0656
홈페이지 | www.hanulmplus.kr
등록번호 | 제406-2015-000143호

Printed in Korea.
ISBN 978-89-460-7627-3 93600

※ 책값은 겉표지에 표시되어 있습니다.

※ 이 저서는 2020년 대한민국 교육부와 한국연구재단의 지원을 받아 수행된 연구임 (NRF-2020S1A6A3A03063902).